韓國 市民 社會

한국 시민사회를 그리다

시민사회단체 기초통계 조사

진인진

한국 시민사회를 그리다 - 시민사회단체 기초통계 조사 -

초판 1쇄 발행 | 2016년 6월 28일

지 은 이 | 공석기·임현진
발 행 인 | 김영진
발 행 처 | 진인진
등   록 | 제25100-2005-000003호
편   집 | 배원일
주   소 | 경기도 과천시 별양상가 1로 18, 614호(별양동 과천오피스텔)
전   화 | 02-507-3077~8
팩   스 | 02-504-3079
홈페이지 | http://www.zininzin.co.kr
이 메 일 | pub@zininzin.co.kr

ⓒ 진인진 2016
ISBN 978-89-6347-289-8   93300

* 본 연구는 2015년도 서울대학교 아시아연구소의 아시아연구기반구축 사업의 지원을 받아 수행되었습니다(#SNUAC-2015-007).
* 본 연구는 2014년도 정부(교육부)의 재원으로 한국연구재단의 지원을 받아 수행되었습니다(NRF-2014-S1A3A2044295).

기획의 글

저자들은 지난 2000년대 초부터 한국민간단체총람 사업에 직, 간접적으로 참여하면서 시민사회 기초통계 자료 구축의 중요성을 역설했다. 아쉽게도 조사비용 및 인력의 한계로 그 바람은 반영되지 못한 채 2012년까지 이어졌다. 2009년 9월, 아시아 연구시대를 선도한다는 비전을 갖고 서울대학교 아시아연구소가 출발하였고 그 산하에 시민사회프로그램도 조그마한 터를 마련하였다. 시민사회 연구의 첫 프로젝트로 한국 시민사회 기초통계 구축사업을 시작하였고 이 책은 그 결과의 일부이다.

첫 번째 사업으로 2013년 외부연구 지원금을 받아 5개월의 노력 끝에 국내 처음으로 한국민간단체총람 내용을 기초통계 데이터로 전환하였다. 이를 계기로 저자들은 2014년에 본격적인 시민사회단체 기초통계 구축사업을 기획하게 되었다. 2014년 국무총리실 산하 시민사회발전위원회 지원으로 시민운동정보센터와 공동으로 한국 시민사회단체 센서스 타당성 예비조사를 진행하게 되었다. 비록 예비조사라고 하더라도 적은 예산으로 전국 단위로 시민단체에 관한 정보를 수집하는 것은 불가능한 일이었다. 다행스럽게도 2014년에 서울대 아시아연구소 시민사회프로그램과 한일장신대 SSK-NGO 연구단이 연구협력을 맺어 전국차원의 시민사회단체 조사를 수행할 수 있었다. 이 과정에서 저자들은 권역별로 시민사회 연구기관, NGO 중간지원기관, 그리고 지역 시민사회 전문가 및 활동가들과의 네트워크를 구축할 수 있었다. 이러한 2년간의 조사 경험을 토대로 2015년에는 행정자치부 민간협력과의 지원으로 비영리민간단체를 대상으로 한 전수조사와 표본조사를 온라인 조사방식으로 수행하였다.

지난 3년 동안 노력을 통해 한국시민사회단체 변화 지형을 확인할 수 있었다. 아직도 가야 할 길이 멀지만 주변에서 우선 시민사회단체 기초통계 구축작업 결과를 단행본으로 공유할 것을 강권하여 부족하지만 지난 3년간의 연구조사 결과와 경험을 중심으로 구성하였다. 이 책은 많은 분들의 관심과 도움이 없었으면 불가능했다. 이번 시리즈 발간은 2015년도 서울대학교 아시아연구소 아시아기반구축사업의 지원, 한일장신대 NGO 정책대학원 SSK-NGO 연구단의 지원, 국무총리실 시민사회발전위원회 연구지원사업, 그리고 행정자치부 민간협력과의 지원으로 이루어졌음을 밝힌다.

지난 3년여 동안 이 사업에 물심양면으로 지원을 아끼지 않으신 국무총리실 시민사회발전위원회 김영래 위원장님과 위원님들께 특별히 감사를 드리고 싶다. 그리고 2014년 전국 단위 표본조사를 수행하는데 큰 도움을 주신 한일장신대학교의 이남섭 교수님, 2015년 비영리민간단체의 전수조사 및 표본조사에 공동연구원으로 참여하신 남은영 박사님, 조철민 박사님께 깊은 감사의 인사를 전한다. 지난 3년 동안 연구조사 및 단행본 발간에 보조 연구원으로 참여한 문명선, 최찬양, 유지연, 이주연 석사에게 감사드린다. 특별히 지난 5개월 동안 단행본 작업에 참여해 준 김태연 박사과정 학생에게 감사의 마음을 전한다. 이들의 헌신과 열정이 없었다면 이 책은 세상에 나올 수 없었을 것이다. 마지막으로 향후 한국 시민사회에 대한 질적 연구 [한국시민사회를 새롭게 하라]로 이번 양적 연구의 한계를 보완하겠다는 약속의 말씀을 드린다.

녹음이 가득한 관악에서
공석기, 임현진 씀

목 차

부록 차례

표 차례

그림 차례

I

한국 시민사회단체
기초통계 구축 사업
다가가기

1. 한국 시민사회단체 기초통계 구축의 필요성

한국 시민사회단체의 수는 얼마나 될까? 아무도 모른다. 그리고 이것을 정확히 조사하는 것 자체가 현실적으로 불가능하다. 시민사회단체가 끊임없이 생기고 사라지고 있기 때문이다. 지난 2000년부터 3년 단위로 행정자치부(이하 행자부) 지원으로 한국민간단체총람이 제작되어 왔다. 이 총람 작업이 다양한 시민사회 영역의 단체정보를 모으는 플랫폼 역할을 하였다. 쉼 없이 변화하는 한국 시민사회 지형의 변화에 대한 이론적 설명틀을 마련하지 못한 채 기존의 설명방식에서 벗어나지 못하고 10여 년 동안 동일한 조사를 반복해 왔다. 동시에 민관협력 차원에서 비영리민간단체지원법에 근거하여 일정 조건을 갖춘 단체에 대해서 정부 및 지방자치단체에 비영리민간단체로 등록하여 정부 지원사업을 수행할 수 있도록 하였다. 이 비영리민간단체의 등록 숫자도 지속적으로 증가하고 있다. 시민사회의 지속적인 성장을 평가하는 대표적인 방법이 시민사회단체 혹은 비영리민간단체의 규모를 살펴보는 것이다. 시민사회 현장 활동가 혹은 전문가의 진단에 따르면 한국의 시민사회단체 규모는 비영리단체에 등록 및 비등록 단체를 포함하여 최소 5만에서 10만개의 단체들이 활동하는 것으로 평가한다.

일본의 경우도 NPO^{Non-Profit Organization}로 등록된 단체는 5만개이지만 실제 활동하고 있는 단체는 10만개 정도로 얘기하고 있으며 풀뿌리 단체 혹은 1인 NGO의 활동을 하는 단체를 포함하면 30만개 정도에 이를 정도로 일본의 시민사회단체 규모도 지속적으로 증가하고 있다. 물론 그 숫자가 끊임없이 증가하는 것은 아니며 단체가 조직화되기 위해서는 많은 재정이 필요하기에 그 활동이 정지되곤 한다. 문제는 이러한 시민사회의 지형 변화를 꾸준히 관찰하고 건강한 시민단체와의 민관협력을 통해 사회의 다양한 문제를 극복하도록 유도하는 것이다. 그러나 이러한 시민사회단체 조사 및 업데이트가 중요함에도 불구하고 시민사회단체 더 나아가 시민사회의 지형 변화를 지속적으로 추적하지 못하고 있다. 중앙정부나 기관에서 모든 책임을 지고 시민사회 단체 정보를 추적하는 것은 현실적으로 큰 한계가 있다. 풀뿌리 수준에서 끊임없이 변화하는 시민사회단체의 부침 현상에 대해서는 기초단위에서 책임을 지고 관련 정보를 수집하는 것이 중요하다.

이런 견지에서 정부의 역할, 지자체의 역할 그리고 이것을 연결하는 중간플랫폼을 형성하여 시민사회단체에 대한 기초통계 자료를 구축하는 것이 타당한 접근전략이다. 이를 통해 한국 시민사회의 역동적인 변화를 살펴보고 그 변화로 야기되는 새로운 수요와 정책을 제대로 진단하고 관련 대안을 처방하기 위한 시민사회단체 통계구축이 절실히 필요한 상황이다. 지금 우리 사회는 전지구화 과정을 빠른 속도로 경험하면서 시민사회 지형도 끊임없이 변화하고 있는데 이에 대한 신뢰할 만한 자료구축이 이루어지지 못하고 파편적으로 혹은 피상적으로 체계 없이 진행되었다. 서울대학교 아시아연구소 시민사회 프로그램은 이런 문제의식 속에서 지난 3년 동안 시민사회기초통계 구축 사업을 꾸준히 전개하였다. 이를 통해 한국 시민사회기초통계의 현주소를 확인할 수 있었고 이를 극복할 수 있는 시민사회 단체 조사를 실험적으로 수행하였으며, 향후 어떻게 조사 및 기초 통계자료 구축 및 서비스를 수행해야 할 것인가에 대한 대안적 모델을 만들 수 있게 되었다.

이를 위해 무엇보다도 시민사회 기초통계의 필요성을 우리 모두가 공유하는 것이 중요하다. 이러한 공감대 위에서 체계적이고 합리적인 그리고 신뢰할 만한 시민사회단체 통계구축 모형을 구성하여 이에 따른 시민사회단체 센서스를 정기적으로 수행하는 것이 중요하다. 이와 연결하여 시민사회단체에 대한 정책지원 및 연구의 현 주소를 성찰하는 것이 필요하다.

〈비영리민간단체지원법〉에 기초하여 행자부는 다양한 민간단체활동 보조금 지원 사업을 진행하고 있다. 2015년부터는 국무총리실 산하 시민사회발전위원회에서 추진하던 민간단체지원사업도 모두 행자부로 통합 운영되고 있다. 행자부는 기본적으로 등록된 비영리민간단체에 대해 관심을 가져야 하며 이 단체들이 민관협력을 통해 어떻게 성장 발전하며 시민사회에 기여하고 있는 지를 모니터하는 것이 중요하다. 그러나 문제는 지원방식에 대해서도 투명성이 문제가 되고 있지만 더욱 문제가 되는 것은 행자부 및 지방자치단체의 관심은 비영리민간단체 지원금을 받은 수혜단체에 대한 관리에만 초점을 맞추고 있다는 점이다. 등록된 단체의 기본정보는 정기적으로 확인되지 않고 있다. 즉, 등록단체들이 현재 어떤 활동을 하고 있는지 아니면 활동이 정지되었는지에 대한 최소한의 점검 작업을 수행하지 않고 있다. 따라서 현재 활용되고 있는 등록단체의 활동 정보를 어느 정도까지 신뢰할 수 있는지에 대해서는 의문이 들 정도이다. 지방정부의 경우도 비슷한 상황이지만 자치단체장의 의지에 따라 지역 단체들에 대한 좀 더 자세한 정보를 갖춘 지역도 있지만 대부분이 등록할 때 제공한 단체정보가 전부인 상황이다.

이처럼 시민사회단체 지원과 기초통계 구축과 관련해서 정부정책의 주요 과제는 비영리민간단체지원법의 개정과 시민사회단체에 대한 기초통계 구축의 중요성에 대한 태도 전환이다. 만약 정부가 지원금을 받은 민간단체에 대한 정보관리만을 목표로 하고 있다면, 하루속히 이러한 소극적 관리자 입장에서 벗어나 최소한 중앙 혹은 지방정부에 비영리민간단체로 등록된 단체들에 대해서 기본정보 업데이트 관리를 법제화하는 것이 중요하다. 만약 이 정도의 단체정보만이라도 서비스한다면 시민사회 단체들의 정부에 대한 태도 및 협력관계는 훨씬 더 개선될 것이다. 이후 시민사회단체에 대한 기초통계를 어떻게 구축하고 어떠한 통일된 틀로 진행할 것인가에 대해서는 민관협력의 틀에서 기초-광역-전국 단위별로 협력의 중간 플랫폼을 구축하는 것이 필요하다. 지역별 시민사회단체 기초통계를 담당할 중간 플랫폼의 기능강화가 없다면 매년 행자부가 발표하는 비영리민간단체등록단체 숫자는 허수에 불과하다는 문제를 방관하는 자세이다. 이런 현실을 외면한 채 마치 한국 시민사회의 성장을 설명하고자 한다면 현실변화를 간과하는 무책임한 자세가 아닐 수 없다. 이처럼 정책적 차원에서도 한국 시민사회단체 기초통계 구축은 매우 중요한 과제인 것이다.

안타깝게도 최근 한국 시민사회에 대한 경험적 연구는 급격히 감소하고 있다. 시민사회 단체의 영향력 및 신뢰도가 감소하고 있다는 것이 연구관심을 떨어뜨리는 이유 중의 하나일 것이다. 그러나 무엇보다도 중요한 이유는 다양한 시민사회단체의 부침 및 새로운 영역과 유형의 출현에 대한 체계적이고도 신뢰할 만한 자료가 축적되지 못하고 있기에 새로운 자료에 기초한 경험적이고도 질적인 연구가 나오지 못하는 것이다. 특히 새로운 영역에 대한 연구를 기획한 연구자는 자료 구축에 필요한 많은 노력과 예산 부담으로 특별한 영역-인권부분-에 대한 단체조사를 진행하거나 그것마저도 어려운 경우에는 사례연구로 제한하는 경우가 많다. 이런 이유에서 많은 시민사회 연구자의 시민사회단체의 경험적 준거가 되는 한국민간단체총람 자료는 더 없이 소중한 자료가 아닐 수 없다. 그런데 민간단체총람 작업이 많은 연구자들이 참여하였음에도 불구하고 데이터베이스화 하지 못한 것에 대해서는 큰 아쉬움으로 남는다. 장기적인 관점으로 체계적이고 통합적인 자료를 데이터베이스화 하지 않고 단순한 총람 자료집을 만드는 것으로 만족한 것은 관련 연구자 및 학생들에게는 안타까운 현실이 아닐 수 없다. 물론 시민사회단체 데이터베이스를 구축하는 것이 학술적으로 매우 중요함에도 불구하고 장기적으로 꾸준하게 추진하지 못한 외재적 이유도 분명 존재한다. 그 이유는 시민사회단체 조사의 궁극적 목적에 대한 공감대 및 합의가 시민사회 내부, 더 나아가 정부에서도 이루어지지 않았다는 데서 찾을 수 있다. 그 동안 정부는 시민사회단체를 관리 혹은 지원 대상으로 보거나 정부 정책을 반대하는 성가신 대상으로 치부하곤 했다. 민주화 이후 소위 시민사회 운동의 전성기를 맞이하여 민-관 협치의 분위기가 조성되었지만 시민사회 단체와의 협력을 여전히 행정적인 관리 및 지원차원으로 제한한다. 동시에 시민사회단체 역시 스스로 투명하고 책임 있는 활동을 통하여 정부, 기업 더 나아가 일반 대중에게 신뢰할 만한 조직으로 지속적으로 알리기보다는 단체에 대한 설문조사, 비록 학술적 목적의 연구의 경우에도 단체의 활동을 투명하게 드러내기 보다는 정보공개를 꺼리는 경우가 많았다. 최근 들어 시민사회단체 조사가 더욱 힘들어지고 있다는 사실은 시민사회단체 스스로 투명성과 책무성을 구현하지 못하고 있음을 반증하는 것이다. 물론 이것은 과거 정부들이 시민사회단체에 대한 불법 감시 및 통제에 초점을 맞추었다는 아픈 경험에서 기인한다.

이제는 시민사회 지형이 어떻게 변화하고 있는가를 제대로 진단하고 그것에 부합하는 정책을 정부와 시민사회가 공동으로 모색하는 것이 중요하다는 점에 대한 공감이 우선적으로 이루어져야 한다. 시민사회단체 스스로도 단체에 대한 체계적이고 신뢰할 만한 데이터베이스 구축에 대한 기존의 편견에서 벗어나야 한다. 시민사회단체 스스로 투명하고 책임 있는 모습으로 자신의 활동을 알리는 것이 필요하며, 동시에 정부도 관리 및 통제를 목적으로 시민사회단체 조사를 수행하는 것이 아니라 시민사회 스스로 자기를 올바로 진단할 수 있는 객관적인 데이터베이스를 서비스하는 것에 초점을 맞출 필요가 있다. 이와 같이 정부와 시민사회의 태도변화가 선행되지 않을 경우 시민사회에 대한 경험적 조사연구에 대한 연구자의 관심은 더욱 떨어질 것이다.

주지하듯이 이웃하는 아시아 국가는 물론 전 지구적으로 한국 시민사회의 역동성에 대한 관심이 꾸준히 증가하고 있다. 많은 연구자들이 시민사회에 대한 국가 간 비교연구를 추진하고 싶어도 한국 시민사회단체에 대한 체계적인 데이터베이스가 마련되어 있지 않아 비교연구를 엄두도 내지 못하는 상황이다. 이런 학술적 정책적 필요성을 고려할 때 한국 시민사회의 전반적인 현황과 변화 양상에 대한 종합적인 이해를 제공할 수 있는 연구가 절실히 요청된다. 이런 견지에서 저자들은 지난 10여년의 시민사회단체 기초조사에 대한 성찰적 입장에서 보다 체계적이고 신뢰할만한 데이터베이스를 구축하기 위한 장기 프로젝트를 기획하게 되었다.

2. 한국 시민사회단체 기초통계 구축 사업 스케치

그 동안 『한국민간단체총람』은 1997년부터 3년마다 총 6회 제작되어 왔으며, 2003년 까지 직능단체도 포함하였으나 조사단체의 인적 물적 자원의 한계로 2006년부터는 NGO만 조사하였다. 그 조사 단체 수는 2003년(3,937개), 2006년(5,556개), 2009년 (7,925개), 2012년(11,934개)로 증가하였고, 조사비용은 평균 1억 원이었다. 그러나 재원 부족으로 조사내용은 설립지역, 활동영역(대분류20개), 설립년도, 회원수, 상근자수, 예산, 조직형태(법인/임의단체), 홈페이지개설여부, 정기간행물 발행여부 등 매우 기초적인 자료를 수집하는데 머물렀다. 저자들은 2013년에 기존 조사연구의 틀을 넘어서 보다 체계적이고 데이터베이스를 구축하는 것을 더 이상 미룰 수 없다는 문제의식을 공유하였다. 이것이 계기가 되어 한국 시민사회단체 기초통계 구축사업이 본격적으로 출발하게 되었고 그 과정은 지난 3년 동안 민-관-학 각계의 삼자협력을 통해서 진행되었다. 연구자들의 헌신과 의지, 정부의 필요성에 대한 공감 그리고 특별히 지역 시민사회의 요구와 협조가 결합되어 진행된 것이다.

먼저 이 장기프로젝트의 초석이 된 2013년 서울대 아시아연구소 시민사회 프로그램의 〈시민사회지형도 사업〉을 간략히 살펴보자. 서울대 아시아연구소의 '2013년 시민사회단체 기초통계 구축 사업'은 2012 한국민간단체총람 자료를 데이터베이스화 하는 것에 초점을 두었다. 2012년 당시 행정안전부의 비영리민간단체 공익사업의 일환으로 (사)시민운동정보센터는 [2012 한국민간단체총람] 과제를 신청하여 총 7,500만원의 지원을 받았다. 정보센터는 2000년 이후 3년마다 민간단체총람 제작 사업을 수행하였으며 주로 우편 및 이메일 조사 방법을 통해 기존 자료를 보완하는 방식으로 총람자료집 제작을 진행하였다. 예를 들어 시민사회단체의 현황을 묻는 간략한 조사표를 각 단체에 발송하여 총 11,934개 단체정보를 운동영역별로 분류하여 정리하였다. 아쉬운 점은 대부분의 예산을 총람 발간 비용으로 책정하였기에 객관적인 통계분석을 위한 데이터베이스로 자료를 만드는 데 예산을 할애하지 못했다는 것이다.

2013 시민사회지형도 사업은 단체의 비전 및 목적, 사업, 활동영역, 사람, 지역, 역사, 연대활동 등을 중심으로 한국시민사회가 어떻게 변화하고 있는가를 분석하고자 했다. 이것은 운동영역에 대한 기초자료 분석을 넘어서 향후 시민사회단체 전수조사를 수행할 수 있는 기초자료로 활용하기 위한 것이다. 총람 자료집의 단체 전수에 대한 내용분석과 코딩작업, 데이터 클리닝 그리고 기초 빈도표를 만드는 것이 주요 작업이다. 특히 텍스트에 대한 내용 분석 및 코딩가이드 개발 작업이었기에 내용분석에는 가급적 소수의 훈련된 대학원생으로 제한하였다. 코딩가이드 북 준비를 위해 11,934개 단체정보가 수록된 총람 내용분석 작업은 연구진 전체가 수개월의 워크숍을 가졌다. 이를 통해 상세하고 명쾌한 코딩 가이드 북을 마련하였고, 몇 주에 걸친 코딩방법 교육을 통해서 기초통계 자료를 만들었다. 분석의 주요 내용은 조사대상 단체의 비전 및 목적, 사업, 활동영역, 조직 및 사람, 지역, 역사, 연대활동 등이다.

이 사업은 『2012한국민간단체총람』에 수록된 20개 운동영역 총 11,934개 단체에 관한 자료를 국내 최초로 데이터베이스를 구축하였다는데 큰 의의가 있다. 그러나 기초통계 자료가 약 12,000개에 달하는 NGO를 포함하고 있음에도 불구하고 조사대상 단체의 주요 질문(예산, 실무자 정보, 연대활동 등)에 대한 무응답이 많아 한국 시민사회의 다양한 층위의 역동성을 보여주는 데 한계가 있었다. 단체자료 내용분석 및 코딩의 주요내용은 아래 표 1과 같다.

표 1   [2013 시민사회 지형도 분석] 연구의 주요 분석 내용

대범주	하위 변수
조직 특성	장소, 영역별 위치, 설립년도, 비전
조직 활동	활동목표, 주요 활동 및 사업
사람	대표자, 주요 활동가 학력, 경력
네트워크	개인, 조직 네트워크; 국내 및 초국적 네트워크

둘째, 2014년의 시민사회단체 기초통계 사업은 국무총리실의 시민사회발전위원회와의 협력 사업으로 진행되었다. 이 사업은 2013년 한국 시민사회 지형도 분석 경험을 토대로 향후 한국 NGO 센서스 조사의 타당성 검토 및 예비조사의 일환으로 추진되었다. 전국의 시민사회단체에 대한 탐색적 조사를 수행하기 위해서는 중앙과 지역 조사를 책임지고 진행할 수 있는 역량 있는 NGO와 연구기관의 컨소시엄을 구축하는 것이 매우 중요하였다. 앞서 제시한 것처럼 서울대 아시아연구소 시민사회프로그램은 국내에서 처음으로 한국민간단체총람 자료를 데이터베이스로 전환하였다. 11,934개 단체에 대한 내용분석을 통해 중요 변수를 중심으로 재분류는 물론 재코딩 및 역코딩 작업을 통하여 기초통계를 구축하였다. 표 1에 제시된 것처럼 분석 가능한 변수를 발굴하여 코딩 및 데이터 클리닝을 거친 후 기초 빈도표를 작성하였다. 그런데 문제는 기초 빈도표에 무응답 빈도가 너무나 높다는 것이다. 조사 및 자료수집이 부실하게 진행된 것임을 반증하는 것이다. 이런 견지에서 2014년도 시민사회단체 기초통계 구축사업은 국내 최초로 지역 및 영역을 고려한 표본 조사 틀을 구축하였고, 2013년 내용분석과 코딩작업에 기초한 변수에 초점을 맞추어 설문지를 만들었다. 그러나 본 연구가 한국 NGO 센서스의 타당성 검토 및 예비조사를 목표로 삼았기에 예산상의 제약으로 부득이하게 전국조사를 7개 권역별 거점도시를 중심으로 표본을 선정하는 방식으로 조사를 진행하였다.1 특히 지역과 영역을 고려하고 지역에서 시민사회활동이 두드러진 거점도시를 대상으로 표본할당을 한 것은 새로운 방법으로 주목할 만하다. 사실 2014년 시민사회단체 기초통계 구축사업에 대해 국무총리실의 시민사회발전위원회 소속 진보와 보수 진영의 전국단체 모두가 적극적인 지원과 관심을 보였다. 이를 계기로 행정자치부에 등록된 비영리민간단체에 대한 전수조사를 목표로 설문조사를 확대, 추진하게 되었다.

셋째, 2015년 시민사회단체 기초통계 구축사업은 2014년 서울대 아시아연구소 시민사회프로그램이 지난 2년 동안의 조사경험을 토대로 느슨하게 구성한 국내 연구자 및 활동가 네트워크를 활용하는 첫 시험대가 되었다. 동시에 전국의 시민사회단체를 대상으로 비영리민간단체로 등록한 단체에 대한 전수조사와 비등록단체를 포함한 리

---

1   7개 권역은 서울/경기인천/영남/호남/충청/강원/제주로 구분하였고 권역별 거점도시는 지리적 공간 및 시민사회단체 활동 수를 고려하여 선정하였다.

스트를 대상으로 표집과정을 통해 조사를 진행한 표본조사를 동시에 추진한 첫 연구조사라는데 큰 의의가 있다. 연구진은 2015년 행자부 민간협력과의 지원으로 비영리민간단체 기초통계 DB 구축사업에 참여하여 전수 및 표본조사를 통해 향후 정부, 학계, 시민사회단체가 시민사회기초통계 구축 및 서비스체계를 어떻게 수행할 것인가에 대한 정책 대안을 제시하였다는 점에서 큰 의의가 있다.

이와 같이 지난 3년간의 한국 시민사회단체 기초통계 구축 사업을 정리하면 아래 표 2와 같다. 2013년 [한국 시민사회지형도 분석] 연구는 서울대 아시아연구소 시민사회프로그램이 주도하여 기존 민간단체총람을 이론적 틀에 기초하여 내용 분석 및 코딩 작업을 수행하여 기초 통계구축의 토대를 마련하였다. 이후 2014년 국무총리실의 시민사회발전위원회의 지원으로 시민사회단체 센서스 타당성 검토 및 예비조사 차원의 권역별로 시민사회단체 표본조사를 실시하였다. 그리고 이를 좀 더 체계적이고 포괄적으로 수행한 것이 2015 행자부 지원의 비영리민간단체 DB 구축 사업인 것이다. 이 사업은 전체 시민사회단체 지형을 제대로 파악하기 위해 전수조사와 표본조사를 결합한 최초의 연구조사이다. 그러나 이러한 의의에도 불구하고 시민사회단체 기초통계 구축사업은 기존 데이터베이스 작업의 부재, 연구비 및 연구기간의 제약 더 나아가 체계적인 조사연구 틀(연구팀 구성, 조사방법론, 모집단 정보의 불확실성 등)의 미비로 인해 많은 시행착오를 겪게 되었다. 조사대상, 조사내용, 조사방법 등을 포함한 자세한 내용은 제2부 '한국 시민사회단체 기초통계 구축사업 살펴보기'에서 다루고자 한다.

한국시민사회는 그동안 신뢰할 만한 기초통계 부재로 한국사회에서 활동하고 있는 시민사회단체에 대한 정확한 진단과 처방을 내릴 수 없는 연구 상황이다. 전문가들은 행자부에 등록된 비영리민간단체와 등록되지 않은 임의단체 및 풀뿌리 단체를 포함하면 5만개 이상이 활동하고 있다고 예상한다. 2015년 6월 현재, 행자부에 12,630개의 등록단체 정보가 있지만 실제 이 단체가 어떻게 활동하고 있는지에 대한 업데이트된 정보는 존재하지 않는다. 중앙 및 지방 자치단체에 등록한 단체현황만이라도 파악할 수 있다면 정보관리 및 지원체계 개선을 통해 체계적인 서비스 정책을 세우는데 중요한 기초자료가 될 것이다. 그러나 앞서 강조한 것처럼 국내 어디에서도 등록 혹은 비등록 시민사회단체들에 대한 체계적인 정보 수집은 물론 데이터베이스 작업이 제대로 이루어지지 않았다. 정부, 학계, 시민사회 모두의 책임이 아닐 수 없다.

이런 맥락에서 지난 3년 동안 저자들이 단계적으로 진행한 한국 시민사회단체 기초통계 구축사업은 한국 시민사회의 역동적인 변화 및 활동지형의 변화를 제대로 설명할 수 있는 기초연구 조사에 대한 길잡이며 동시에 한국 시민사회 지형 변화를 이론적으로나 경험적으로 새롭게 분석한 종합적인 시민사회기초통계 리포트이다. 향후 본 연구는 한국 시민사회 지형도를 보다 객관적이면서도 간결하게 제시하는 동시에 질적인 연구를 보완함으로써 아시아 각국 시민사회와의 국제비교 연구로 발전할 수 있는 초석이 되기를 기대하고 있다.

표 2 2013~15년 시민사회단체 기초통계 구축사업 개관

	2013 한국 시민사회 지형도 분석	2014 한국 시민사회단체 센서스 예비 타당성 조사	2015 비영리민간단체 DB 구축 사업
주관/협력/후원	서울대 아시아연구소(주관) / 시민운동정보센터(협력) / 딜로이트 회계법인(지원)	서울대 아시아연구소(주관) / 시민운동정보센터(협력) / 한일장신대 SSK-NGO 연구단(협력) / 국무총리실(지원)	서울대 아시아연구소(주관) / 행정자치부(지원)
구분	종합 내용 분석	표본조사	표본조사 / 전수조사
조사대상	'2012 한국민간단체총람' 제작 시 조사된 11,934개 단체	표본목표: 300개 / 표집: 611개 / 실제조사단체: 219개 단체	표본조사: 표본목표: 400개 / 표집: 800개 / 실제조사단체: 291개 (2014년 조사 219개 포함) ; 전수조사: 행정자치부 등록단체 12,630개 대상 / 실제조사단체: 771개
조사내용	지역, 비전, 목적, 사명, 활동영역, 사람, 역사, 연대활동 등 한국시민사회단체 기초 정보 분석 / 단체 활동목표, 사업 중심 20개 활동영역 설정 / 지역별 분포, 활동영역 분포 / 유관기관 분포 양상 분석	주요 7개 분석틀 설정, 영역별 분석 (시민사회일반, 단체기본정보, 단체목표/활동, 단체구성원(조직), 네트워크와 거버넌스, 정보화와 온라인 활동, 재정동원 및 집행)	2014년 개발 설문지 활용 (시민사회일반+단체 기본정보 영역 통합, 영역별 설문 문항수 축소, 주요 6개 분석틀 기반 영역별 분석) ; 한국시민사회 단체의 활동을 전반적으로 분석 (비영리민간단체 목록에 등록된 단체기본정보 지역, 설립연도, 목표, 활동영역, 구성원, 연대활동, 재정과 집행, 온라인 활동 등)
조사방법	자료 분석 (코딩가이드개발, 네이버 제공당/역코딩)	설문조사(방문조사+우편조사)	설문조사(등기우편조사+온라인설문) ; 설문조사 (웹서베이+이메일 설문)
기타사항	(사)시민운동정보센터 발간한 '2012 한국민간단체총람'을 기반으로 이듬해 2013년 자료 분석 작업 진행	2014년 연구는 표본조사 중심으로 진행 / 비영리민간단체 현황 파악을 위해 국회와 협력하여 11,766개 모집단 자료 수집	조사대상에 등록단체+(비등록) 임의단체 포함 ; 기존 목록에 누락된 정보가 많아 인터넷 검색을 통해 기본 정보 추가 수집

3. 연구개관

표 2가 보여주듯이 저자들이 지난 3년간 수행한 한국 시민사회단체 기초통계 구축사업은 한국시민사회 지형도 분석이라는 장기 조사 연구 프로젝트로 시작되었다. 그런데 2014년에는 국무총리실 시민사회발전위원회 연구지원 사업과 결합하면서 NGO 센서스 타당성을 검토하는 한국 시민사회단체 표본조사로 발전하였고, 2015년에는 행정자치부 민간협력과의 비영리민간단체 DB구축사업과 결합하면서 비영리민간단체 전수조사 및 한국 시민사회단체 표본조사를 병행하는 거대한 조사연구로 확대되었다. 그러나 제한된 연구조사비와 짧은 연구기간 그리고 시민사회단체의 강한 조사저항 등으로 인해 시민사회단체 기초통계를 구축하는데 여러 가지 도전과 한계를 마주하게 되었다. 여기서는 전체 조사연구 전략 및 분석틀을 중심으로 3년 동안 진행한 시민사회단체 기초통계 사업의 주요 내용을 개관하고자 한다.

먼저 제II부의 1장은 2012 한국민간단체총람 자료에 대한 내용분석과 코딩가이드북 개발과정에 초점을 맞추었다. 11,934개 단체의 기초정보 및 활동정보를 포함하고 있는 방대한 자료(3권 세트, 총 3,919쪽)에 대한 시민사회운동 이론에 기초한 내용분석을 진행하였다. 각 단체에 대한 수집정보가 균등하지 못하고 중요 정보가 부재한 경우가 많아서 조사된 시민사회단체의 지형변화를 객관적으로 파악하는 데는 큰 한계가 있다. 이러한 한계에도 불구하고 국내 처음으로 민간단체총람에 수록된 단체를 데이터베이스로 구축한 것은 큰 의의가 있다. 특별히 수록단체 전체에 대한 내용분석을 통해 운동영역별 코딩가이드 북을 구성한 것은 향후 한국시민사회단체 기초조사를 위한 중요한 이론적 경험적 자료가 된다. 그러나 이러한 내용분석 및 코딩가이드북 개발과정이 연구자 중심으로 위로부터 이루어졌다는 점에서 한계가 있다. 2012년 총람자료이기에 최근 한국 시민사회가 국내외 변화맥락 속에서 급변하고 있는 것을 충분히 반영하지 못하기 때문이다. 다시 말해 2012 총람자료 분석은 아래로부터의 변화, 즉 풀뿌리 지역의 다양한 변화를 충분히 내용분석 및 코딩가이드에 반영하지 못했다는 한계를 갖고 있다. 이를 극복하기 위해 연구진은 2014년부터 전국적인 조사연구 네트워크를 구축하면서 지역 시민사회 전문가 및 활동가의 조사 감수 및 참여를 적극적으로 추진하였다.

2장은 2014년에 수행한 한국시민사회단체 기초통계 구축을 위한 예비 타당성 검토를 위한 표본조사를 다루고 있다. 2013년 한국시민사회지형도 사업을 통해 준비한 코딩가이드북을 토대로 종합적이고 체계적인 조사 설문지를 구성하였다. 연구진은 신뢰할 만한 데이터베이스를 구축하기 위해 2012년 총람자료에 근거하여 권역별 거점도시를 선정하였고 각 거점도시에 운동영역별로 할당 표집방법을 통해 표본 목표로 400개를 잡고, 2배수의 조사대상 단체를 선정하였다. 또한 응답율을 높이기 위해 조사원 사전교육을 권역별로 진행하였고, 직접 방문조사를 원칙으로 단체 조사를 수행하였다. 그러나 이 과정에서 몇 가지 중요한 장애물을 마주하게 되었다. 예를 들어 표집과정에서 모집단으로 활용한 [2012 민간단체총람] 자료가 매우 부정확하다는 것이다. 표본으로 선정한 단체를 지역에서 검토하는 과정에서 해당 단체가 활동정지 및 단체명 변경 등이 이루어졌음을 확인하였다. 이런 경우에는 지역 시민사회 전문가 및 활동가의 자문을 통해 표본을 대체하는 과정 즉 아래로부터의 접근전략을 동원하였다. 실제로 표본단체 중에서 조사를 거부한 경우도 있어 동일 운동영역에서 다른 단체로 대체 조사하였다. 사실 한국 시민사회기초통계 조사는 내재적으로 한계를 가질 수 밖에 없는 역사성이 존재한다. 정부지원으로 조사를 수행할 경우, 아무리 신뢰할만한 연구기관이 조사를 진행한다고 하더라도 시민사회단체는 여전히 색안경을 끼고 조사를 불신한다. 또한 조사내용이 단체의 내부사정을 노출시키는 것이라 판단하여 조사를 꺼리는 경우도 많았다. 이처럼 모집단의 불확실성, 표본단체의 조사저항 그리고 설문지 내용의 민감성 등으로 인하여 2014년 시민사회단체 기초통계 구축사업은 야심차게 시도하였지만 기대이하의 결과를 보였다.

제 3장에서는 2014년의 표본조사를 보완하기 위해 추가로 진행된 2015년 표본조사를 다루고 있다. 기존의 시민사회단체의 강한 조사저항을 낮추기 위해 설문지를 최대한 간결하게 줄였다. 실제로 설문 내용을 기존의 50%로 줄였다. 권역별 중간지원조직

의 네트워크를 동원하였고, 웹서베이 방식을 동원하였다. 그러나 시민사회단체들의 조사에 대한 저항은 여전히 강한 것으로 나타났다. 비록 낮은 응답율을 보였지만 표본조사를 통해 주요 변수-시민사회단체 일반태도, 운동목표, 사업 및 활동, 조직 및 구성원, 네트워크와 거버넌스, 온라인 활동, 재정과 집행-에 대해 운동영역별 혹은 지역별로 어떤 차이가 나타나는지를 발견한 것은 한국 시민사회의 지형변화를 설명할 수 있는 중요한 근거가 된다.

제 4장은 비영리민간단체로 등록한 단체를 대상으로 한 전수조사를 다루고 있다. 행정자치부에 2016년 6월 현재 등록된 단체 12,630개에 대한 기초정보 및 주요활동 및 특성을 조사하는 것으로 기획하였다. 그러나 전수조사 역시 표본조사와 유사한 장애물을 안고 있었다. 모집단 기초정보의 부정확성, 이메일 주소 부재로 인한 온라인 웹서베이 조사 한계, 단체 정보 요청에 대한 조사 저항, 웹서베이 방식에 대한 인식 부족 등의 이유로 기대에 못 미치는 응답 결과(총 771개)를 얻었다. 특히 비영리민간단체의 경우는 비영리민간단체지원법에 근거하여 중앙 정부기관 혹은 지방자치단체에 등록을 하고 다양한 정부 지원사업을 공모과정을 통해 지원받고 있다. 그런데 이 비영리민간단체의 기초정보가 지속적으로 관리되지 않고 있다는 것은 매우 충격적이었다. 이런 기초정보 관리 및 정보 공유 서비스가 이루어지지 않는다면 향후 비영리민간단체 전수조사는 동일한 도전과 한계를 마주할 수 밖에 없음을 확인하였다.

제 III부 내용은 지난 3년간 수행한 시민사회단체 기초통계 사업 즉, 총람자료 내용분석과 코딩가이드북 개발, 한국 시민사회단체 표본조사 그리고 비영리민간단체 대한 전수조사를 통해서 발견한 다양한 장애물과 한계를 다루고 있다. 법적 부분, 조사여건 부분에서 개선방향을 살펴보았고, 이를 극복하기 위한 장기적 차원의 정책제언을 제시하였다. 특히 한국 NGO 센서스 수행을 위해서 한국 NGO Database 전국네트워크 구축 모델을 강조하였다.

Ⅱ

한국 시민사회단체
기초통계 구축 사업
살펴보기

1. 2012 한국민간단체총람 다시보기

1) 2012 한국 민간단체총람 분석의 목적

한국 시민사회단체에 대한 조사는 지난 10년 동안 총 6회에 걸쳐 진행되었다. 시민운동정보센터는 2003년 한국 민간단체 총람사업을 행정자치부의 민간단체보조금 지원사업으로 신청하여 수행하였다. 이후 3년 단위로 총 4회 지원을 받았으며 2012년 총람제작 사업이 마지막 조사내용을 포함한 것이다. 이 사업 전에는 [시민의 신문]이 1997년과 2000년 두 차례 조사를 진행하였다. 제작된 [한국민간단체총람Korean NGO Directory] (이하 총람)에 수록된 단체를 보면 2003년 3,937개, 2006년 5,556개, 2009년 7,925개, 2012년 11,934개로 그 수가 지속적으로 증가하였다.

그러나 평균 1억 원 정도의 예산 및 후원금이 투입된 시민사회단체 기초조사임에도 불구하고 총람자료에 포함된 각 단체에 대한 조사 항목은 매우 제한적이었다. 심지어 조사 자료가 체계적인 데이터베이스로 전환하지 않은 채 단체 정보를 총람형태로 정리하는 것에 머물렀다. 비록 재원이 부족하였다 하더라도 민간단체에 대한 총람 자료집을 단순 제작하기 보다는 기초통계 데이터베이스를 축적하는 일에 초점을 맞추었어야 하는 아쉬움이 남는다. 그 결과 한국 시민사회단체에 대한 기초통계 부재로 연구자, 실무자, 활동가, 일반 시민들이 한국 시민사회의 변화를 보다 정확하게 인지하고 그 변화에 올바르게 대응하고 필요한 전략을 준비하는데 큰 어려움을 겪었다.

이러한 문제의식을 갖고 서울대학교 아시아연구소 시민사회 프로그램은 국내에서는 처음으로 2012년 총람자료를 데이터베이스로 전환하는 작업을 2013년도에 진행하였다. 2012년 총람에 수록된 11,934개 단체정보를 중요 변수를 중심으로 재분류 및 코딩작업을 통해 기초통계 분석을 수행할 수 있는 데이터베이스를 마련하였다.[2] 이 데이터베이스에 포함된 주요 변수는 단체영역, 활동지역, 회원 수, 예산, 설립년도, 운동 목표, 주요활동 및 사업, 네트워크, 실무자 및 책임자 정보 등이다. 총람작업을 위해 사용한 조사방법은 우편, 이메일, 전화조사 등과 같은 간접적인 수집방식에 의존하였다. 그 결과 단체예산 및 연대활동 등과 같은 중요 정보에 대해서는 신뢰할 만한 답을 얻지 못한 채 무응답 처리 할 수밖에 없었다. 그 동안 많은 연구자들이 시민사회단체에 대한 기초통계를 애타게 기다린 것이 사실이다. 개별 연구프로젝트를 통해 영역별로 통계자료를 구축한 사례도 있지만 시민사회단체 전체에 대한 통계자료를 구축하는 것은 시간이나 경비 측면에서 큰 희생과 헌신을 요구하는 작업이기에 특정 개인이나 연구기관이 적극 나서기 어려운 여건이다.

이런 맥락에서 저자들이 2013년 '한국 시민사회 지형도 분석연구'라는 이름으로 한국 시민사회단체에 대한 기초통계 데이터베이스를 최초로 시도했다는 것은 큰 의미가 있다. 총람자료의 21개 영역에 수록된 총 11,934개 단체를 대상으로 단체 목적, 주요 사업 및 활동에 대한 내용 분석을 통해 거꾸로 코딩함으로써 기초 통계분석을 수행할 수 있는 데이터베이스를 구축하는 지난 한 작업이었다. 그러나 조사 단체들이 충실하게 조직 및 활동 정보를 제공하기 보다는 최소한의 내용만 제공하였기에 정도여서 한국 시민사회 단체의 역동적인 변화를 이해하는 데는 큰 한계가 있다. 그 동안 한국 시민사회 단체에 대한 조사 및 사례연구가 진행되었음에도 불구하고 체계적인 데이터베이스를 구축하지 못한 것은 시민사회 연구에 큰 걸림돌이 되었다.

이러한 방대하고도 지난한 내용분석 및 코딩작업을 통해서 한국 시민사회단체의 활동, 목표, 연대활동, 거버넌스, 자원동원의 특징을 분석하였다. 특히 2013 시민사회단체 기초통계사업의 가장 큰 장점은 총람 수록 단체들을 활동영역별로 전수 내용분석을 통해 코딩가이드북을 제작하였다는 것이다.[3] 코딩가이드는 운동영역별로 어떤 변화를

---

2   이 데이터베이스화 작업은 서울대 아시아연구소, (사)시민운동정보센터, 딜로이트 회계법인의 연구비 지원으로 가능하였다. 특별히 총람자료에 수록된 시민단체에 대한 텍스트 분석 및 코딩작업은 서울대 사회학과 대학원의 문명선, 하지은, 백재예, 성연주, 김동현의 헌신적인 노력으로 가능했다.

3   코딩가이드북은 21개 운동영역별로 주요 변수에 대한 변수값 및 항목 사례를 정리하였으며, 총 100여 쪽에 이른다. 자세한 내용은 다음 절에 소개한 인권 영역의 코딩가이드북 개발과정을 참조하기 바란다.

보이고 있으며, 어떤 이슈에 수렴되고, 더 나아가 어떻게 상호 연대 및 협력하는지를 보여주는 길라잡이이다. 한 마디로 2013년 시민사회 지형도 연구의 핵심 작업은 운동부문별 조사대상 단체에 대한 내용분석을 통해 코딩가이드북을 제작하는 것이다.

지난 10여 년의 총람사업은 단순한 조사표에 의존하였기에 시민사회 및 사회운동 연구에 필요한 자료를 체계적으로 수집하지 못하였다. 연구자는 이를 위해 시민사회운동 이론에 근거할 뿐만 아니라 한국사회의 변화발전 맥락을 반영하고자 기존의 조사표를 수정 및 보완하였다. 이 보완작업은 시민사회 활동가 및 전문가들의 의견을 통해 시민사회 및 단체의 중요 변수를 추가하거나 운동 영역을 재분류하는 작업에 초점을 두었다. 이러한 이론적, 경험적 수정 보완작업을 통하여 운동영역별 코딩가이드를 구성하였으며, 이 가이드에 기초하여 단체에 대한 데이터베이스 작업을 진행하였다. 요컨대, 코딩가이드북 작업은 아래로부터의 접근 전략을 통해 이루어졌으며 이 가이드는 이후 2014년 NGO 센서스 타당성 검토 및 예비조사의 설문지 구성의 기초자료가 되었다.

2) 코딩가이드북 개발

(1) 조사내용 분석틀

부록 1에 예시된 〈2012 시민단체 현황 조사표〉는 한국민간단체총람자료집에 포함된 단체를 대상으로 단체 조직 및 활동 정보를 조사하기 위해 활용한 조사표이다. 2013년 시민사회단체 기초통계 구축 사업의 코딩가이드북 작업은 이 조사표를 기초로 하되 시민사회운동 이론 및 국내 시민사회 맥락을 고려하여 준비하였다. 우선 단체 구성원에 관련하여 불필요한 정보나 문항은 제외하였다. 예를 들어 단체 실무자의 개인정보에 해당하는 부분은 코딩하지 않았으며, 대부분의 단체들이 정기간행물(연차보고서 등)을 발간하고 있기에 이것의 유무를 묻는 내용은 제외하였다. 둘째, 2012년 조사표 보완 작업에서 단체 구성원 정보에서 꼭 포함해야 할 인구 및 사회학적 정보가 누락된 경우를 확인할 수 있었다. 조직 구성원에 대한 인구학적 변수가 꼭 필요함에도 불구하고 단체 대표의 성별, 연령 혹은 연령대를 조사항목에 포함하지 않았다. 또한 최근 세계화 및 정보화에 대응하여 각 단체가 어떻게 인터넷을 비롯한 정보통신기술ICT을 활용하고 있는지 그리고 각 단체가 국내외적으로 시민사회단체는 물론 다른 조직들과 어떤 네트워크를 형성하고 있는지에 대한 조사가 이루어지지 않았다.

비록 기존 조사표에 근거한 자료집 내용을 분석하는 것을 원칙으로 하되 시민사회 및 사회운동이론에 기초하여 중요한 변수를 만들어 코딩하는 작업을 진행하였다. 이처럼 이론적 개념틀에 근거하여 조사표를 수정 및 재구성하여 구성한 범주 혹은 변수를 정리한 것은 아래 표 3과 같다.

표 3   이론적 개념틀 및 주요 조사 내용

개념	설명 및 조사 내용
Founding	단체설립
Membership	회원 (자원봉사, 인턴제도 유무)
Target	단체 목표
Sector	운동영역
Activity	조직의 활동 및 사업
Solidarity	운동영역 간/ 지역단위 (기초-지역-국가-국제) 연대
Partnership	운동영역 내 협력
Governance	운동영역 이외 기관과의 협력
Network	조직 네트워크
Affiliation	단체 산하 부설기관 (전문성 확보)
Location	단체 소재지 (기초단위)

우선 수록된 총 11,934개 시민사회단체를 21개 운동영역movement sector으로 분석하였다. 환경, 인권, 평화/통일, 여성, 권력감시, 정치/경제, 교육/포럼, 문화/체육, 복지, 청년/아동, 소비자권리, 도시/가정, 노동/빈민, 농어민, 외국인/재외동포, 모금, 자원봉사, 국제협력/연대, 대안사회, 온라인 그리고 기타로 구분하였다. 운동영역별 빈도수를 보면 2000년대 들어 한국 시민사회가 어떤 이슈에 초점을 맞추고 있는지를 쉽게 확인할 수 있다. 복지(1,931), 정치/경제(1,473), 환경(1,434) 그리고 청년/아동(1,004) 영역의 단체 수가 1,000개 이상 2012년 조사에 응답한 것으로 나타났다. 여기서 한국 시민사회운동 지형의 많은 변화가 있음에도 불구하고 기존의 운동영역을 그대로 따르기로 한 것은 지난 10여 년 동안 사용한 총람의 운동영역과의 비교분석을 위해서이다. 향후 한국 시민사회 운동영역에 대한 재분류 및 새로운 영역 추가는 매우 중요한 과제가 아닐 수 없다. 최근 들어 많은 단체들이 주요 운동 이슈에 수렴되고 있으며 동시에 새로운 영역-사회적경제-에 목표와 활동을 집중하고 있기 때문이다. 한국 시민사회운동

이 어떤 영역과 활동으로 재이동하고 있는 가에 대한 경험적 조사는 연구자들이 향후 주목해야 할 중요한 연구과제가 아닐 수 없다.

둘째, 회원 부분을 세부항목으로 구분하여 내용분석 하였다. 회원 및 회원으로 참여할 수 있는 자원봉사자 및 인턴 활용 여부를 주목하였다. 또한 회원 범주 안에 조직구성원-대표, 실무책임자-를 세부항목을 추가하여 분석하였다. 단체 대표와 실무책임자의 직업 및 활동경력(시민사회단체 활동 포함)을 코딩하여 운동영역 혹은 지역별로 개인 활동가 리더십에 의존하는 방식에서 회원 중심의 시민단체로 변화하고 있는지를 살펴보고자 하였다. 또한 한국 시민사회단체의 특징 중의 하나는 자원봉사, 인턴 등이 장기적으로 회원 및 실무자로 참여할 수 있는 과정을 주목하지 않고 이들에 대한 교육, 관리 및 지원이 제대로 이루어지지 않고 있다는 것이다. 2014-2015년 시민사회단체 설문조사 분석에서 자세히 살펴보겠지만 총람자료에는 단체 내 자원봉사자와 인턴 활동 여부를 확인할 수 있는 정보가 거의 소개되지 않고 있다.

셋째, 운동영역별로 단체목표와 활동에 대한 내용을 분석하였다. 단체 목표는 최대 3개로 제한하여 운동영역별로 코딩하였다. 단체 목표에 대한 코딩 내용은 실제 한국 시민사회단체가 어떤 목표를 향해 활동하고 있는지를 보여주는 기초자료가 된다. 단체의 주요 활동은 최대 5개로 제한하여 운동단체 영역별로 코딩하였다. 이는 운동영역별로 중첩되는 단체 활동 유형을 발견하고 한국 시민사회단체의 활동 특성을 분석하기 위한 것이다. 특히 단체들의 주요 운동영역을 도출하기 위해서 저자들이 중범위 수준의 단체 활동에 대한 유형화 작업을 하였고 이를 근거로 현재 한국 시민사회단체가 어떤 사업 및 활동에 초점을 맞추고 있는지를 분석하고자 하였다.

넷째, 운동단체의 연대활동 특성을 살펴보기 위해 운동영역 및 지역단위 별로 연대활동을 분석하였다. 시민사회단체 역량은 결코 개별단체 스스로 해결할 수 없는 것이다. 정부나 기업 혹은 이익집단과 달리 시민사회단체는 공공성을 목표로 활동하지만, 자원3Ms-인적자원man, 금융자원money, 물적자원material-에 있어서 항상 열세에 있기 마련이다. 이를 극복하기 위한 방법이 바로 연대와 협력이다. 운동영역 내에서 협력활동을 동반 관계partnership라고 개념 규정하고 분석하였고, 운동영역 간 혹은 지역의 경계를 넘어선 수직적 결합과 협력을 연대solidarity로 규정하여 분석하였다. 특별히 전지구화가 강화되면서 사회가 더욱 복잡해지고 전문화 되면서 다양한 문제를 극복하기 위해서는 국가의 역할이 증대되는 동시에 국가 역량의 한계로 공공선을 추구하는 시민사회단체와의 협치가 더욱 강조되고 있다. 이런 맥락에서 시민사회단체가 다양한 기관들과 협력하는 유형을 살펴보고자 거버넌스 개념을 동원하여 비교 분석하였다.

마지막으로 조직의 분화, 확대 및 협력 연계망을 살펴보고자 네트워크 활동에 대한 내용을 분석하였다. 시민사회단체의 연대활동은 수평적, 수직적으로 확대되고 있으며 동시에 전문화를 강화하고자 산하 혹은 부설 기관을 설립하여 연구, 교육/상담, 생활협동 및 서비스 활동까지 확대하며 단체의 전문성을 강화하고 있다.

(2) 코딩 가이드북 개발 과정

코딩가이드북 작업은 총람 자료집에 수록된 각 단체 정보와 활동 텍스트에 대한 내용 분석으로 시작된다. 우선 시민사회운동 이론을 토대로 주요 개념과 이를 대표하는 변수를 설정하고, 이를 가장 잘 대변해 주는 지표를 발굴하거나 변수에 해당하는 하위 항목을 발굴한다. 지표나 변수의 항목을 분류하고 각 항목에 값을 부여하여 양화할 수 있도록 하는 작업이다. 이 코딩가이드북 개발과정은 시민사회 및 사회운동에 관심을 갖고 있거나 석사 논문 주제로 고민하는 대학원생 5명이 보조연구원으로 참여하였다. 연구책임자는 보조연구원과 약 2개월(총 10회 워크숍)에 걸쳐 한국민간단체총람 조사표에 기초하여 21개 운동영역에 나뉘어 수록된 단체정보 및 활동에 대한 내용 분석을 통해 코딩가이드북을 만들었다. 5명의 보조연구원은 자신의 주요 관심사에 따라 운동영역을 선택하여 각 단체의 목표와 활동에 대한 코딩, 재코딩, 역코딩의 작업을 거치면서 영역별 코딩가이드북 개발과정에 참여하였다. 개인별 차이는 있지만 코딩가이드북 개발은 크게 3단계 과정을 거쳐 진행되었다.

우선 앞서 **표 3**에 제시된 11개의 주요 개념 및 변수에 기초하여 100개 단체에 대한 예비 코딩 작업을 실행하였다. 이 작업을 통해 관련 변수에 대한 주요 지표를 발굴하거나 해당 항목을 분류하는 작업을 진행한다. 이 작업을 마친 후에 2단계 작업으로 연구책임자와 보조연구원간 공동워크숍을 통해 코딩작업 과정에서 마주한 이슈를 함께 논의하면서 재분류 혹은 새로운 범주 추가 등을 진행하였다. 특히 각 보조연구원이 맡은 운동영역에서만 드러나는 특이한 이슈나 활동 등을 공유하며 이에 대한 수정, 보완 작업을 진행한다. 마지막 3단계에서는 코딩가이드를 통해 직접 단체정보에 대한 코딩을 진행하면서 추가적으로 발생하는 범주나 항목에 대해서는 연구책임자의 확인을 통해 추가 혹은 기존 범주로 통합 등을 결정하여 운동영역별 코딩가이드북을 최종 완성했다.

이러한 3단계 작업은 21개 운동영역에 대한 코딩가이드북 개발과정은 모두에 적용되어 진행하였다. 5명의 보조연구원이 적게는 3개의 운동영역을 맡은 경우도 있지만 많게는 5개의 운동영역에 대한 코딩가이드 개발과정을 담당한 경우도 있다. 그렇지만 하나의 운동영역의 과정을 거친 이후에는 훨씬 수월하게 코딩가이드 개발작업이 이어졌다. 물론 코딩가이드북 작업 중에 새로운 변수나 범주가 생겼을 경우에는 연구진 회의과정을 거쳐 이론 및 개념에 기초한 변수와 지표 설정 작업이 지속되었다. 이것은 운동영역별로 변수유형 설정과 유형별 자료입력의 적합성을 높이기 위한 것이다. 이 코딩가이드북을 만드는 과정이 적어도 3-4개월 정도 소요되었고, 이를 토대로 운동영역별 코딩작업을 진행한 경우는 2개월 정도 소요되었다. 코딩작업도 바로 진행하기 보다는 코딩테스트를 거친 후에 실제 코딩작업을 진행하였다.

코딩작업을 마친 후에는 입력한 자료에 대한 기초빈도 분석을 진행하기 위해 데이터 클리닝 작업을 진행하였다. 설문지가 아닌 총람자료에 대한 내용분석을 통해서 코딩 작업을 진행하였기에 데이터 클리닝은 2단계에 걸쳐 진행하였다. 먼저 입력 실수인지를 확인하고, 판단하기 어려운 경우에는 코딩을 담당한 보조연구원이 총람자료를 직접 확인하여 자료입력을 수정하였다. 데이터 클리닝 작업은 약 1개월 가까이 진행되었고 그 자료를 토대로 기초빈도표 작성 및 전문가 워크숍 발표를 통해 향후 시민사회단체 기초통계 조사 방법 및 내용에 대해 코멘트를 받았다.

(3) 코딩 가이드북 예시: 인권 영역

한국 민간단체총람에는 21개 운동영역을 구분하고 있어 이 모든 것에 대한 코딩가이드를 소개하는 것은 지면제약으로 어렵기 때문에 대신 대표적인 예로 인권 영역을 중심으로 코딩가이드 개발과정을 소개하고자 한다.

첫째, 단체 기본정보에 해당하는 부분은 지역location, 설립년도에 관한 정보이다. 표 4에서 예시한 코딩가이드를 보면 알 수 있듯이 단체이름(국/영문) 변수는 텍스트로 입력되며 명목변수이다. 단체의 국/영문 공식명칭을 확인함으로써 유사한 단체명으로 인한 혼선을 피하고자 했다. 설립년도는 연속변수로서 4자리로 입력하며 각 단체의 활동기간 및 기간별 단체설립 추이를 확인하고자 한다. 단체 소재지는 광역단위와 기초단위로 나누어 각각 범주형 변수Categorical variable로 코딩하였다. 범주형 변수는 이산변수discrete variable 혹은 명목변수nominal variable로서 동일한 특성을 갖는 대상들에 부여한 숫자로서 각 집단은 명칭에 불과한 것으로 운동선수의 등 번호 같은 것이다.

표 4   단체정보: 단체명, 설립년도, 단체 활동 소재지(Name/Foundation/Location)

변수명	변수값 속성	변수값
NAME_KOR NAME_ENG 단체명	명목변수	텍스트 고유값 인권운동사랑방 Sarangbang Group for Human Rights
FOUND_YR 설립년도	연속변수/ 등간척도	최대 4자리/ 1900 1993
Location 단체소재지	명목변수/ 범주형	최대 2자리/ 1~17 서울특별시, 부산광역시, 대구광역시, 인천광역시, 광주광역시, 대전광역시, 울산광역시, 세종특별자치시, 강원도, 경기도, 경상남도, 경상북도, 전라남도, 전라북도, 제주특별자치도, 충청남도, 충청북도

둘째, 회원 및 조직구성원 등에 대한 코딩 예시이다. 회원 수는 연속변수로서 최대 99999명으로 코딩하였다. 조직구성원-대표, 실무자 그리고 회원-에 대한 코딩 예시는 아래와 같다. 실무자 수(Staff_NO), 실무책임자 유무, 실무책임자 나이, 실무책임자 경력, 단체대표 직업 등을 코딩하였다. 실무자수는 연속변수로 최대 두 자리로 0~99명까지 코딩하고, 실무책임자의 유무는 이산변수로 범주형(있음/없음)으로 코딩하였다. 실무책임자 연령은 연속변수와 등간척도로 최대 두 자리로 코딩하였다. 실무책임자의 이전 경력은 표 5로 예시한 것처럼 크게 12개의 범주로 나누어 코딩하였다. 단체 대표의 경력 및 현직도 아래 표에 예시한 것처럼 12개의 범주로 나누어 코딩하였다. 12개의 범주는 단체들에 대한 내용분석을 통해 구축한 것이다.

셋째, 인권 단체의 목표와 활동에 대한 코딩 예시이다. 단체목표는 내용분석을 통해 크게 42개의 범주를 확인할 수 있었고 그 대표적인 예는 아래 표와 같다. 인권일반, 외국인 노동자, 북한인권, 일제/미 군정시기 희생자, 한국전쟁 희생자, 민주화운동 희생자(60-70년대; 80년대), 추모사업 일반, 그리고 좀 더 구체적으로 역사인물계승, 항일

표 5 회원 및 조직 구성원(Membership & Organizational Structure)

변수명/ 설명	변수값 속성	변수값
Member Size/ 회원수	연속변수/ 등간척도	최대 5자리/ 1~99999
Satff_No./ 실무자수	연속변수/ 등간척도	최대 2자리/ 코딩값 (0~99)
Chief/ 실무책임자 유무	이산변수/ 범주형	1자리/ 0(없음) 또는 1(있음)
Chief_Age/ 실무책임자 연령	연속변수/ 등간척도	2자리
Chief_Pre_OCC/ 실무책임자 이전 경력(직업)	명목변수/ 범주형	최대 2자리/ 1~12 시민운동, 연구활동- 석/박사/연구원), 교수 교사(학원), 일반 회사 근무, 자영업, 정치 활동, 법조인, 문화예술인, 종교인, 언론인(기자/출판), 기타
President_Pre_OCC 단체대표 경력 및 현재 겸직	명목변수/ 범주형	최대 2자리/ 1~12 대학교수, 교사, 회사 CEO, 자영업, 정치활동, 법조인, 문화예술인, 종교인, 언론인, 노동조합, 시민사회활동가, 의료인 (의사, 한의사)

운동열사, 민주화운동열사(80년대; 90년대 이후)의 추모 사업을 목표로 하고 있다. 각 범주에 해당하는 상세한 항목을 옆에 예시함으로써 코딩하는데 도움을 주고자 하였다.

한편, 인권단체 활동의 범주는 총 32개 범주로 코딩하였는데, 여기서는 대표적으로 12개 활동 범주를 예시하였다. 예를 들어 실태조사·연구·개발, 정책 건의, 강연회/토론회/포럼/워크숍/간담회/세미나, (일반인, 노동자 대상) 교육계몽, 진상규명 운동, 명예회복 사업, 추모사업, 선양사업, 사회적 약자(예, 이주여성)에 대한 서비스 사업, 상담 (일반), 소송, 자활·자립 지원, 인권 감수성 제고 활동, 홍보·간행물 발간 등과 같다. 각 범주에 해당하는 항목들은 아래 표에 제시한 것처럼 하나의 범주에 다양한 사업과 활동을 포함하고 있다.

표 6 단체목표(Target)

변수명/설명	변수값	범주설명	변수값 상세설명/ 항목 예시
HR_TARGET1 인권단체 목표	2자리	명목변수	
	1	인권(일반)	
	2	외국인 노동자	
	3	북한인권 일반	

변수명/설명	변수값	범주설명	변수값 상세설명/ 항목 예시
HR_TARGET1 인권단체 목표	4	일제·미군정 시기 사건 관련 희생자	동학농민운동, 3·1운동, 항일투쟁, 관동군 731 부대 마루타 실험, 태평양전쟁 희생자, 일제 강제 동원 피해자, 제주 4·3 사건 민간인 학살 희생자 등
	5	한국전쟁(6.25) 관련 희생자	6·25 전쟁 납북자/사망자/민간인 학살 희생자, 강화민간인 학살, 금굴 사건 등
	6	1960-70년대 민주화운동/ 노동운동 희생자	4·19혁명, 인혁당 사건, 70년대 노동운동 등, 6·3 베트남전 참전자, 2·28 대구민주운동, 3·15의거
	7	1980년대 민주화운동 희생자	5·18 민주화운동, 6월 항쟁 희생자, 삼청교육대 희생자 등
	8	추모사업(일반)	공공이익을 위한 희생자(예, 이수현)항일운동, 민주화운동, 노동운동 등 각 역사적 사건들에 대한 정신을 계승하고 기념하고자 함.
	9	역사적 인물 정신 계승 사업	선덕여왕, 세종대왕, 충무공 이순신, 장기려 등
	10	일제시기 항일운동 열사	항일운동 열사, 헐버트 박사, 함석헌, 홍범도, 백범김구
	11	1980년대 민주화운동 열사	박종철 열사, 김성수, 김세진, 이재오, 강상철 등
	12	90년대 이후 민주화운동 열사, 노동운동/교육	강경대 열사, 배달호, 오영권 등

표 7 단체 주요활동/사업1(Activity)

변수명/설명	변수값	범주설명	변수값 상세설명/ 항목 예시
HR_ACTIVITY1 인권단체 사업1	2자리	명목변수/ 범주형	단체의 주요 활동
	1	실태조사·연구·개발	DB 구축 및 제공, 진상조사, 설문조사, 군 사망 사고 희생자와 그 유가족에 eog나 민간차원의 현장지원, 문화향유권 프로젝트
	2	정책 건의	법 제·개정 / 법률 폐지 운동, 국정감사 대응, 제도개선, 국가인권위원회 참여
	3	강연회, 토론회, 포럼, 워크숍, 간담회, 세미나	학술행사
	4	(일반인, 노동자 대상) 교육계몽	인권교육, 평화기행, 성희롱·성폭력 예방교육, 다문화이해교육, 노동법교육 등
	5	진상규명 운동	과거청산
	6	명예회복 사업	

변수명/설명	변수값	범주설명	변수값 상세설명/ 항목 예시
HR_ACTIVITY1 인권단체 사업1	7	추모사업, 선양사업	장학사업, 논문·문학작품 공모, 위령탑 건립, 유족후원사업, 문화사업 기념사업, 어록비 역사관 설립 등
	8	사회적 약자(예, 이주여성)에 대한 서비스 사업	정부기관 대상 행정지원업무/민원업무 지원 및 정보 센터 운영, 보호/구호 서비스(긴급피난처, 쉼터 운영), 법률서비스 지원, 의료 지원 활동, 생필품 지원, 탈북자지원, 인권보호활동, 인권개선운동, 구출 등
	9	상담 (일반), 소송	가정폭력·성폭력, 인권침해, 노동상담, 생활/법률, 법률지원/보호
	10	자활·자립 지원	취업 상담, 일자리, 직업훈련 지원, 한글교육, 정보화교육, 핸드메이드 공방 운영, 사회참여 등
	11	인권 감수성 제고 활동	전시회, 문화제, 영화제 개최, 영화/ 다큐멘터리 제작, 사진전, 도자기전, 체험활동, (유적지, 문화유적) 답사 활동, 유명인 홍보 활동, 기념행사, 국토순례대행진 등
	12	홍보·간행물 발간	(온라인/오프라인 활동) 출판물,

넷째, 운동영역은 총람자료집의 분류를 가급적 따라 코딩하였다. 21개 범주로 구분하여 코딩하였고, 아래 변수 값을 예시하였다. 이것을 토대로 각 운동단체가 시민사회운동 내 어떤 영역과 연대활동을 하는지 여부와 구체적인 영역 간 교차관계를 코딩하였다. 더 나아가 연대활동의 이슈 및 참여활동이 기초, 광역, 전국, 아시아 그리고 초국적 차원인지 여부를 코딩하였다. 더 나아가 국제단체와의 연대활동 여부와 어떤 운동영역과 연대활동을 하는지를 코딩하였다.

또한, 시민사회단체의 거버넌스 유형을 살펴보기 위해 외부기관과의 협력관계를 기관을 범주화하여 코딩하였다. 좀 더 개별적으로 협력관계를 살펴보기 위해 시민사회단체가 정부, 기업, 그리고 연구기관(대학교 포함)과 협력관계 유무를 코딩하였다.

표 8   운동영역(Movement Sector)

변수명	변수값 속성	변수값 (1~21), 최대 2자리
M_Sector 운동영역	명목변수 / 범주형 변수	환경, 인권, 평화/통일, 여성, 권력감시, 정치/경제, 교육/포럼, 문화/체육, 복지, 청년/아동, 소비자권리, 도시/가정, 노동/빈민, 농어민, 외국인/재외동포, 모금, 자원봉사, 국제협력/연대, 대안사회, 온라인활동, 기타

표 9 연대활동(Solidarity)

변수명/ 설명	변수값 속성	범주 설명	변수값 상세설명/ 항목 예시
SOLIDARITY_ACTION 연대하는 단체 유무	명목변수	범주형	1 있다/ 0 없다
SOLIDARITY_SECTOR 연대활동 영역	명목변수	범주형	2자리 (1~21) 환경, 인권, 평화/통일, 여성, 권력감시, 정치/경제, 교육/포럼, 문화/체육, 복지, 청년/아동, 소비자권리, 도시/가정, 노동/빈민, 농어민, 외국인/재외동포, 모금, 자원봉사, 국제협력/연대, 대안사회, 온라인활동, 기타
LOCAL_SOLIDARITY 기초단위 이슈의 연대활동 참여유무	명목변수	범주형	1 없다/ 2 있다, 0 (비해당)
METRO_SOLIDARITY 광역단위 이슈의 연대활동 참여유무	명목변수	범주형	1 없다/ 2 있다, 0 (비해당)
NATIONAL_SOLIDARITY 전국단위 이슈의 연대활동 참여유무	명목변수	범주형	1 없다/ 2 있다, 0 (비해당)
REGIONAL_SOLIDARITY 아시아지역 이슈의 연대활동 참여유무	명목변수	범주형	1 없다/ 2 있다, 0 (비해당)
TRANS_SOLIDARITY 초국적 차원 이슈의 연대활동 참여유무	명목변수	범주형	1 없다/ 2 있다, 0 (비해당)

표 10 국제단체와의 협력(Partnership)

변수명/ 설명	변수값 속성	범주 설명	변수값 상세설명/ 항목 예시
INT_PARTNER 단체와 연대하는 국제단체 의 유무	명목변수	범주형	1 있음/ 0 없음
INT_PARTNER_SECTOR 단체와 연대하는 국제단체의 운동영역	명목변수	범주형	2자리 (1~21) 환경, 인권, 평화/통일, 여성, 권력감시, 정치/경제, 교육/포럼, 문화/체육, 복지, 청년/아동, 소비자권리, 도시/가정, 노동/빈민, 농어민, 외국인/재외동포, 모금, 자원봉사, 국제협력/연대, 대안사회, 온라인활동, 기타
INT_PARTNER_DURATION 국제단체의 연대의 지속성	명목변수	범주형	일시적 1, 지속적 2, 비해당(0)

표 11　거버넌스(Cooperation)

변수명/ 설명	변수값 속성	범주 설명	변수값 상세설명/ 항목 예시
COOP_OTHERS 타 기관/ 단체와의 협력관계 유무	명목변수	범주형	1 있음, 0 없음
COOP_TYPE1 협력관계를 맺는 기관 / 단체 (시민사회단체 외)	명목변수	범주형	정부 기관, 공공 기관, 법률 기관 언론 기관, 복지 서비스 기관, 기타
COOP_BUSINESS 기업과 협력 유무	명목변수	범주형	1 있음, 0 없음
COOP_RESEARCH 학술기관과 협력 유무	명목변수	범주형	1 있음, 0 없음
COOP_GOVT 정부와의 협력 유무	명목변수	범주형	1 있음, 0 없음

　　마지막으로 시민사회단체의 네트워킹 유무와 네트워킹 정도를 코딩하였다. 전자는 네트워킹 구조 안에 들어가 있는지 여부를 코딩하였고, 후자는 네트워킹 구조 안에 들어가 있는 단체 수를 코딩하였다. 네트워킹에서 어떤 위치를 차지하고 있는지를 살펴보기 위해 본부, 산하단체, 제휴/협력 관계 등으로 범주화하여 코딩하였다.

　　또한 단체 스스로 수직 혹은 수평적 분화를 하고 있는지를 살펴보기 위해 부설기관 유무와 부설기관 유형을 범주화하여 코딩하였다.

표 12　네트워킹(Network)

변수명/ 설명	변수값 속성	범주 설명	변수값 상세설명/ 항목 예시
NETWORK 소속/ 협력/ 참여단체 유무	명목변수	범주형	1 있음, 0 없음
NETWORK_NUM 본부, 지역지사 관계 포함해 소속/협력/ 참여 단체 수	연속변수	등간척도	Total number of networking groups at the individual level
NETWORK_POSITION 네트워킹에서의 지위	명목변수	범주형	1 본부, 2 산하단체(지부, 회원), 3 제휴, 협력관계(연대, 자매결연 등)

표 13　단체 산하 부설기관(Affiliation)

변수명/ 설명	변수값 속성	범주 설명	변수값 상세설명/ 항목 예시
AFFILI 단체 산하 부설기관 유무	명목변수	범주형	1 있음, 0 없음
AFFILI_TYPE 부설기관의 종류	명목변수	범주형	연구소, 학교, 아카데미, 교육 센터 생협(녹색가게), 서비스센터(법, 상담 등), 기타

3) 자료분석 리포트: 주요 변수별 빈도분석

(1) 지역분포

그림 1에 제시한 것처럼 조사단체 총 11,769개의 지역분포를 분석한 결과 수도권(서울/경기/인천)의 단체 수가 5,534개(47%)로 거의 절반에 이른다.4 전통적으로 정치의 중앙중심성이 강한 한국사회 속성뿐만 아니라 수도권에 신도시가 지속적으로 건설되고 인구가 급격히 유입되면서 자연스럽게 수도권 도시들을 중심으로 새로운 시민사회단체가 형성되고 있다. 수도권의 시민사회단체 활동의 새로운 거점도시로 주목할 수 있는 곳으로 경기 북부의 고양, 경기 동부의 남양주, 경기 남부의 성남, 용인, 수원, 안산 등을 들 수 있다.

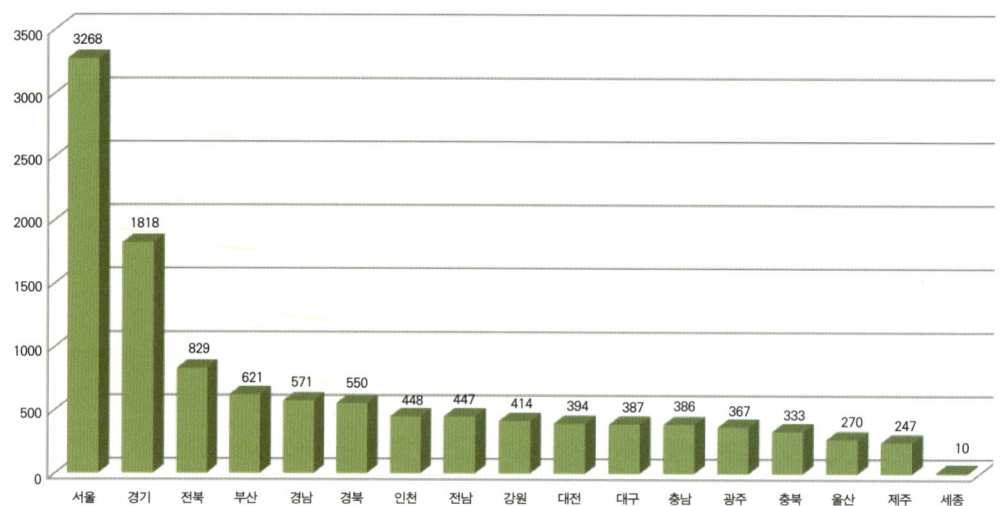

그림 1   지역별 분포(총 11,769개)

출처: 서울대 아시아연구소 시민사회프로그램 [2013 시민사회 지형도 분석]

---

4   총람자료에는 11,934개 단체가 수록되어 있으나 내용분석 및 코딩클리닝 결과, 기초통계자료로 활용할 수 있는 단체 수는 총 11,769개로 나타났다.

(2) 운동영역 분포

2000년대 초반에는 환경영역 단체가 급성장하였으나 최근에는 복지영역의 민간단체가 가장 많은 것으로 나타났다. 이는 10여 년 동안 전 지구적 차원의 사회적 양극화 문제가 한국사회에서도 핵심 이슈로 부상하였음을 보여준다. 전통적인 평화/통일, 정치/경제 영역 이외에 생활밀착형 이슈들인 문화/체육, 청년/아동, 여성, 자원봉사, 도시/가정 영역의 단체들이 증가하고 있다. 그러나 이 자료 역시 최근의 변화-국제개발협력 및 사회적 경제-를 제대로 반영하지 못하고 있음을 보여준다.

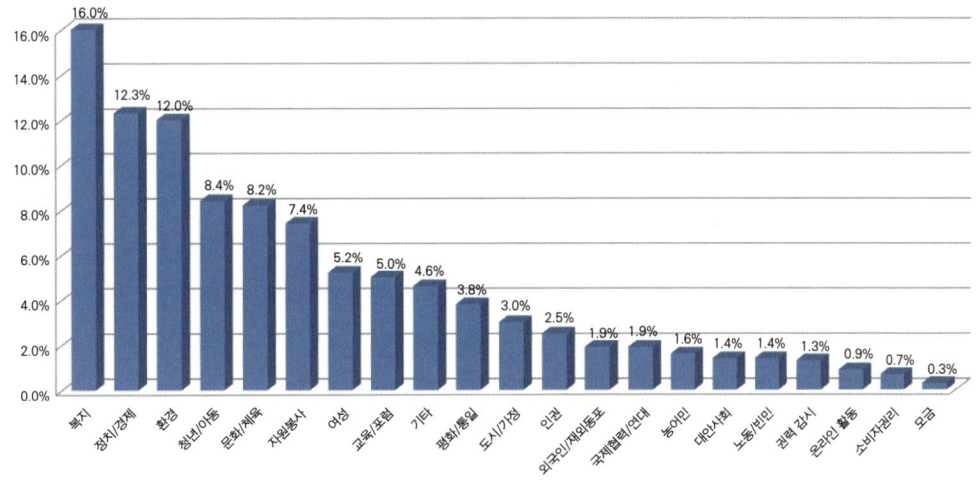

그림 2   운동영역별 분포

출처: 서울대 아시아연구소 시민사회프로그램 [2013 시민사회 지형도 분석]

(3) 운동영역 및 활동 분석

21개 운동영역 중에 대표적 영역의 단체 목표 및 활동 유형에 대한 질적 분석을 통해 한국 시민사회 지형 변화를 좀 더 자세히 살펴보고자 한다. 영역 중에 단체 수가 1,000개가 넘는 네 개의 영역-복지, 정치/경제, 청년/아동/ 환경-을 대상으로 시민운동단체의 목표 및 활동 내용을 심층적으로 분석하였다.

첫째, 복지영역 운동단체들은 복지대상을 중심으로 단체목표를 분명하게 밝히고 있다. **표 14**가 보여주듯이 복지대상의 빈도는 장애인(34.2%), 노인(11%), 지역주민 복

표 14	복지 영역 목표별 빈도(n=1,930)

목표	%
(일반) 장애인	34.2
(일반) 노인	11.0
복지 일반(지역 주민)	8.0
빈곤/결식/피학대 아동	4.8
저소득층 가정	4.4
복지일반	3.0
독거노인	3.0
장애인 가족	2.7
(일반) 아동	2.0
불치병 환자·희귀질환 환우/가족	2.0
정신질환자/가족	1.5
노숙자	1.2
말기 (암)환자/가족	1.2
사회복지시설 서비스 제공자	1.2
(일반) 청소년	1.1
낙후지역/벽지소재가정	1.0
산업재해자	1.0
(위기, 가출) 청소년	0.9
알코올/약물 오·남용자	0.9
외국인근로자	0.6
북한 주민 (대북사업)	0.6
(일반) 여성	0.5
싱글맘(편부모)	0.5
치매환자/가족	0.5
다문화가정	0.4
실업자	0.4
에이즈 환자	0.3
참전유공자/참전유공장애인	0.3
교도소 복역자	0.3
이주민	0.3
(일반) 가족, 가정	0.2
자연재해 피해 지역과 그 지역 주민	0.2
새터민	0.2
기타[5]	0.1 ↓

표 14-1	복지 영역 주요 활동별 빈도

활동영역	%
문화사업	7.3
상담(일반)	5.2
캠페인/운동	4.4
복지 관련 교육	4.3
의료 서비스	4.1
연구·조사	4.0
홍보·출판, 간행물발행	3.8
재가서비스제공	3.7
무료 급식/푸드뱅크	3.7
양성 교육	3.6
어린이집/방과후 교실/공부	3.6
자활근로사업, 자활 지원5	2.9
생활시설 제공	2.8
보호/구호/피난처 제공	2.4
정책 건의	1.9
일자리 지원 사업5	1.8
생활 체육·여가복지 지원5	1.8
(장애인 대상) 이동지원 및 활동보조	1.8
사회복지관운영5	1.4
재정적 지원	1.4
자원봉사활동(정기적)	1.4
창업 및 직업재활 교육5	1.3
결연·후원 사업	1.2
사회복지관 운영1	1.1
정보화(컴퓨터)교육5	1.1
부모교육	1.0
치료 서비스	0.9
의료보조기구 지원 및 수리/의약품 지급	0.9
(장애인) 교양교육/검정고시반 운영	0.8
한국어 교실 운영	0.8
생필품 지원	0.8
복지기금사업	0.8
일자리 지원 사업1	0.7
주택개조사업	0.7
해외봉사활동육성사업	0.7
호스피스	0.7
(아동, 청소년)상담/진학지원	0.6
(성인 대상) 예방 교육	0.6
자활근로사업,자활지원1	0.6
장기기증운동	0.6
평생교육서비스제공	0.6
(아동, 청소년) 장학 사업	0.5
(아동, 청소년) 방학교실, 방학급식 사업	0.4
(비행 청소년 대상)예방 교육	0.4
창업및직업재활교육1	0.4
생활 체육·여가복지 지원1	0.4
정보통신기기 기증·보급	0.4
기타[6]	0.3 ↓

지(8%), 빈곤/결식/피학대 아동(4.8%), 저소득층가정(4.4%), 독거노인(3%), 장애인가족(2.7%), 아동일반(2%), 불치병 환자/희귀질환 환우/가족(2%), 정신질환자/가족(1.5%), 노숙자(1.2%), 사회복지시설 서비스제공자(1.2%), 낙후지역/벽지소재 가정(1%), 산업재해자(1%) 순으로 나타났다. 이처럼 많은 복지단체들이 장애인, 노인, 아동, 질병환자/가족 등에 대한 사회적 서비스를 제공하는 것을 주요 목표로 삼고 있는데 이것은 한국의 복지운동영역의 특징을 보여주는 것이다. 한편, 유럽 및 서구에서는 전통적으로 사회복지 대상으로 삼고 있는 사회적 약자 및 소수자로 대표적인 것이 입양아동, (성)피해여성, 난민 들이다. 특히 최근 난민은 전 세계적으로 가장 주목받고 있는 이슈이다. 그렇지만 한국 복지운동 영역에서는 이들에 대한 관심과 지원이 단체 활동의 주요 목표에서 주변화 되고 있다.

전지구적 이슈에 대해서 적극적으로 대응하지 못하는 이유는 무엇일까? 이것은 바로 사업유형, 활동유형과 긴밀하게 연결된다. 주요활동으로 문화사업(7.3%), 상담(5.2%), 캠페인(4.4%), 복지교육(4.3%), 의료서비스, 무료급식/푸드뱅크, 양성교육, 어린이집/ 방과후 활동, 자활근로사업사업, 보호/구호/피난처 제공 등에 초점을 맞추고 있다. 반면에 정책건의, 의정감시, 재해복구 지원, 해외지역개발, 직접행동 등의 활동은 상대적으로 약한 것으로 나타났다. 이것은 복지영역 단체들이 상대적으로 사업하기 쉬운 내용, 정부나 외부 지원기관으로부터 재정지원 받기 쉬운 사업, 그리고 사회적으로 논란이 적은 이슈나 사업에 초점을 맞추고 있음을 의미한다.

둘째, 정치/경제 영역 단체들의 목표와 활동 유형을 살펴보자. 표 15가 보여주듯이 정치 영역에서는 의식개혁, 민주주의, 지방자치, 환경정의 및 사회진보 등을 목표로 하는 단체들이 두드러지게 나타났다. 국민의식개혁(8.8%), 민족정신함양(8.4%), 공명선거(5.5%), 주민자치(4.9%), 민주주의(3.8%), 사회진보(2.5%), 환경정의eco-jus-

---

5   빈도 0.1 이하: 입양아동(0.1), 성(性) 피해 여성(0.0), 성매매 여성(0.0), 세계난민(0.0)

6   빈도 0.3 이하: 정보화교육(0.3), 콜센터운영(0.3), 재해복구지원(0.3), 직접행동(0.3), 자원봉사활동(0.2), 법률상담서비스(0.2), 해외지역개발사업(0.2), 의정삼시(0.1), 중앙부처/지역협의회대상사업(0.1), 사회복지관운영2(0.1), 사회복지관운영(0.1), 정보화교육4(0.1), 생활체육여가복지지원(0.1), 자활근로사업/자활지원2(0.1), 자활근로사업/자활지원4(0.1), 사회복지관운영4(0.0), 일자리지원사업(0.0), 창업/직업재활교육4(0.0), 정보화교육2(0.0) 등.

표 15 정치/경제 영역 목표별 빈도(n=1,473)

목표	%
국민 의식 개혁	8.8
전통윤리 · 민족정신 함양	8.4
도시 · 지역 개발	7.4
공명선거 정착	5.5
주민자치	4.9
민주주의(일반)	3.8
사회적 약자	3.8
지방 자치 활성화	3.4
올바른 사회 윤리 정착	3.2
자유민주주의수호	3.0
시민 의식 고취	2.9
지역 경제 활성화	2.9
사회 진보	2.5
eco-justice	2.5
새마을운동	2.4
시민사회	2.3
복지(일반)	2.1
청소년(일반)	2.1
지역 환경 개선	1.8
국민안보의식 고취	1.6
지역 현안	1.4
안전의식고취	0.9
국가경쟁력 향상	0.8
국민 권익 보호	0.6
지식 재산권 · 특허권 보호	0.6
기초과학/발명(일반)	0.6
대안 제시	0.5
국토 난개발 문제	0.5
사회적기업	0.5
중앙정부 · 지자체정책	0.4
민 · 관 협력	0.4
매니페스토(정책)	0.4
정부 · 공공기관개혁	0.4
농어촌후계양성	0.4
기업문화 · 기업경영 환경	0.4
국민권익 침해 관련 법 · 제도 개선 및 폐지	0.3
부정부패 방지	0.3
역사 교육, 역사 바로 세우기	0.3
교육환경	0.3
노인(일반)	0.3
과학 대중화	0.3
IT 정보사업 · 정보 문화	0.3
기타[7]	0.3 ↓

표 15-1 정치/경제 영역 주요 활동별 빈도

활동영역	%
(일반인 대상) 교육	9.0
(사회적 약자에 대한) 사회서비스 제공	7.5
강연회, 토론회, 포럼, 워크샵, 간담회	7.0
조사 · 연구 · 개발	6.3
의식 제고 문화 활동	6.0
캠페인	4.2
홍보	3.5
간행물 발간	3.2
감시 · 모니터링	2.9
정책 건의	2.7
연대 사업	2.2
인재 양성	1.7
직접행동	1.7
미디어 동원 여론활동	1.6
(아동 · 청소년 대상) 교육	1.6
시민 활동가 양성 교육	1.5
답사 · 탐사 활동	1.3
시상 및 표창	1.1
시민자활 · 자립활동	1.1
시민참여자치모임육성	0.9
상담(일반)	0.8
알뜰 시장 운영	0.8
경제적 지원	0.7
(활동 대상 관련) 정보 수집 및 제공	0.6
분석 및 평가	0.6
정보 공개	0.5
법률서비스	0.5
보호 · 구호 서비스	0.5
의료 지원 활동	0.4
학습공간제공	0.4
정부 대응 활동	0.3
취업 지원	0.3
퇴진 · 낙선 운동	0.2
한글 교육	0.2
콜센터운영	0.2
피해 구제/분쟁 조정	0.2
사회적기업 활성화	0.2
기타[8]	0.1 ↓

tice(2.5%) 등으로 단체목표가 나타났다. 또한 경제영역에서는 도시지역개발, 사회적 약자/ 복지, 지역경제 활성화, 새마을운동 등과 같이 지역개발 및 환경개선에 초점을 맞추고 있다. 도시지역개발(7.4%), 사회적약자(3.8%), 지역경제활성화(2.9%), 새마을 운동(2.4%) 등으로 단체목표가 나타났다. 이처럼 단체 목표를 통해 살펴볼 때, 정치경제 영역의 많은 단체들이 개혁 및 보수적인 성향을 보이고 있는 것으로 나타났다. 이런 이유로 최근에 신자유주의 세계화의 강화 및 실질적 민주화의 지체현상으로 비롯된 중요한 이슈들-노동문제, 납세자권익보호, 중소기업, 공정무역, 경제정의실현 등-에 대해서는 적극적으로 대응하지 못하고 있음을 확인할 수 있다.

정치/경제영역 단체들의 주로 활용하는 활동방식은 어떤 것일까? 표 15-1이 보여주듯이 교육사업(9%) 및 서비스 제공(7.5%)이 주를 이루고 있다. 교육사업은 일반인을 대상으로 한 교육프로그램, 강연회 및 토론회(7%), 조사연구개발(6.3%), 의식제고를 위한 문화 활동(6%), 캠페인(4.2%) 및 홍보사업(3.5%) 등을 포함한다. 반면에 감시활동(2.9%), 정책건의(2.7%), 연대활동(2.2%), 직접행동(1.7%), 미디어동원 여론활동(1.6%) 등은 상대적으로 낮은 수준을 보이고 있다. 또한 최근 주목받고 있는 이슈들-정보공개청구, 피해자/분재조정, 사회적기업, 소액신용대출사업- 관련해서는 아직까지 적극적인 사업과 활동을 전개하지 못하고 있다.

셋째, 청년/아동 영역 단체들의 운동 목표와 활동 유형을 살펴보자. 표 16이 보여주듯이, 청소년 대상의 교육, 수련활동, 지역청년회, 청소년 상담 등이 주요 목표로 나타났다. 다음으로 문제 청소년(가출, 폭력, 위기가정, 학교폭력)에 대한 지원을 목표로 하는 단체들로 나타났다. 청소년 일반(10.9%), 지역청년회(8.1%), 청소년 교육(5.5%), 청소년 선도(3.9%), 상담(2.9%), 학교폭력/ 가출학생 예방 치료교육(2.7%) 등이 여기에 해당한다. 또한 좀 더 연령이 낮은 아동을 대상으로 한 단체의 목표는 아동 일반

7　빈도 0.3 이하: 통일의식고취(0.2), 지역문화유산보호(0.2), 북한이슈(0.2), 주한미군이슈(0.2), 청년(0.2), 노동문제(0.2), 채무빈곤(0.2), 소비자권리(0.2), 사업자권익(0.2), 과학기술인(0.2), 자살예방(0.1), 납세자권익보호(0.1), 직능인(0.1), 중소기업(0.1), 공정무역(0.1), 로봇산업(0.1), 건축/건축문화/건축가(0.1), 폐전자제품(0.1), 경제협력(0.1), 국가영토문제(0.0), 범죄피해자(0.0), 금융소비자(0.0), 상장회사(0.0), 인터넷문화(0.0), 원자력에너지육성(0.0), 항공소년단(0.0), 경제정의실현(0.0)

8　빈도 0.1 이하: 민원업무/행정업무지원(0.1), 소액신용대출(0.0)

표 16 청년/아동 영역 목표별 빈도(n=1,001)

목표	%
청소년 (일반)	10.9
지역청년회	8.1
청소년 수련 활동	6.6
청년종교활동	5.5
청소년교육(일반)	5.5
건전 청소년 문화 정착	5.1
저소득층 가정 청소년·아동	5.0
아동 (일반)	4.0
청소년 선도 활동	3.9
아동·청소년 방과후 교실/ 무료 공부방	3.0
아동·청소년 상담	2.9
위기 가정 청소년·아동	2.8
청년 (일반)	2.7
학교폭력/비행/가출 예방·치료·교육	2.7
가출·비행청소년	2.5
자원 봉사 활동	2.4
국제 교류 (일반)	2.2
민족 자주/민족 정신 함양	2.0
어린이보육시설	1.6
아동 교육	1.4
사회취약계층	1.3
폭력피해청소년·아동	1.3
아동·청소년 인권 보호	1.2
청소년 대안 교육	1.0
어린이독서문화정착	0.9
청소년 성교육	0.7
탈학교 청소년	0.7
어린이안전	0.7
청소년·청년·아동 관련 정책	0.5
결식 청소년·아동	0.5
장애청소년·아동	0.5
아동 문화 활성화 (일반)	0.5
남북교류	0.4
청년리더/리더십	0.4
청년실업 해소	0.4
청소년정치참여	0.4
전통문화 계승	0.4
위험/유해지역 청소년·아동	0.4
다문화가정 청소년·아동	0.4
탈북 청소년	0.4
청소년비행문제(일반)	0.4
보호시설 출원생	0.4
사회질서정착	0.3
농어촌청소년	0.3
알코올/약물/환각제 중독 청소년	0.3
백혈병·소아암·난치병 환아	0.3
아동지도자·돌보미	0.3
기타[9]	0.2 ↓

표 16-1 청년/아동 영역 주요 활동별 빈도

활동영역	%
(아동·청소년 대상) 교육	8.5
문화 사업	8.4
지역 사회 봉사활동	7.5
상담 (일반)	6.4
안전 감시·감독 활동	5.4
강연회, 토론회, 포럼, 워크샵, 간담회	4.7
문화·스포츠 활동 지원	4.6
연구·개발	4.2
연대사업	3.9
캠페인	3.7
활동가 양성 교육	3.4
공부방/방과 후 교실 운영	2.9
보호·구호 서비스	2.9
간행물 발간	2.6
청년·청소년 리더십 교육	2.5
경제적 지원	2.2
(일반인 대상) 교육	1.9
조사·감시	1.4
진로·학업 지원 활동	1.4
장학 사업	1.3
자매결연	1.3
홍보	1.0
소모임 운영	0.9
정책건의	0.7
생활협동조합 운동	0.7
어린이 도서관 운영	0.7
해외 봉사활동	0.7
직접행동	0.7
정착 지원	0.6
재활 지원	0.6
심리 치료	0.5
대안학교 운영	0.5
취업 지원 활동	0.4
멘토링 제도 운영	0.4
무료 급식 사업	0.4
무료 의료 진료 서비스	0.4
미디어 동원 여론활동	0.3
미디어 교육	0.3
기타[10]	0.3 ↓

(4%), 방과후 활동지원(3%), 위기가정 아동(2.8%), 어린이보육시설(1.6%), 아동교육(1.4%) 등으로 나타났다. 최근에 이슈로 떠오르고 있는 청소년 아동 인권보호(1.2%)를 목표로 활동하는 단체도 증가하고 있는 것으로 나타났다. 그러나 보다 전문적이고 세부적인 이슈에 대해서는 여전히 단체 활동목표에서 주변부에 머물고 있다. 예를 들어 대안교육청년정치참여(0.2), 친환경먹거리(0.2), 입양아동(0.2), 청년예술가지원(0.1) 저소득대학생/청년지원(0.1), 청소년미디어교육(0.1), 청소년스포츠교육(0.1), 국내거주외국인유학생(0.1), 미디어중독청소년(0.1), 공동육아(0.1), 실종아동/가족(0.1), 사고피해아동/청소년(0.1) 등이 있다.

한편, 청년/아동 단체들의 주요 사업 및 운동방식에는 어떤 것이 있는가? 표 16-1 이 보여주듯이 예상대로 청년/아동을 대상으로 한 교육(8.5%), 문화사업(8.4%), 지역사회 봉사(7.5%), 상담(6.4%), 안전감시 감독활동(5.4%), 강연/토론회(4.7%), 문화스포츠 활동지원(4.6%), 캠페인, 활동가 양성교육, 공부방 운영, 보호 및 구호서비스, 청소년 리더십 교육 순으로 나타났다. 비록 많은 단체들이 주요 활동으로 동원하고 있지 못하지만 주목한 만한 것으로 생활협동조합운동(0.7%), 해외봉사활동(0.7%), 대안학교 운영(0.5%), 멘토링 운영(0.4%), 무료급식사업(0.4%) 등이 있다. 이것은 청년/아동이 미래를 준비하는 장기 프로젝트로서 주목할 만한 사업과 운동방식이다.

마지막으로 환경영역 단체들의 목표와 활동 유형을 살펴보자. 표 17이 보여주듯이 크게 환경일반(45.3%)으로 포괄적으로 접근하는 단체와 보다 구체적인 보호/ 보존대상을 중심으로 활동하는 단체로 나뉘어져 있다. 예를 들어 후자는 물(10.1%), 야생동물(9.2%), 지역생태환경(8.4%), 해양(3.4%), 재활용(2.8%), 동물보호(2.4%), 산(2.2%), 갯벌(1.5%), 야생식물(1.5%), 대기(1.2%), 숲(1.2%) 등으로 나타났다. 한편 최근에 다양한 운동영역들이 관심을 가지며 수렴하고 있는 이슈-식품안전, 핵, 사회적약자, 환경

9　빈도 0.2 이하: 청년정치참여(0.2), 친환경먹거리(0.2), 입양아동(0.2), 북한인권(0.1), 청년문화(0.1), 청년예술가지원(0.1) 저소득대학생/청년시원(0.1), 청소년미디어교육(0.1), 청소년스포츠교육(0.1), 국내거주외국인유학생(0.1), 미디어중독청소년(0.1), 공동육아(0.1), 해외입양아동/입양인(0.1), 실종아동/가족(0.1). 사고피해아동/청소년(0.1). 국제어린이보호활동(0.1)

10　빈도 0.3 이하: 정보수집/제공(0.2), 콜센터운영(0.2), 법률상담/법률서비스지원(0.2), 정보화교육(0,2), 한글/한국문화교육(0.2), 생필품제공(0.2), 표창/시상활동(0.2), 긴급구조활동(0.1)

표 17	환경 영역 목표별 빈도(n=1,352)		표 17-1	환경 영역 주요 활동별 빈도

목표	%
환경일반	45.3
물	10.1
야생동물	9.2
지역 환경일반	8.4
해양	3.4
재활용	2.8
동물보호	2.4
산	2.2
지방의제21	2.2
갯벌	1.5
야생식물	1.5
환경파괴 반대운동	1.3
대기	1.2
숲	1.2
공공시설	0.7
친환경 에너지	0.6
식품안전	0.5
문화재	0.5
핵 에너지	0.4
토양	0.3
재난지역/ 희생자	0.2
사회적약자	0.1
환경정의	0.1

활동영역	%
생태계질서 보존사업	17.7
교육	16.6
문화 행사	8.7
조사 및 분석	8.0
감시활동	7.4
연구/ 기술개발	7.2
캠페인 활동	5.7
출판	5.5
포럼 학술활동	4.9
정부 자문	2.8
생활실천운동	2.7
환경보전 자원봉사	2.5
야생구조	2.4
연대활동	1.5
오염	1.1
표창	1.0
여행, 캠프기획	0.6
전문인력양성	0.5
법률지원	0.4
민원	0.4
인명구조	0.4
재정지원	0.4
여가/취미	0.4
식물보호, 희귀동식물발굴육성	0.4
핵	0.2
로비활동	0.1
영화제작	0.1
사회적 약자를 위한 자원봉사	0.1
직접행동	0.1

정의-는 단체 목표에서 아직까지 주변적 위치(1% 이하)에 머물고 있다. 이것은 환경단체들의 전문성의 확대 및 영역 간 연대활동의 강화라는 과제를 안고 있음을 의미한다.

그렇다면 환경영역의 단체들이 초점을 두고 있는 사업과 활동방식에는 어떤 것이 있는가? 표 17-1이 보여주듯이 생태계 보전활동(17.7%)과 교육사업(16.6%)이 가장 두드러진 활동으로 나타났다. 이외에도 환경 조사 및 분석, 감시활동, 캠페인, 정부정책 자문과 생활 실천 활동에 초점을 맞추고 있다. 반면에 전문 인력 양성, (환경사안)법률

지원, 핵, 사회적 약자 지원, 그리고 직접행동 등에는 점차 소극적인 것으로 나타났다. 특별히 최근 들어 4대강사업, 핵발전소 건설, 해군기지 건설 등과 같은 국책사업을 둘러싼 갈등이 확대되면서 환경단체들이 기존의 직접행동 방식을 더욱 빈번하게 동원하고 있다는 것은 주목할 만하다.

(4) 설립년도

시민사회단체의 설립연도 추이를 주목하는 것은 한국 시민사회단체의 지속가능성을 평가할 수 있는 중요한 잣대이다. 설립연도별 시민사회단체 성장 추이를 보면 한국사회의 민주화 과정과 그 궤를 같이함을 보여준다. 그림 3이 보여주듯이 1980년대 말부터 시민사회단체가 급격히 성장하면서 1990년대는 소위 '시민사회운동 시대'라고 말할수 있을 정도로 지수함수 규모의 성장세를 보였다. 그러나 1990년대 말 IMF 구제 금융과 실질적 민주화 지체라는 대내외적 도전을 마주하면서 시민사회단체의 성장세는 급격하게 감소하고 있다. 그 결과 2010년대에 들어와서는 새로운 시민사회단체 설립 수가 1990년대 초 수준으로 낮아졌다. 시민사회단체에 대한 기대와 동시에 활동의 지속가능성이 한계로 인하여 시민단체의 성장이 주춤하고 있음을 의미한다. 그리고 신생단체의 부침이 계속되고 있는 것으로 나타난다.

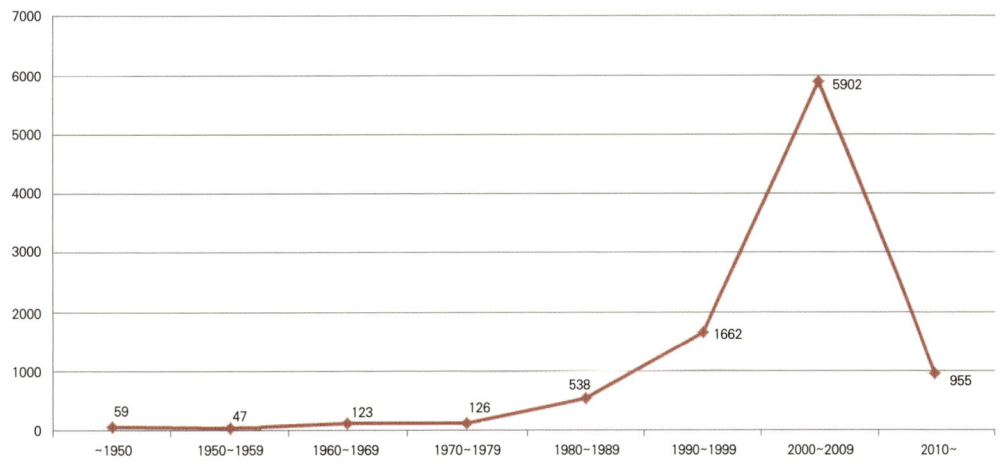

그림 3　설립연도별 단체 분포(개)(총 9,432개)

출처: 서울대 아시아연구소 시민사회프로그램 [2013 시민사회 지형도 분석]

(5) 영역별 설립분포

시민사회단체의 영역별 설립 분포를 살펴봄으로써 새로운 운동영역의 부상을 주목할 수 있다. 그림 4가 보여주듯이 한국 시민사회단체 설립추이는 민주화 운동과 그 뿌리를 같이 한다. 민주화 운동영역과 더불어 열린 공간 속에서 선도적으로 활동을 전개한 영역은 복지, 환경, 정치경제, 인권 부분이다. 인권단체의 경우 1980년대에 민주화운동 참여자, 가족 그리고 희생자에 대한 인권을 보호하기 위한 관련 단체가 설립되었다. 절차적 민주화 달성 이후 보다 열려진 정치기회 구조 환경에서 단순한 신체자유 권리를 넘어 사회적 권리까지 확대 구현하기 위한 노력은 인권단체의 다양화로 나타났다.

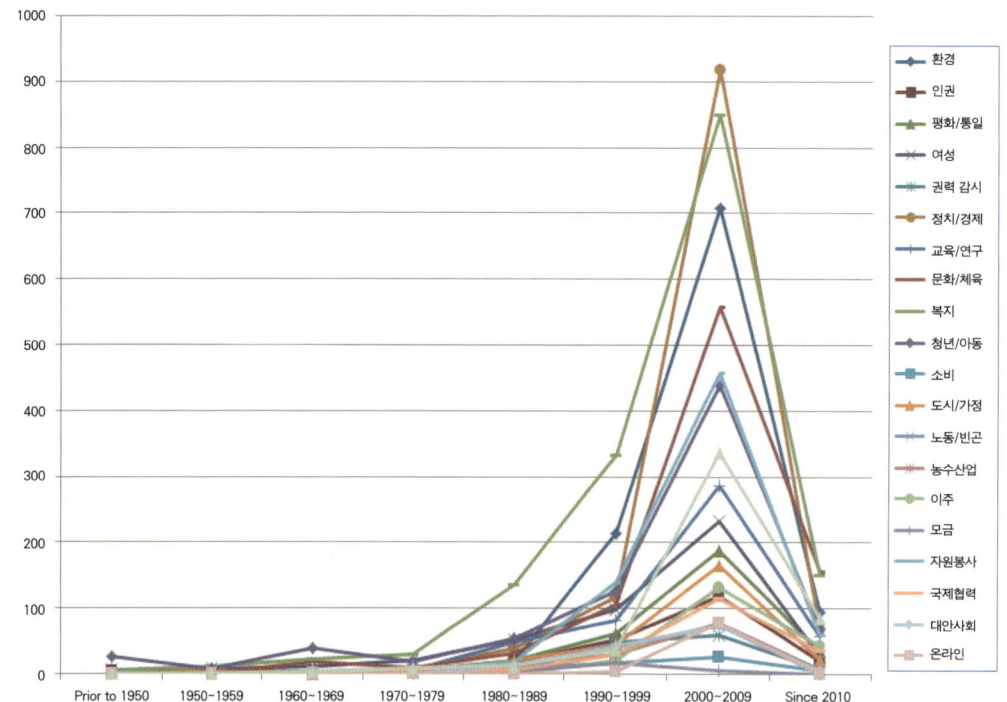

그림 4   운동영역별 설립 추이

출처: 서울대 아시아연구소 시민사회프로그램 [2013 시민사회 지형도 분석]

(6) 영역별 회원분포

시민사회단체의 빈도분포를 확인한 결과 전체 단체의 평균 회원수는 14,194명으로 나타났다. 회원규모가 가장 큰 영역은 모금, 여성, 청년/아동, 복지 그리고 소비 영역 순으로 나타났다(그림 5). 상대적으로 운동성이 강한 환경, 인권, 권력감시, 노동/빈곤 영역은 단체회원 규모가 낮은 것으로 나타났다. 예를 들어 회원규모가 큰 단체의 경우 회비만 납부하는 회원이 많을수록 단체의 운동성은 약화된다. 그러나 회원 수보다 실제 참여하는 회원들의 규모가 중요한 것이다.

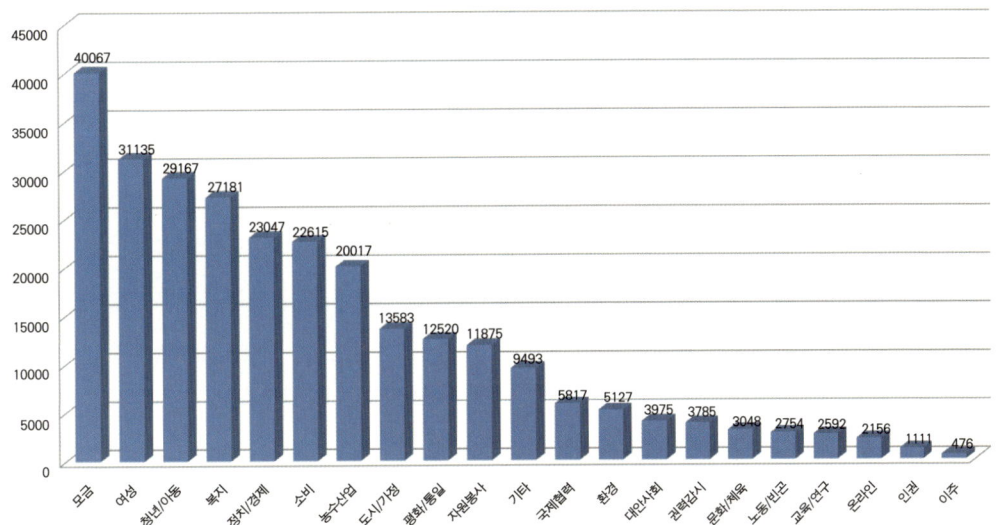

그림 5   운동영역별 회원분포(평균: 14,194명)

출처: 서울대 아시아연구소 시민사회프로그램 [2013 시민사회 지형도 분석]

(7) 단체 부설기관 (전문화/다양화/ 제도화)

시민사회단체들의 전문화, 다양화 그리고 제도화 정도를 살펴보기 위해 각 단체의 부설기관 분포를 살펴보았다(그림 6). 조사대상 단체 중에 872개 단체가 부설기관에 대한 정보를 제공하였다. 그 중에서도 단체 산하에 서비스센터를 운영하는 단체가 48.8%로 다수를 차지하고 있으며, 연구소 11.5%, 학교 9.3%, 교육센터 7.5%로 부설기관을 운영하는 것으로 나타났다. 이것은 시민사회 단체가 서비스 제공을 목표로 수익사업 차원에서 운영하는 기관과 동시에 전문성을 제고하기 위해 자체 연구소를 운영하는 것으로 이해할 수 있다.

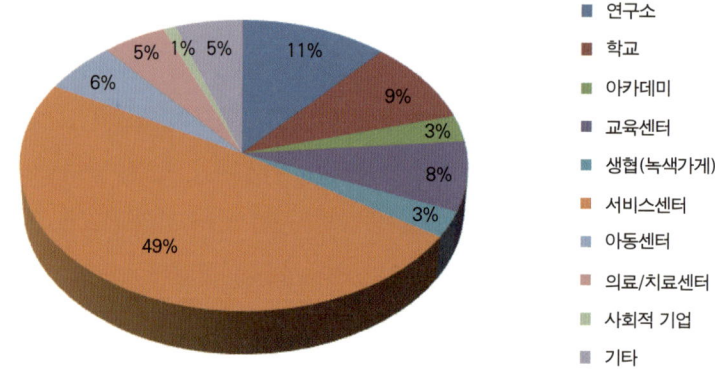

■ 연구소
■ 학교
■ 아카데미
■ 교육센터
■ 생협(녹색가게)
■ 서비스센터
■ 아동센터
■ 의료/치료센터
■ 사회적 기업
■ 기타

11% 9% 3% 8% 3% 5% 1% 5% 6% 49%

그림 6   단체 부설기관(총: 872 단체가 부설기관 운영)

출처: 서울대 아시아연구소 시민사회프로그램 [2013 시민사회 지형도 분석]

(8) 활동/사업 유형별 분포

2012년 총람자료집에 수록된 시민사회 단체의 활동을 최대 5개로 제한하여 활동을 코딩한 결과, 총 24,862개 활동이 나타났다. 이것을 사회운동 이론에 기초하여 모든 활동을 37개의 중범위 수준으로 재코딩하여 분석하였다(그림 7). 이는 한국 시민사회단체가 전체적으로 어떤 사업유형과 활동방식에 초점을 맞추고 있는지를 발견할 수 있는 매우 의미 있는 근거가 된다. 중범위 수준의 활동유형을 분석한 결과는 매우 흥미로웠다. 먼저 시민사회단체가 초점을 맞추고 있는 주요 사업과 활동으로는 교육과 훈련/체험학습 프로그램으로 3,696개의 단체가 동원하고 있는 것으로 나타났다. 다음으로 사회적 약자에 서비스 제공 프로그램을 2003개 단체가 진행하고 있는 것으로 나타났다. 그 밖에도 연구 및 정책대안 활동에는 1,890개 단체가 그 역량을 집중하고 있는 것으로 나타났다.

한편, 과거 시민사회단체들이 초점을 두었던 운동방식인 직접행동(361개 단체)과 미디어 동원활동(600개 단체)은 점차 그 활동 중심에서 멀어지고 있는 것으로 나타났다. 이러한 활동 유형의 변화는 향후 연구에서 한국 시민사회단체가 정권regime 시기별로 어떻게 대응하고 있는 지를 설명할 수 있는 중요한 지표가 된다. 더 나아가 한국 시민사회단체 역동성을 가늠하는 핵심적인 지표로 활용할 수 있다.

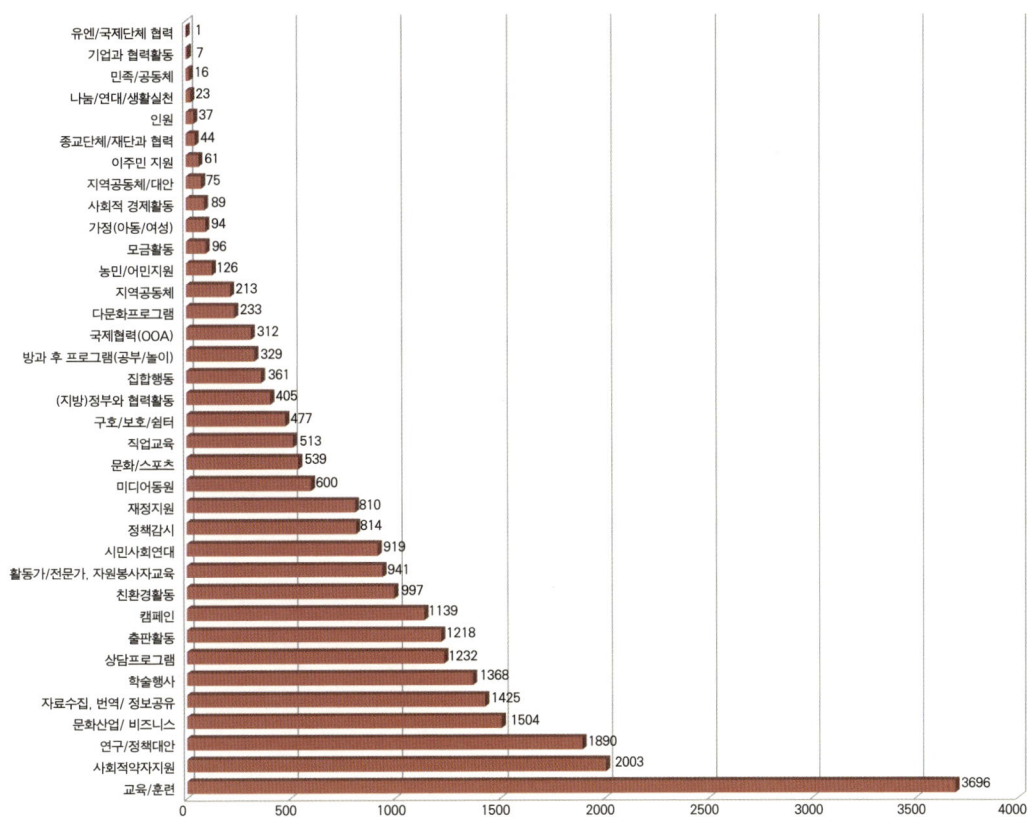

그림 7 활동/사업 유형별 분포(중범위 37개 활동별 분류)

출처: 서울대 아시아연구소 시민사회프로그램 [2013 시민사회 지형도 분석]

(9) 지역단위 및 운동영역별 연대활동 비교

과거 한국 시민사회단체의 연대활동은 중앙 즉, 서울을 중심으로 강하게 전개되었다
는 특징이 두드러졌다. 그러나 이것이 지방자치가 실시되면서 지역별로 정치기회구조
가 특색있게 구성됨으로써 운동영역별로 연대활동의 중심 축이 활동지역(기초/광역/
국가)에 따라 변하고 있음은 매우 흥미로운 현상이다(그림 8). 그러나 아직도 평화/통
일 영역은 여전히 국가적 차원(중앙중심)의 연대활동을 벌이고 있는 것으로 나타났는
데 이것은 평화/통일 관련 단체들이 중앙중심으로 활동하기 때문으로 이해할 수 있다.
또한 복지영역의 경우는 광역단위에서 연대활동이 강하게 나타났다.11

---

11 제3장에서 교차분석을 통해 연대활동이 지역 및 운동영역별로 어떤 차이가 나타나는지를 좀 더
자세히 설명하고 있다.

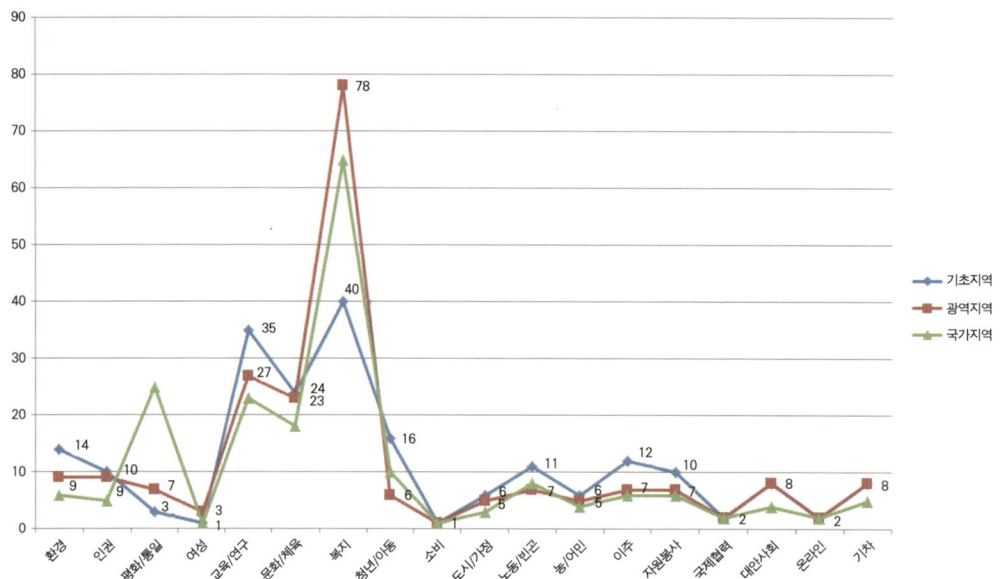

그림 8　지역별 연대활동 유형

설명: 응답단체 수: 기초단위(219개), 광역단위(214개), 전국단위(194개)

출처: 서울대 아시아연구소 시민사회프로그램 [2013 시민사회 지형도 분석]

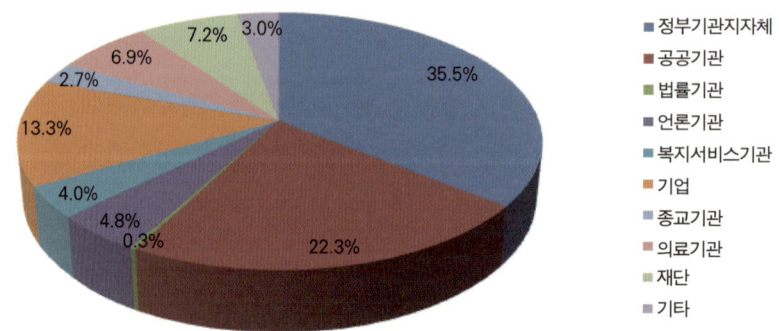

- 정부기관지자체 35.5%
- 공공기관 22.3%
- 법률기관 0.3%
- 언론기관 4.8%
- 복지서비스기관 4.0%
- 기업 13.3%
- 종교기관 2.7%
- 의료기관 6.9%
- 재단 7.2%
- 기타 3.0%

그림 9　외부기관과의 협력: 거버넌스

출처: 서울대 아시아연구소 시민사회프로그램 [2013 시민사회 지형도 분석]

(10) 외부기관과의 협력

시민사회단체의 거버넌스 참여가 어떻게 이루어지고 있는가를 살펴보기 위해 시민사회단체 이외의 기관과의 협력 유형을 살펴보았다(그림 9). 총 1,094개 단체가 협력한 외부 기관을 코딩한 결과 정부(중앙/지방)와의 협력(388개/35.5%)이 가장 많은 것으로 나타났다. 그 다음으로 공공기관(244개/22.3%), 기업과의 협력(145개/13.3%) 그리고 재단(79개/7.2%), 의료기관(76개/6.9%) 순으로 나타났다. 실례로 시민사회단체가 정부 정책위원회에 참여하는 경우가 증가하고 있다. 또한 정부 및 공공기관으로부터 연구프로젝트 혹은 보조금 지원사업을 점차 많이 수행하고 있다.

(11) 조직 구성원 특징: 단체 책임자의 경력

시민사회단체의 실무책임자(사무총장/국장/처장)의 경력을 정보 제공단체(총 594명)를 대상으로 분석한 결과, 대부분의 실무책임자는 기존의 시민운동 진영(286명)에서 전문 활동가로 참여한 것으로 나타났다(그림 10-1). 그 다음으로 대학 교수, 연구원, 교사 등의 전문직에 종사한 실무책임자가 각각 40명 내외로 나타났다. 한편, 시민단체 대표자의 경우는 어떠한가? 정보 제공단체(총 1,051명)를 대상으로 분석한 결과, 단체 대표의 경력으로는 교수(302명), 종교인(172명), 회사 CEO(86명) 순으로 나타났다(그림 10-2). 특히, 실무책임자와 차이를 보이는 것은 대표의 경우 전문 시민운동 활동가 출신이 상대적으로 적다는 것이다. 이는 단체의 공신력을 높이기 위해 외부 명망가나 전문가를 단체대표로 영입하는 것으로 이해할 수 있다. 그 결과 단체 대표의 경우 종교인이 교수 다음으로 많은 것으로 나타났다.

(12) 영역별 실무자 수 분포

시민단체 영역별 실무자 수 분포를 살펴보았을 때, 전체 실무자 평균은 4.5명이지만 그 중간값은 평균보다 훨씬 낮게 나타났다(그림 11). 제도화된 단체가 많은 운동영역일수록 평균 실무자 수는 많은 것으로 나타났다. 예를 들어 여성, 소비자, 모금, 복지 영역의 단체들의 실무자 수가 상대적으로 많은 것으로 나타났다. 그러나 단체에서 중요한 것은 실무자의 수가 아니라 최소 5년 이상 시민단체에서 근무한 장기근속 실무자를 얼마나 갖추고 있는가이다. 이는 단체의 전문성 혹은 지속가능성을 가늠하는 중요한 잣대

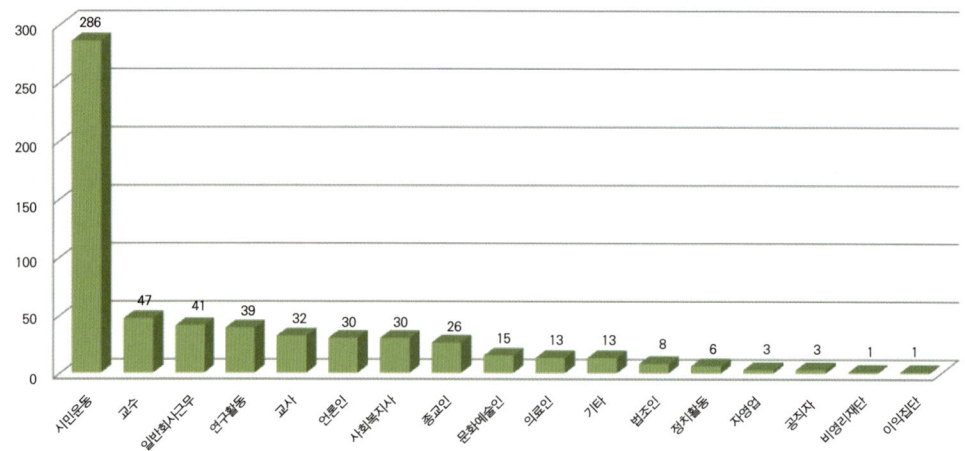

그림 10-1 시민단체 실무책임자 경력유형

출처: 서울대 아시아연구소 시민사회프로그램 [2013 시민사회 지형도 분석]

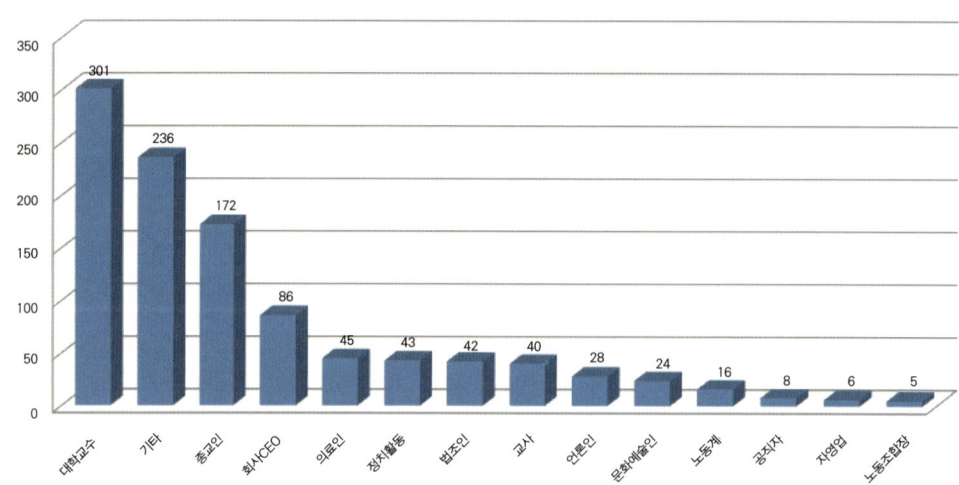

그림 10-2 시민단체 대표의 직업유형 분포

출처: 서울대 아시아연구소 시민사회프로그램 [2013 시민사회 지형도 분석]

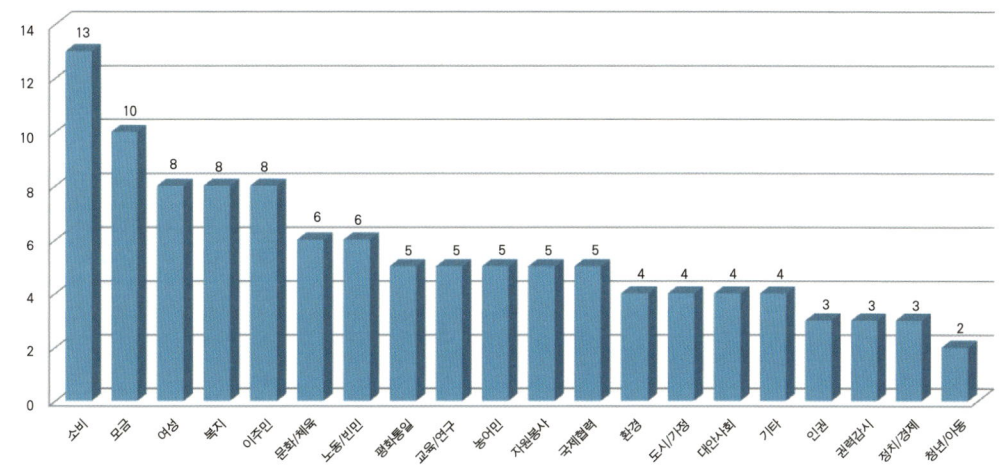

그림 11   운동영역별 평균 실무자 수(명)

출처: 서울대 아시아연구소 시민사회프로그램 [2013 시민사회 지형도 분석]

가 되기 때문이다. 2012년 총람자료집에는 장기근속 실무자 정보를 찾을 수 없는 것이 아쉬움으로 남는다.

요컨대, [2012 총람자료집] 분석을 통해 한국 시민사회단체가 정부와의 거버넌스를 강화하며, 국제협력, 소셜미디어 활용, 사회적 경제역역으로의 확대, 사회적 소수자 및 약자에 대한 서비스 활동 등에 큰 관심을 보이며 단체목표와 활동의 변화를 조금씩 보이고 있음을 확인할 수 있었다. 그런데 [2012 총람자료집]은 이런 부분에 대한 체계적이고 종합적인 자료를 제공하지 못하는 한계를 갖고 있다. 서울대 아시아연구소 시민사회프로그램이 수행한 [2013 시민사회 지형도 분석] 사업은 비록 자료의 한계에도 불구하고 시민사회단체에 대한 양질의 정보수집과 기초통계 구축의 필요성을 제기하였다는 점에서 큰 의의가 있다. 이런 문제의식 속에서 2014년에 보다 체계적이고 종합적인 자료수집을 목표로 한 시민사회단체 기초통계 조사를 기획하였다.

2. 2014 한국 시민사회단체 센서스 예비 타당성 조사

1) 예비 타당성 조사 목적

2014 한국 시민사회단체 기초통계 구축사업은 [2013 한국 시민사회지형도분석] 경험을 토대로 시민사회운동의 역동성을 진단하고자 기획하였다. 한국 시민사회의 역동성 분석은 민주화, 산업화 그리고 세계화의 사회 변동 속에서 시민사회가 어떻게 변화 적응하고 있는가를 통해 설명할 수 있을 것이다. 그렇지만 그 역동성의 뒤편에서는 한국 시민사회단체가 매우 빠른 속도로 부침의 과정을 경험하고 있다. 2013년 시민사회 지형도 분석을 통해 한국 시민사회단체의 생애주기가 매우 짧다는 사실에서 시민사회 단체의 지속가능성의 한계를 발견할 수 있다. 시민사회단체의 제도화를 통해 전문성, 투명성, 민주성, 책무성을 높이는 것은 한국 시민사회의 전체 역량을 제고하는 데 중요한 과제이다.

그 동안 한국 시민사회는 신자유주의 경제세계화의 광풍에 시달렸고 이제 그 한계에 대한 반작용으로 대안세계화 운동에 시민사회가 관심을 모으고 있는 것은 주목할 만한 지형변화이다. 뿐만 아니라 사회적 약자 및 소수자 권리 확보, 국제개발협력, 사회적경제 조직의 형성 그리고 지역 공동체 구축에 대한 시민사회의 관심이 지속적으로 증가하고 있다. 이런 시민사회의 변화 및 지형변화에 대한 올바른 이해와 설명이 필요한 상황이다. 즉 한국 시민사회단체의 제도화, 전문화, 지역화, 세계화 및 대안세계화 등의 다층적이며 압축적인 과정을 겪고 있는 한국 시민사회에 대한 올바른 그림을 그리는 것이 필요하다.

2014년 국무총리실 시민사회발전위원회는 한국 시민사회단체에 대한 기초조사연구를 역점사업으로 기획하였다.12 국내외적으로 세계화, 민주화 그리고 근대화 변동맥락에서 한국 시민사회가 어떻게 변화, 적응 및 응용의 과정을 걷고 있는가를 진단하고 처방할 수 있는 기초 통계를 구축하는 것은 매우 중요한 과제가 되었다. 한국 시민사회가 다양한 영역과 지역에서 어떻게 참여하고 있는 지를 조사하는 것은 매우 중요하며, 궁극적으로는 한국 시민사회의 역동성을 진단하는 기초통계가 된다.

이러한 배경 위에서 2014년 기초통계 구축사업은 2013년 서울대 아시아연구소 시민사회프로그램의 시민사회 지형도 분석 경험을 토대로 한국 시민사회단체 활동의 현주소를 파악하는 것을 목표로 삼았다. 시민사회단체는 정부에 비영리민간단체로 등록이 된 경우와 등록되지 않은 임의단체 중에 공공성을 지향하며 비당파성과 비정치성을 견지하며 제도정치 안팎에서 다양한 활동-직접행동, 캠페인, 로비, 교육 및 서비스 활동-을 전개하고 있는 조직이라고 말할 수 있다. 과거 한국 시민사회 단체는 절차적 민주주의를 달성하는데 그 어느 영역보다도 큰 기여를 하였음은 부정할 수 없다. 그러나 운동의 제도화 및 전문화 과정을 겪으면서 시민사회단체 스스로 책무성을 올바로 담보하지 못하고 내외적으로 많은 한계를 노정하고 있다. 최근 여론조사에 따르면 한국 시민사회단체에 대한 신뢰도가 떨어지고 있다. 시민사회단체에 대한 일반 시민의 신뢰가 떨어지는 이유가 무엇일까? 이에 대한 올바른 진단과 처방의 실마리를 제공하는 것이 시민사회단체 기초조사의 또 다른 목표이다. 다시 말해, 민주화 이후 한국 시민사회의 역할과 활동에 대해 정부, 시민사회, 학계가 공동으로 시민사회단체의 역량에 대해 진단할 때가 되었으며, 이러한 성찰적 평가를 올바르게 진행하기 위해서는 객관적인 기초자료가 절대적으로 필요하다.

물론 현실적으로 시민사회단체 전체 모집단에 대한 정보가 부재한 상태에서 시민사회단체에 대한 기초통계를 구축하는 것은 많은 예산이 소요된다. 동시에 조사과정에서 예상치 못한 수많은 저항과 장애물이 나올 수 있어 조사 결과를 쉽게 낙관할 수도 없다. 그럼에도 불구하고 국무총리실의 [2014년 시민사회통계 구축 지원 사업]은 2013년 분

---

12   시민사회발전위원회 위원장인 김영래 전 동덕여대 총장과 임현진 서울대 명예교수는 시민사회 기초통계 구축사업이 시민사회발전위원회의 2014 역점사업으로 추진할 수 있는데 크게 기여하였다.

석결과를 보충할 수 있는 좋은 기회가 되었다. 이 조사연구는 일회적인 조사연구에 머물기 보다는 한국 시민사회단체 센서스 타당성 검토 및 예비조사를 겸하는 것으로 장기적으로는 시민사회 포털 구축과 아시아 시민사회와의 국제비교를 궁극적인 목표로 삼고 있다. 한국 시민사회단체에 대한 표준화된 설문조사가 정기적으로 진행된다면 한·중·일 시민사회 비교는 물론 동남아시아 시민사회까지 그 연구 범위를 확대할 수 있을 것이다.

요컨대, 국무총리실의 지원 하에 수행된 2014 한국 시민사회단체 기초통계구축사업은 한국 시민사회단체에 대한 과거의 경험을 토대로 현재 역동적으로 변하고 있는 한국 시민사회의 지형 변화에 대한 분석연구이다. 동시에 아시아 시민사회와의 국제비교 연구를 장기 목표로 삼고 있다는데서 큰 의의가 있다.

2) 예비 타당성 조사 방법

(1) 시민사회단체 조사 네트워크 구축

한국 시민사회단체 센서스 예비조사를 수행하기 위해서 우선 전국 시민사회조사 네트워크를 구축하는 것이 필요하다. 조사 범위와 대상이 전국의 시민사회단체이기에 각 지역의 특수성을 충분히 인지하며 지역 시민사회단체에 대한 지식과 경험을 갖추고 있는 지역 전문가와의 협력 없이는 표집과정에서 연구자의 편견이 반영될 위험이 있다. 이런 문제를 극복하고자 예비 타당성 조사는 표본 추출과 설문문항 구성 작업에 지역 전문가의 감수과정을 거쳐 수정, 보완하는 단계를 거쳤다. 예비조사는 제한된 예산에서 진행되기 때문에 표본 선정과정에서 지역 전문가의 의견이 매우 중요하였다. 사실 2014년 NGO 기초통계 예비조사에 협력하고 있는 지역 조사책임자들은 시민사회연구자로 지역 시민사회단체 활동에 깊이 참여하고 있으며 지역 대학에서 시민사회관련 강의를 하는 지역 전문가이다. 이들은 표본 선정 작업에 도움을 주는 것 이외에도 조사원 선발, 관리 감독, 지역 단체 섭외과정에도 도움을 주었다. 더 나아가 조사원들이 지역단체 방문 조사 중에 많은 장애물과 어려움을 겪을 때 그들의 고민을 상담해주고 조사 관련 팁을 주었으며 조사원들이 작성한 조사 리포트를 감수하였다. 이처럼 전국에 걸친 시민사회단체 조사를 진행할 경우에는 지역 전문가의 적극적인 협조가 절대적으로 필요한 것이다. 그림 12가 보여 주듯이 이번 예비조사에는 권역별로 지역 전문가와 현장 활동가가 적극적으로 결합하고 있다. 조사관리 책임자, 연구기관 및 지역 NGO 간의

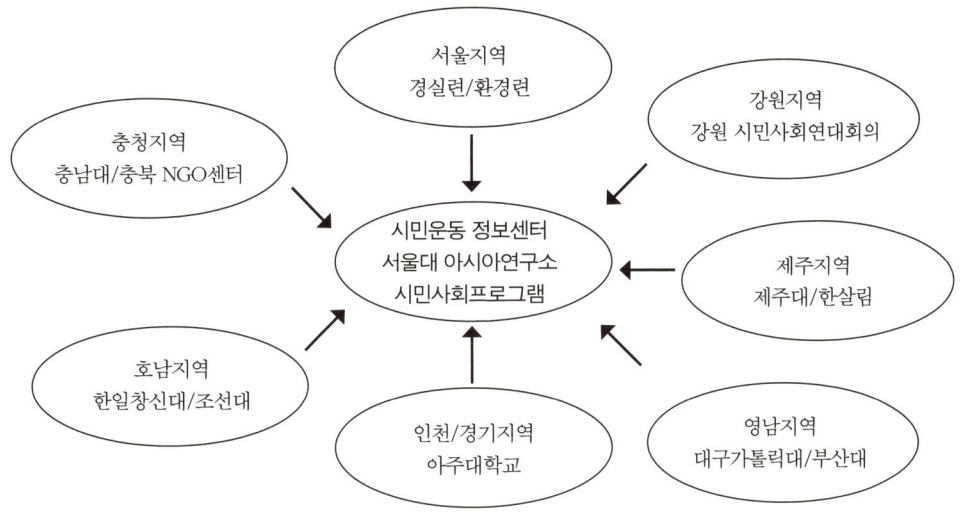

그림 12　　2014 한국 시민사회단체 센서스 예비조사 네트워크

협력 네트워크는 예비조사의 주요 성과 중의 하나이다.

2014 시민사회단체 표본조사를 위해 저자가 공동연구원으로 참여하고 있는 SSK-NGO 연구단이 지역 전문가 섭외 및 조사관리-조사단체 섭외, 조사원 모집 및 교육-에 적극적으로 지원하였다.13 사실 SSK-NGO 연구단의 적극적인 지원이 없었다면, 예산 및 조사기간의 제약으로 인해 2014년 시민사회단체 표본조사는 불가능하였다. 이러한 조사네트워크를 구성한 뒤에 두 단계를 거쳐 표본 조사를 진행하였다.

우선 5,000만원이라는 적은 예산 규모와 3개월이라는 실제 조사기간을 고려하여 표본 수를 300개로 정하였다. 한국 시민사회의 대표성을 확보하기 위해 전국을 7개 권역별로 나누고, 각 권역에서 시민사회단체 활동이 가장 왕성한 도시를 지역 거점도시로 선정하였다. 즉 지역 거점도시를 중심으로 활동하는 시민사회단체를 20개 영역별로 표본을 선정하는 할당표집 방법을 선택하였다. 그러나 표본이 지역 시민사회를 제대로

13　2014 시민사회단체 기초통계사업을 통해 서울대 아시아연구소 시민사회프로그램과 한일장신대 SSK-NGO 연구단은 연구협력관계를 구축하였다. 그 결과 2015년 6월에 서울대 아시아연구소 시민사회프로그램과 한일장신대 NGO정책대학원은 상호 간의 학술 교류와 교육협력 양해각서(MOU)를 체결하였다. 이런 협력의 틀 위에서 SSK-NGO 연구단의 공동연구원들이 서울/경기, 영남, 호남, 충청 지역조사 관리자로 참여하였다.

대표하기 위해서는 지역 거점도시별로 영역을 고려하여 할당된 표본에 대해서 지역 전문가의 자문과정이 절대적으로 필요하다. 이는 2단계 표본선정 과정에서 해당 지역의 특수성을 잘 반영하기 위한 것이다. 지역의 특수한 사회적 맥락을 잘 알고 있는 지역 전문가이면서도 시민사회단체의 역동적인 변화를 이해하고 있는 시민사회활동가의 자문은 표집과정에서 핵심을 이룬다. 이처럼 지역 거점도시에서 활동하는 시민사회단체를 영역별로 할당한 숫자에 맞추어 표본을 선정하는 과정은 끊임없는 수정과 보완작업이 필요했다.14 양방향으로 표본을 선정하는 방식을 택한 이유는 지역 전문가와 현장 활동가의 협력이 없었다면 생애주기가 짧은 소규모의 지역 시민사회단체를 영역별로 표본을 할당한다는 것이 매우 어렵기 때문이다. 실제 SSK-NGO 연구단의 호남지역 조사과정은 위로부터 할당한 지역표본 자료가 무색할 정도로 지역 소재의 시민사회단체 전수 조사를 요청해야 했다. 이것은 모집단 정보로 활용한 2012 한국민간단체총람 자료가 단체 업데이트가 제대로 이루어지지 않은 매우 부실한 정보라는 것을 반증하는 것이다.15

양 방향적 표본 할당 전략으로 접근한 2014 시민사회단체 표본조사 방법을 요약하면 아래와 같다. 우선, 지역을 크게 7개 권역-서울, 인천/경기, 강원권, 충청권, 호남권, 영남권, 제주권-으로 나누어 권역별로 1-2명의 지역 시민사회연구자를 지역조사 책임자로 위촉하였다. 각 지역조사 책임자는 지역시민사회의 현장성 혹은 특수성을 반영하기 위해 지역 핵심 시민사회단체와 짝을 이루어 조사를 진행하였다. 이는 시민사회단체 연구자의 전문성과 현장 활동가의 경험을 연계하기 위한 것이다. 표 18에서 제시하는 것처럼 2014 표본조사는 현장과 이론의 결합을 통해 조사의 질을 높이고자 전국 시민사회단체조사 네트워크를 구축하였다. 기존의 연구자 네트워크를 토대로 스노볼 snow-ball 방식으로 지역전문가와 현장 활동가 네트워크를 구축하였고, 전국적인 네트워크를 구축하는데 약 한 달의 시간이 소요되었다.

---

14 지역전문가가 지역 거점도시에 할당된 표본 단체에 대해서 우선 활동유무에 대해 확인하고 소멸단체에 대해서는 같은 영역에서 새롭게 활동하고 있는 지역 단체를 추가하는 소위 아래로부터 표본을 수정 보완하는 작업을 진행하였다.

15 2014년 표본조사에서 전북지역 조사 관리자로 참여한 이남섭 한일장신대 교수(SSK-NGO 연구단장)는 이점을 강조하며 표집과정에서 지역 전문가 및 활동가의 감수 및 참여를 강조하였다.

표 18　　지역별 조사 책임자 및 현장 활동가 네트워크

지역	거점 도시/구	지역 책임	지역 지원 단체
서울	강남/송파	조철민(한일장신대)	경실련
	마포/영등포		환경련
	종로/중구		
인천 경기	인천	차명제(한일장신대)	*
	수원/성남/안산		
	고양/의정부		
강원권	춘천/ 원주/ 강릉	*	강원시민연대회의
충청권	대전	김도균(충남대)	충남NGO센터
	청주		충북NGO센터
	천안		
호남권	광주	이민창(조선대) 이남섭(한일장신대)	광주NGO센터
	전주		전북시민연대
	목포		
	순천		
영남권	대구	남춘모(대구가톨릭대) 김정희(부산대)	대구시민센터
	울산		
	창원		부산시민재단
	부산		
제주권	제주	정영신(제주대)	제주 한살림

* 인천/경기는 연구책임자가 지역 내 거점도시의 현장 활동가를 연결시켜주었고, 강원권은 지역 현장 활동가가 지역조사 책임까지 맡았음.

** 지역 조사책임자로 참여한 이남섭, 차명제, 김정희, 이민창, 김도균, 조철민은 한일장신대 SSK-NGO 연구단에 공동연구원으로 참여하고 있음.

(2) 2014 표본조사 디자인

2014 예비조사는 크게 지역과 영역을 고려한 표본을 선정하는 전략을 중시했다. 예산 규모와 연구기간을 고려하여 조사 목표수를 300개로 정하였다. 표본조사 대상수가 적은 것은 직접 단체를 방문하여 방대한 조사내용-설문 문항수와 내용-에 대한 자기기입식 조사를 원칙으로 정하여 많은 예산이 필요하기 때문이다. 표본은 [2012 한국민간단체총람]에 수록된 단체를 기초로 7개 권역별 지역 거점도시와 20개 활동영역에 따른 구성비를 고려하여 표본을 할당하였다. 조사과정에서 마주할 수 있는 조사저항을 고려하여 2배수의 표본을 선정하였다. 앞서 지적한 것처럼 표집과정은 양방향으로 총 3단계에 걸쳐 진행하였다.

표 19 지역/영역별 표본 할당표 (1단계 표집)

영역 \ 지역	서울1 강남	서울2 마포	서울3 송파	서울4 영등포	서울5 종로	서울6 중구	영남1 부산	영남2 대구	인천	호남1 광주	충청1 대전	영남 울산/창원	강원1 강릉	강원2 원주	강원3 춘천	경기1 고양	경기2 성남	경기3 수원	경기4 안산	경기5 의정부	호남2 목포/순천	호남3 전주	충청2 천안	충청3 청주	제주	합계
환경	2	2	2	2	3	2	6	4	3	3	3	4	1	1	1	2	3	3	2	2	3	3	2	3	1	63
인권		2	2	1	3		1	1	1	1	1		1													13
평화/통일	2	2	2	2	3	2	1	1	1	1	1			1	1	1	1	1		1	1	1		1		24
여성	1	1	1	1		2	3	3	2	2	2	2		1		1	1	2	1	1	2	3	2	1	1	36
권력감시	1				1					1	1						1									6
정치/경제	2	2	2	2	3	3	8	7	2	4	3	7	1	2	1	1	2	2	2	2	4	4	3	3	1	73
교육/보건	2	1	1	2	3	2	2	2	2	2	2	3	1	2	1	1	1	3	1	2	1	2	1	1		33
문화/체육	3	3	3	3	3	2	3	3	2	3	2	3	2		1	2	3	3	1	2	3	4	1	1	1	54
복지	5	4	4	5	5	4	4	4	3	5	5	5	2	2	2	3	3	4	2	2	4	5		3	2	93
청년/아동	3	2	2	2	2	2	4	4	2	2	3	5	1	2	1	2	2	2	2	2	2	3		2	1	56
소비자권리	1			1			1											1				1				6
도시/가정	1	1	1		1		1			1	1	1	1	1	1	1						1	1	1		17
노동/빈민					1					1	1	1											1	1		6
농어민					1		1	1	1	1	1	1		1				1							2	12
외국인/재외동포					1	1	1	1	1	1	1	1						1			1	1				12
자원봉사	2	2	2	3	3	2	3	3	2	3	2	4	1	1	3	2	2	2	1	2	2	3	2	2		49
국제협력/연대	1	1	1	1	1				1		1							1				1	1			12
대안사회		2	1	1			1	1	1	1		2		1		1		1		1		1				13
사회적경제	3	3	2	3	4	2	2	2	2	1		2		1	2	1		1			2	1	1		1	33
합계	26	29	24	27	43	28	46	39	26	33	31	36	9	10	10	16	19	27	13	15	23	35	18	17	11	611

우선 7개 권역별 거점 도시에서 활동하고 있는 영역별 시민사회단체를 1단계로 선정하였고 그 결과는 표 19에 예시된 것과 같이 총 611개이다.

둘째, 2단계 표집 방법은 지역 전문가의 검토를 통해 수정 보완하는 과정을 의미한다. 지역별 조사관리 책임자는 1차 표집 단체를 살펴보고 그 단체가 소멸, 휴면 혹은 흡수 등을 이유로 단체 활동을 확인할 수 없는 경우에 표본에서 탈락시키는 작업을 진행한다. 동시에 최근에 지역 시민사회에서 가장 적극적으로 활동하고 있는 단체가 있을 경우 활동영역을 고려하여 표본을 대체할 수 있게 하였다. 이것은 지난 3년간 지역사회에서 진행된 역동적인 사회변화를 반영하기 위해서이다. 마지막으로 실제 방문조사를 진행하는 과정에서 조사거부, 시간/거리 등의 제약으로 인하여 조사가 불가능한 단체의 경우에는 지역 조사 책임자의 승인 하에 영역별 구성비를 고려하여 다른 단체를 표본으로 추가할 수 있게 하였다. 이것은 지역전문가와 현장 활동가가 예비조사 협력네트워크에 결합되지 않을 경우 표본 선정에 있어서 신뢰할 만한 근거 없이 표본을 선정할 수 있는 위험을 최소화하기 위한 것이다.

(3) 방문조사 가이드

표본 조사는 기본적으로 방문조사를 원칙으로 하였다. 부득이한 경우 우편조사를 병행하였다. 우편 조사의 경우에도 지역 조사 관리자의 섭외, 설문조사 공식요청 편지 그리고 공문 발송까지를 결합하여 조사를 진행하였다. 조사원 규모는 지역 거점도시에 할당된 표본 수에 따라 권역별로 적게는 2명에서 많게는 12명에 이를 정도로 유연하게 운영하였다. 조사원으로 참여한 학생은 주로 학부 3-4학년 그리고 대학원 석/박사 과정 학생들이다. 조사원 학생들의 전공은 사회학, NGO학, 행정학, 사회복지학, 정치학, 여성학 등 평소 시민사회단체에 대해 큰 관심을 가지고 있는 학생들이었다. 지역의 경우 조사원 중에서 실제 시민사회활동에 참여하고 있는 대학원 학생들이 있어서 실제 방문조사를 수행하는데 필요한 친밀한 관계rapport를 형성하는데 큰 도움이 되었다.

방문조사 전에 조사원 교육을 진행하였다. 연구책임자는 각 지역을 방문하여 조사원으로 선발된 학생들을 대상으로 방문 조사를 위한 워크숍을 7회에 걸쳐 진행하였다. 워크숍은 연구목적, 조사내용, 조사방법 그리고 방문조사 지침을 교육하는 시간이었다. 지역 조사관리 책임자가 조사원 모집을 진행하였고, 모집된 조사원에 대한 워크숍은 약 2시간에 걸쳐 진행하였다. 2014 표본조사에 지역 책임자 및 조사원 규모는 표 20과 같다.

표 20　조사원 참여자 수

지역	수도권 서울/인천/경기	강원	충청	호남	영남	제주	총계
조사원 수	10	2	5	6	7	2	31
지역 책임자	3	1	1	2	2	1	10

　조사 과정은 아래와 같은 절차로 진행되었다. 우선 서울대 아시아연구소 시민사회 프로그램이 표본 단체를 대상으로 일괄적으로 설문조사 협조요청 편지 및 설문지를 이메일로 송부하였다. 그 다음에 담당 조사원이 표본 시민사회단체에 전화연락을 하여 조사일정을 잡았다. 공식적인 협조요청을 요구하는 단체들에게는 서울대 아시아연구소 설문조사 요청 공문을 별도로 송부하였다. 이번 조사가 조사원의 직접 방문조사를 원칙으로 하고 있지만, 단체 사정에 따라서 우편조사 혹은 이메일 조사를 보완 운영하였다. 모든 조사원들은 담당 지역 조사책임자에게 조사 진행내용을 정기적으로 보고하게 된다. 또한 조사 진행과정에서의 장애물 또는 어려움들을 지역책임자와 공유하며 조사전략에 대한 조언을 구하였다. 2개월 조사기간 동안 두 차례의 중간 점검회의를 가졌으며 필요에 따라서는 조사관리 책임자에게 수시로 조사에 관련한 팁을 구하였다.

　질 높은 조사 결과를 얻기 위해 조사책임자와 조사원에 대한 합리적인 조사수당(교통비는 별도)을 지급하였다. 또한 면접조사의 어려움을 고려하여 조사원 1인이 조사대상단체를 최대 10개로 제한하는 것을 원칙으로 하였다. 조사대상자에게도 어려운 설문조사에 협조에 준 것에 대한 감사 표시로 1인당 감사품(1만원 문화상품권과 8GB USB)을 지급하였다. 조사는 지역에 따라 다르게 소요되었지만 예상(최대 1.5개월)보다 훨씬 넘어 2개월의 기간이 소요되었다. 조사가 지체된 가장 큰 이유는 조사시점이 시민사회단체가 다양한 행사와 사업수행으로 가장 바쁜 시기인 10월에 진행되었다는 데 있다. 비록 조사에 협조적인 단체들일지라도 이 시기에는 조사원이 시민사회단체 담당자와 면접조사 약속을 잡는 것이 매우 어려웠다. 또한 설문문항이 워낙 방대하여 면접조사가 1회에 그치지 않고 2회에 걸쳐 진행된 경우도 종종 있었다.

　다음은 조사원의 방문조사 전에 교육받은 조사가이드의 주요 내용이다. 우선, 조사원은 방문조사를 원칙으로 하되 지역 조사 책임자는 이메일 요청, 방문 및 면접 조사가 단계적으로 진행될 수 있도록 도움을 준다. 면접조사가 끝난 경우에는 조사 설문지가 제대로 작성되었는지 확인하고 조사원의 개인 리포트를 받는다. 특별히 조사책임자는 지역 단체의 요청이 있을 경우 단체섭외를 위해 조사 요청 공식편지 및 공문을 서울대 아시아연구소 시민사회프로그램에 요청하여 섭외를 진행하였다.

둘째, 조사대상 기관 및 면접조사 선정에 있어서 지역 책임자는 담당지역의 시민단체 중에 1단계 샘플 목록 중에서 섭외를 진행한다. 조사협조에 긍정적인 반응을 보인 단체를 우선 면접단체로 선정한다. 샘플 목록은 최종 조사목표의 두 배수로 선정하였기에 혹 연락이 잘 되지 않거나 비협조적인 단체를 설득하는데 시간을 끌기 보다는 지역책임자가 판단하여 영역과 지역을 고려하여 대체가능한 단체가 있을 경우 바로 섭외하여 조사한다.

셋째, 조사 대상자는 시민단체의 실무책임자(사무국장, 처장, 총장) 혹은 상근자로 하되 근무 경력이 최소한 1년 이상인 사람으로 단체에 대해 정확하고 충분한 정보를 가지고 있는 사람을 대상으로 삼으며, 조사 대상자와 직접 통화하여 조사 일시와 장소를 정한다. 면접조사 장소는 방대한 조사항목을 고려하여 약 1시간 동안 방해받지 면접 조사할 수 있는 조용한 곳으로 한다.

넷째, 조사원끼리 면접조사 리허설을 사전에 실시하도록 한다. 조사원은 설문지에 대한 이해가 가장 중요하다. 조사원은 설문지의 질문 하나하나를 함께 훑어보고 더 나아가 설문을 크게 읽고 질문의 목적 설명을 상대방에게 알리는 연습을 한다. 특히 면접조사에서 특정한 질문과 관련하여 발생할 수 있는 돌발 상황에 대처할 수 있는 가이드를 제공하는 것이 중요하다.

마지막으로 면접 조사원 스스로 자신의 역할이 이번 조사 연구에서 얼마나 중요한가를 깨닫는 것이 중요하다. 면접조사는 우편조사나 이메일 조사에서 나올 수 있는 무응답 비율을 최대로 줄일 수 있다. 또한 응답자로 하여금 대답을 이끌어 낼 수 있는 기지를 발휘해야 하는 경우가 종종 있다. 예를 들어 잘 모른다는 반응을 보일 때 "만약 대답들 중에 하나를 고른다면 어느 것이 귀하의 느낌과 가장 가깝다고 생각하십니까?"라고 가급적 응답을 유도할 수 있는 것이다. 또한 응답자가 질문의 의도를 오해하거나 이해하지 못할 경우 면접 조사원은 이 문제를 설명해 주고 연관된 답을 찾도록 도와주어야 한다. 다시 말해 조사원은 본 조사원 설문내용을 가장 잘 이해하고 있으며 그 각 설문의 의도도 충분히 숙지하고 있어야 한다는 것이다. 이처럼 2014 시민사회단체 기초통계사업의 성패는 조사원 조사역량에 달려있다고 해도 과언이 아니다. 이런 이유에서 조사원 대상 워크숍을 지역별로 가졌으며 지역 조사책임자가 조사과정에서 마주하는 문제에 대해 가이드를 해 주었다. 뿐만 아니라 보다 높은 질의 방문조사가 진행될 수 있도록 조사원들이 아래와 같은 수칙을 지켜 조사를 수행할 것을 주문하였다.

(4) 설문지 구성

2014년 시민사회단체 표본조사에 활용한 설문지는 2013년 시민사회 지형도 분석에서 구축한 코딩가이드북을 토대로 질문을 개발하고 구성하였다. 2013년 지형도 분석과 큰 차이를 보이는 것은 시민사회단체 영역을 21개에서 20개로 수정한 것이다. 2012 총람에 나오는 분류 중에 온라인 활동, 기타 영역을 삭제하고 대신에 사회적경제 영역을 추가하였다. 지역 전문가 간담회 및 조사원 교육 과정에서 확인한 것은 시민사회단체가 대부분 온라인 활동을 하고 있는데 온라인 활동 영역을 구분하는 것은 불필요하다는 지적이다. 또한 기타 영역으로 분류된 단체들의 경우 활동목표 및 주요사업을 고려할 때 기존의 영역에 포함시킬 수 있다는 것을 확인하였다. 반면에 풀뿌리 지역으로 내려갈수록 많은 시민사회단체가 사회적경제 활동에 주목하고 이와 관련된 사업은 물론 단체의 목표를 사회적 가치 확대로 정하는 경우도 증가하고 있다. 이러한 자문과 현지 경험을 토대로 2013년에 21개의 운동영역으로 분류한 것을 20개로 수정하였다. 이것은 한국 시민사회의 지형변화를 실제 조사에서 반영하기 위한 것이다.

다음으로 설문지 항목을 구성하는 것이다. 2013년 지형도 분석사업에서 발견한 내용을 가급적 실제 조사에서도 반영하고자 욕심을 내서 설문지를 구성하였다. 물론 실제 조사과정에서 위로부터 구성된 설문지 구성 전략의 한계가 노정되었다. 중앙중심의 시민사회단체에 대한 설문문항과 지역의 맥락이 반영되지 못한 설문 간의 충돌이 존재했다. 또한 설문내용이 가급적 간결하며 쉽게 답을 할 수 있도록 문항 중복을 피했어야 하는데 연구진의 조사 욕심으로 복잡한 설문, 과도한 설문 문항으로 인해 조사를 마치는데 적어도 1시간 이상이 소요되었다. 이것이 설문조사 응답율을 떨어뜨리는 가장 큰 원인이 되었다. 설문 문항 구성은 아래에 제시된 것과 같이 방대한 내용을 포함하고 있다.

설문지는 크게 7개 섹션, 즉 단체 기본정보, 시민사회 일반의식, 단체목표 및 활동, 조직 구성원, 네트워크와 거버넌스, 정보화 및 온라인 활동, 재정동원 및 집행으로 구분하고 각 세션별로 관련 세부항목에 따라 설문 문항을 구성하였다.[16]

첫째, 단체기본 정보에는 단체 설립년도, 회원 수, 후원회원 수(후원비 제공), 홈페이지/블로그/카페, 이메일, 전화 정보, 비영리민간단체등록여부, 활동영역[17]을 질문하였다.

둘째, 시민사회 일반의식 관련해서는 단체활동의 (지방)정부정책 영향도, 시민의식 수준(시민권리 주장, 배려와 나눔의 시민덕목, 시민의무와 책무 등), 시민사회 단체에 대한 신뢰 정도를 묻는 설문문항을 준비하였다.

셋째, 단체목표와 활동에 관한 설문을 구성하였다. 목표는 20개 활동영역에서 선택하게 하였으며, 주요활동과 사업에 대해서는 중범위 수준의 활동범주에서 선택하거나 개방형 질문을 통해 주요사업을 기입하게 하였다.

넷째, 조직 구성원에 관한 설문은 크게 네 가지로 나누어 조사내용을 구분하였다. 단체 대표(학력, 연령, 성별, 출생지, 상근여부; 경력, 현 소속), 실무책임자(학력, 연령, 성별, 출생지, 상근여부; 경력, 현 소속-비상근의 경우), 상근활동가(상근자 수, 5년 이상 상근자 수, 남녀비율), 그리고 자원봉사자(자원봉사자 업무 참여유형, 상시 참여 자원봉사자 수 등)과 관련하여 설문문항을 구성하였다.

다섯째, 단체의 네트워크와 거버넌스에 관한 설문은 네 가지 범주로 구분하여 설문문항을 구성하였다. 예를 들어 단체 간 (협력) 지위, 연대활동의 주요영역(이슈), 연대활동의 주요 파트너(시민사회단체 포함), 그리고 거버넌스 운영메커니즘(민주성, 소통, 투명성) 등에 관한 설문을 구성하였다.

---

16 보다 자세한 내용은 〈부록 2〉에 소개된 2014년과 2015년 설문지 구성 비교를 통해 쉽게 확인할 수 있다.

17 2014년 서울대 아시아연구소 시민사회프로그램이 재구성한 20개 시민사회단체 영역은 다음과 같다. 교육포럼; 권력감시; 노동/빈민; 농어민; 대안사회; 도시/가정; 모금/배분; 문화/체육; 복지; 소비자권리; 여성; 다문화/외국인/재외동포; 인권; 자원봉사; 정치/경제; 청년/아동; 평화/통일; 환경; 사회적 경제; 국제협력/연대 등이다.

여섯째, 정보화 및 온라인 활동에 관한 설문은 온라인 매체(홈페이지/카페/블로그), 소셜미디어(페이스북/트위터) 활용 여부와 활용 빈도 및 오프라인 활동과의 비교를 위한 설문문항을 구성하였다.

마지막으로 단체의 재정동원 및 집행에 대한 설문은 재정(수입) 동원 방식, 집행방식(예산 결정방식) 그리고 투명성(예산 집행 모니터링)과 관련한 문항으로 구성하였다.

3) 예비 타당성 조사 결과

시민사회단체 센서스 타당성 검토 및 예비조사를 겸한 표본조사 결과를 간략히 소개하고자 한다. 2014 표본조사의 최종적으로 응답한 조사단체는 219개 단체이다. 설문조사 문항과 그에 따른 결과는 크게 7가지 부분으로 나누어 볼 수 있다.

이번 표본조사 대상인 전체 219개 단체 중에서 1990년대에 설립된 단체가 약 33.3%이고, 2000년대에 설립된 단체가 37.0%이다. 1980년 이전에 설립된 단체는 전체의 13.2%이며, 2010년 이후에 설립된 단체는 전체의 5.5%에 불과하다. 단체의 회원수는 전체 단체 중 회비를 납부하는 회원의 비율은 전체적으로 약 66.7%로, 3명의 회원 중 2명이 회비를 납부하는 것으로 나타난다.

(1) 시민사회 일반

시민사회 단체에 대한 객관적 정보를 물어보기에 앞서, 시민사회단체의 활동가들에게 지난 5년간 한국 시민사회와 시민사회단체의 활동에 대한 전반적인 인식을 다음 세 문항을 통해 알아보고자 하였다.

정부 정책 영향도

'지난 5년 동안 시민사회단체가 정부정책에 미친 영향이 어느 정도 증가 혹은 감소했다고 생각하십니까?'라는 질문에 약 40%의 단체가 한국의 시민사회단체가 정부정책에 갖는 영향이 감소했다고 대답하였고, 영향력에 별다른 차이가 없다는 응답이 38%를 차지했다. 그 외에 정부정책에 미친 영향이 증가했다고 보는 의견은 21%였다.

시민의식 수준

지난 5년 동안 시민권리 주장, 배려와 나눔의 시민덕목, 시민의무와 책무 등의 시민의식 수준의 변화하였는지의 질문에 대해 약 51%의 단체가 '차이 없음'으로 응답하였으며, 시민의식이 증가했다는 긍정적인 답변은 33%, 시민의식이 감소하였다는 답변은 15%에 불과했다.

시민사회 단체에 대한 신뢰

지난 5년 동안 시민사회단체에 대한 사회적 신뢰도가 어느 정도 변화하였는가의 질문에 대해서는 전체 응답 단체의 약 63%가 '차이 없음'으로 응답했으며, 시민사회단체에 대한 한국 사회의 신뢰도가 감소하였다는 평가가 20%, 증가하였다는 평가가 전체 응답 단체의 16%였다.

(2) 단체 목표 및 활동

단체 활동 영역

해당 단체가 주력하고 있는 활동 영역을 우선순위대로 세 가지 선택하여 그 비율을 살펴보았다. 여기서 20개의 활동 영역은 2013년도 민간단체총람의 시민사회단체 활동 영역 분류에 따른 것이다. 조사 결과, 교육/포럼 영역이 22.5%%로 가장 많은 시민사회 단체가 활동하고 있었으며, 그 다음으로 대안사회 영역의 단체들이 18.4%, 환경 영역의 단체들이 11.6%를 차지했다. 그 외에 인권, 복지, 권력 감시 영역의 시민사회 단체들이 많은 비중을 차지하였다. 사회적 경제, 국제협력 및 국제연대 영역 활동 단체들의 비율이 적지 않은 것은 새로운 이슈에 대한 시민사회단체들의 관심이 증대되었음을 보여준다고 할 수 있다.

단체 주요 활동

응답한 단체들의 주요 활동으로 가장 많이 언급된 것은 '지역 공동체 활동 및 구축'(9.5%), '시민사회 연대활동(네트워크 구축, 조직사업)'(8.1%)이었으며, '활동가, 자원봉사자 및 전문가 양성 교육'(7.2%), '교육/훈련'(7.5%)등 교육에 관련된 활동도 비교적 많이 언급되었다. 그 외에 '정책 감시 및 건의', '친환경 활동'(6.3%), '캠페인 활동'(6.1%)도 시민사회 단체의 주요 활동으로 선택되었다.

(3) 단체 구성원 및 조직구조

단체 대표

단체 대표자 학력은 '대졸'(53%), '대학원 이상'(41%)으로, 대학교 졸업 이상이 전체 응답자의 약 90% 이상을 차지해 높은 학력 수준을 가진 것으로 나타난다. 대표자 연령은 50대가 44%로 가장 많은 응답이 있고, 그 다음은 60대 이상이 31%, 40대가 23%로 대체로 대표자가 높은 연령대를 보였다. 30대 이하의 대표자는 전체의 2%에 불과하다. 대표자의 높은 연령층은 실무책임자와 비교했을 때 더 두드러지는데, 단체의 실무책임자는 59.6%가 40대로 응답해 가장 많은 연령층을 차지해 대표자의 '40대' 응답률의 약 두 배 이상이다. 실무책임자 연령은 50대가 21.2%로 그 다음으로 많고, 30대 이상도 13.5%로 대표자에 비해 상대적으로 높은 비율의 응답을 보인다.

응답한 시민사회 단체의 구성원은 직위에 따라 성별 분포가 상이하게 나타난다. 대표자의 성별은 남성 70%, 여성 27.2%로 남성 대표자의 비율이 여성 대표자의 비율보다 월등히 높다. 이제 비해 실무책임자의 성별은 남성 47.4%, 여성 49.3%로 남성과 여성 실무책임자의 비율이 거의 반반으로 나타나고 있다. 상근자의 성별은 남성 35.2%, 여성 64.8%로 여성 상근자의 비율이 남성 상근자 비율보다 높아 대표자와 정반대의 성별 분포를 보인다.

단체 대표자의 직업에 대해 현재 단체 대표직과 겸하고 있는 직업과 단체 대표를 맡기 전에 종사하였던 직업으로 각각 나누어 질문했다. 단체 대표자가 현재 대표직 이외에 맡고 있는 직업에 대한 질문에는 29.6%가 '교수'로 가장 많은 응답을 하고 있고, '(다른) 비영리민간단체 활동'이 15%로 그 다음으로 많다. '공공 및 기업 고위직(기업 대표)'과 종교인도 각각 10.2%로 많은 응답을 차지한다. 단체 대표자의 전직에 대한 질문에 가장 많은 응답을 보인 직업은 '비영리민간단체 활동'으로 21.3%이고, '교수'가 19.1%로 그 다음으로 많다. 그 외에 '공공 및 기업 고위직'이 10.2%, '교사 및 강사'(7.1%), '종교인'(7.6%)이 많은 비중을 보이고 있다.

실무 책임자

시민사회 단체의 구성원 중 사무총장, 국장, 처장 등 실무책임자의 학력은 대졸이 59.6%로 가장 높은 비율의 응답을 보이고, 대학원 이상도 30.1%로 높은 응답을 보이고 있다. 단체 구성원의 상근 여부에 대한 질문에는 대표자와 실무책임자 간에 다른 응답 분포를 보이고 있다. 대표자의 75.8%가 상근을 하지 않는다는 응답을 보이고 전체 중 21.1%가 대표자가 상근한다는 응답을 보이는 반면, 실무책임자는 84.9%가 단체에 상근한다는 응답을 하고 9.6%가 상근을 하지 않는다고 응답하고 있다.

실무책임자가 현재 겸하고 있는 직업에 대한 질문에는 약 75.2%의 응답자가 겸직이 없다고 응답하고 있는데 이는 대부분의 단체의 대표자가 다른 직업을 겸하고 있는 것과 상반된 결과이다. 그 외에 높은 비율의 응답이 나온 직업은 '종교인'(4.7%), '교사 및 강사'(4.7%)이다. 실무책임자의 전직으로는 '비영리민간단체 활동'(26.1%)이 가장 높은 응답률을 보이고, 그 다음으로 '없음'이 22.6%로 높은 응답을 보이고 있다. 그 외에 전직으로 '교수'(8.5%), '법률 및 행정 전문직'(8.5%), '금융 및 보험 사무직'(8.0%), '경영 및 회계 관련 사무직'(7.0%) 등 전문 사무직의 경우도 있다.

상근자

응답한 시민사회 단체의 상근직원의 수는 평균적으로 12명이고, 반상근 직원은 평균 2명이다. 상근자의 근무기간별 분포를 살펴보면, 5년 이상 근무한 상근자는 전체 중 31%로 가장 많은 분포를 보이고 있다. 그 다음으로 2~3년 근무한 상근자는 전체 중 27%를 차지하고, 1년 미만으로 근무한 상근자의 경우가 22%로 세 번째로 많다. 전반적으로 단체에 5년 이상 장기적으로 근무하는 상근자의 비율이 적음을 알 수 있다. 상근자의 성별 분포를 살펴보면, 남성 상근자는 전체 중 35%를 차지하는 반면, 여성 상근자는 전체의 65%의 분포를 보여 여성 상근자가 남성 상근자 보다 훨씬 많음을 알 수 있다. 상근자 충원 방식으로는 '공개채용'이 46%로 가장 많은 응답을 보이고 있고, '회원소개'도 18%로 높은 응답으로 나타난다. 그 외에 상근자 충원이 '자발적 참여'와 '자원봉사자가 실무자로 전환'으로 이루어지는 경우도 각각 약 11%를 차지한다.

본 표본조사는 시민사회 단체의 활동가 및 상근자에 대한 역량 강화 차원에서도 노력을 기울이고 있는지에 대한 몇 가지 문항을 포함하였다. 먼저 상근자의 업무를 명문화한 매뉴얼을 갖고 있는지의 여부를 묻는 질문에 전체의 56%가 상근자를 위한 명문화된 매뉴얼을 갖고 있다고 응답한 반면, 매뉴얼이 없다는 응답은 약 44%이다. 한편, 상근자를 위한 성과에 근거한 보상시스템을 갖추고 있는지에 대한 질문에 대해 그렇지 않다는 응답이 전체의 약 72%를 차지한 반면, 그렇다는 응답은 전체의 약 15%에 불과하다. 상근자의 역량강화를 위한 자체 교육 프로그램을 보유하고 있는 경우는 전체 응답 단체의 약 45%인 반면, 자체 교육 프로그램을 보유하고 있지 않는 경우는 전체의 약 36%이다. 약 83%에 달하는 대부분의 시민사회 단체의 상근직원들은 4대 보험에 가입되어 있다고 나타난 반면, 약 17%의 응답 단체의 상근직원들은 4대 보험에 가입되어 있지 않는 것으로 보인다.

자원봉사자

조사에 응한 단체들의 자원봉사자 중 상시적인 업무에 참여하는 정기적 자원봉사자의 비율은 전체의 약 47%에 해당하고, 단지 일회적으로 단체의 자원봉사자로 참여한다는 응답은 전체의 53%에 해당해 일회적으로 참여하는 자원봉사자의 비중이 정기적 참여의 자원봉사자보다 많다. 자원봉사자의 구체적인 업무 및 활동 유형을 살펴보면, '행사를 위한 단기적 인력동원'이 전체 응답의 73.5%로 다른 활동 유형에 비해 월등히 많다. 다음으로, 봉사활동의 차원에서 자원봉사자가 업무를 담당한다는 응답도 47.5%로 상대적으로 높으며, 자원봉사자가 준실무자로서 실무업무를 담당하는 경우도 약 23.5%로 있다.

시민사회 단체에 참여하는 자원봉사자의 인구학적 특성에 따라 분포를 살펴보면, 남성 자원봉사자가 약 53%로 여성 자원봉사자(47%)에 비해 다소 높은 비중을 차지함을 알 수 있다. 원봉사자의 연령별 분포를 살펴보면, 20대 이하 자원봉사자가 전체의 약 49%로 가장 많으며, 그 다음으로 40대 자원봉사자가 24%로 그 다음으로 많고, 50대 이상인 경우가 약 16%, 30대인 경우가 11%를 차지한다.

각 시민사회 단체에서 자원봉사자를 활용하는 방식에는 다음 두 가지의 문항으로 질문을 했다. '귀 단체는 자원봉사자의 업무를 명문화한 매뉴얼을 갖고 있습니까?'의 문항에 약 69.9%의 단체가 자원봉사자에 대한 업무 매뉴얼을 갖고 있지 않다고 대답한 반면, 약 30.1%가 업무 매뉴얼을 갖고 있다고 응답하고 있다. 한편, '귀 단체에는 자원봉사자를 담당하는 상근자가 있습니까?'라는 질문에 약 56.2%의 단체에는 자원봉사자 담당 상근자가 있는 것으로 나타난 반면 약 43.8%의 단체에는 상근자가 없는 것으로 나타난다.

(4) 네트워크와 거버넌스

단체 간 협력 지위

단체의 조직 구성의 지위는 지역단위 독립조직이 약 37.0%, 전국단위 독립조직이 22.4%로 독립조직 형태가 전체의 50% 이상을 차지한다. 그 외에 지역단위 지부가 14.6%로 많고, 국제연합체가 7.3%, 지역단위(시/도) 연합체가 6.8%이다. 주로 연대활동을 하는 영역은 풀뿌리 운동, 마을만들기 등 대안사회 영역이 12.9%로 가장 많고, 그 다음으로 권력 감시(11.1%), 교육/포럼(10.9%), 환경(9.5%)영역에서 주로 연대활동을 하고 있는 것으로 나타난다. 인권(7.7%), 복지(6.2%)도 대표적인 연대활동 영역이다.

연대활동 방식

주로 연대활동을 하는 방식은 협의체에 참여하는 등 정기모임의 형태가 약 38%로 가장 많고, 다른 단체와의 공동사업 및 프로젝트를 진행하는 방식이 약 28%로 두 번째로 많다. 그 외에 직접행동(집회, 시위 등)의 방식이 19%이다. 지자체가 연대활동을 하는 데 있어서 주로 초점을 맞추는 지역 단위는 광역시(도) 단위가 약 37.5%로 가장 많고, 전국 단위가 약 30.5%로 많다. 기초(시/군/구) 단위의 연대활동이 약 27.2%로 많은 비중을 차지한다. 연대활동을 통해 시민사회 내의 상호 소통이 원활하게 이루어지고 있는지에 대해 약 68%가 긍정적인 평가를 내리고 있고, 보통이 25%, '그렇지 않다'라는 의견이 7%이다.

연대활동의 주요 파트너 (외부 기관)

시민사회단체 외의 외부 기관 중 단체의 연대활동의 주요 파트너로 가장 많이 꼽힌 기관은 공공기관(27.8%)이다. 복지서비스기관과 정부기관은 각각 13.2%와 13.4%로 높은 응답을 보이고 있다. 그 외에 언론기관(12.0%), 학술기관(10.4%)도 시민단체 연대활동의 주요 파트너인 것으로 나타난다.

사업/활동 운영 메커니즘: 거버넌스

시민사회 단체의 의사결정과정의 민주성에 대한 평가에서 약 83%가 민주적인 의사결정 구조를 갖추고 있다고 응답하고 있고, 민주적이지 않다는 답변은 전체의 6%에 불과하다. 의견을 수렴하는 방식에 있어서 어떠한 구성원의 의견이 가장 중요하게 반영되는지에 대해 살펴보았다. 임원과 직원의 의견이 잘 반영된다는 응답이 각각 전체의 85.4%, 82.6%를 차지해 높은 의견 반영률을 보인다. 자원봉사자와 후원자, 협력기관은 반영된다는 응답이 반영되지 않는다는 응답보다 높지만 임원과 직원에 비해 의견 반영률이 높지는 않다. 한편, 해당기관의 경우 수혜자와 해외지부의 의견이 반영되지 않는다는 응답이 각각 전체의 40%, 57%이다.

　단체 관련 정보를 공개하는지의 여부는 시민사회 단체의 투명성과 관련한 질문이다. 단체의 비전과 미션, 조직 구조, 사업 현황 등에 관한 정보를 공개하고 있다는 응답은 모두 전체의 90%이다. 그러나 임원정보와 모금현황을 공개하고 있다는 응답은 각각 74.4%로 다른 정보 공개율 보다 낮고, 정보공개 담당자 연락처에 대한 정보를 공개한다는 단체는 전체의 71.7%이다. 단체 관련 정보를 공개하는 데 있어 주로 활용하는 매체는 홈페이지, 블로그 등의 온라인 채널이 78.1%로 가장 많고, 연차보고서와 정기간행물이 각각 46.1%, 40.6%인 것으로 나타난다. 그 외에 웹 뉴스레터(24.7%)와 언론매체(16.9%)를 활용한다는 응답도 있다.

(5) 정보화와 온라인 활동

온라인 매체 간 활용 선호도

단체가 활용하는 온라인 매체 간의 선호도를 살펴보면, 전반적으로 홈페이지, 까페, 블로그 형태의 온라인 매체와 이메일을 활용한다는 응답이 각각 약 67.6%, 64.4%이다. 이들 매체를 활용하지 않는다는 응답이 전체의 11%인 점에서 두 매체를 단체들이 전반적으로 활용하고 있음을 알 수 있다. 한편, 페이스북이나 트위터 등의 SNS를 활용한다는 응답이 43.4%에 그쳐 다른 온라인 매체에 비해 덜 활용됨을 알 수 있다.

온라인 매체 간 활용 빈도 및 온/오프라인 매체 활용 비중 비교

온라인 매체와 오프라인 매체 간 활용 비중을 비교했을 때 온라인 매체를 75%, 오프라인 매체를 25%로 나누어 활용한다는 응답이 전체의 45.7%로 가장 높고, 온라인과 오프라인 매체를 반반씩 활용한다는 응답이 전체의 26.9%로 그 다음으로 많다. 온라인 매체를 25%, 오프라인 매체를 75%로 오프라인 매체를 더 많이 활용한다는 응답은 20.1%이다.

(6) 재정동원 및 집행

재정 수입 동원

단체의 재정 동원 및 모금 수단에는 개인 네트워크와 특별행사(후원의 밤)이 각각 27.0%, 26.0%로 가장 많고, 온라인 모금이 약 18.1%로 많다. 그 외에 전화모금(4.0%), 거리캠페인(4.0%), SNS(4.5%)를 통한 재정 동원은 다른 방법에 비해 비중이 낮은 것으로 나타난다. 단체의 주요 재정 수입원은 회원 회비가 31%로 가장 많고, 위탁 프로젝트와 같은 정부 지원 사업을 통한 수입이 23%, 외부 후원금을 통한 수입이 21%로 그 다음으로 많다. 단체의 수익 자체사업을 통한 수입은 16%이다.

집행 방식

단체의 예산 배분 및 집행 방식이 단체 내에서 어떤 구성원에 의해 주로 결정되는지에 대한 질문에는 전체회의(회원총회)에 의해 결정된다는 응답이 전체의 29.0%이고, 이사회에 의해 결정된다는 응답이 23.2%이다. 그 다음으로 운영위원회에 의한 결정이 18.0%, 대표자-실무책임자간 회의에 의한 결정이 16.7%이다. 단체의 주된 예산 사용의 용도는 인건비와 행사, 교육 등 단체 사업비가 각각 30%, 29%로 가장 많다. 그 외에 시설비나 유지보수비 등 경상비의 비중이 전체의 14%에 달한다.

단체가 체계적인 재정 관리와 회계 시스템을 갖추었느냐는 시민사회 단체의 전문성과 투명성과 관련 있는 질문이다. '귀 단체는 회계에 관한 전문지식을 가진 회계 전담자가 있습니까?'의 질문 문항에 회계 전담자가 있다는 단체가 전체의 약 57.5%이고, 없다는 단체가 40.6%이다. '귀 단체는 회계 관리에 관한 규정 또는 매뉴얼이 있습니까?'라는 질문에 있다는 응답이 전체의 74%, 없다는 응답이 전체의 21.9%이다. '귀 단체는 외부감사가 정기적으로 행해지고 있습니까?'의 질문에는 외부감사가 정기적으로 있다는 응답이 전체의 51.2%, 없다는 응답이 45.7%이다. 또한, '귀 단체는 후원자를 관리하는 담당자가 별도로 있습니까?'의 질문에 대해 담당자가 있다는 응답이 전체의 63.5%, 없다는 응답이 34.2%이다.

4) 시민사회 센서스의 과제

시민사회단체 센서스를 위한 타당성 검토 및 예비조사를 수행한 2014 조사연구는 전국의 조사원 30여 명을 직접 교육하고 지역 조사 책임자를 통하여 조사과정 전체를 관리하고 중간 중간 조사상의 어려움이 발생할 경우 자문을 해주면서 조사를 지원하였다. 이러한 조사과정에서 드러난 문제를 조사원과 조사책임자들로부터 간략한 리포트를 받았다. 연구팀이 조사를 진행하는 과정에서 발견한 문제와 동시에 조사원 리포트에서 공통적으로 지적된 내용을 중심으로 향후 시민사회단체 센서스를 수행하기 위해 고려해야 할 부분을 조사전략 및 조사 장애물로 구분하여 살펴보고자 한다.

(1) 조사 전략

본래의 조사 전략은 1차 표본으로 선정한 조사대상 단체에게 이메일을 일괄적으로 발송한 후에 2단계로 지역 조사원이 전화로 조사의 취지 설명 및 조사협조를 요청하는 것으로 정했다. 그리고 마지막 3단계에서는 조사에 응하지 않는 단체가 발생할 경우에는 이 단체들만을 대상으로 공문을 발송하여 공식적으로 단체차원에서 설문조사에 응할 것을 요청한다. 그리고 마지막으로 지역의 조사책임자가 조사에 응하지 않고 있는 단체들을 대상으로 직접 전화를 걸어 협조를 구하는 전략을 세웠다.

그러나 우선 3단계 전략에 따른 조사 진행은 몇 가지 점에서 비효율적이었다. 모든 단체에게 공문을 발송한 후 섭외를 진행했다면, 단체들이 조사에 대한 신뢰를 가질 수 있었을 것이다. 초기의 단체 섭외는 지역 시민사회에 대한 전문 지식이 있는 지역 책임자가 맡는 것이 좋을 것이다. 서울지역 조사를 맡은 한 조사원은 "조사 이전에 조사 책임자의 사전 섭외 과정이 있었다면 조사하는데 시간과 비용이 절약되고 방문조사도 수월할 것 같다"고 제안했다. 방문 조사와 이메일 조사를 결합하면 더 많은 단체가 조사에 응할 것이라는 지적도 있다. 경기지역 한 조사원은 방문 조사보다 메일 조사를 더 선호하는 단체인 경우, 방문조사 원칙을 고수하는 것보다, 메일조사/방문 조사를 병행하는 것이 더 효과적일 수 있다고 강조한다.

둘째, 설문지 구성 작업과 조사원 모집시간이 예상보다 훨씬 많이 소요됐다는 것이다. 일정이 지체되다보니 실제 조사가 당초 계획했던 9월에서 한 달 늦추어져 본격적인 설문 조사가 10월과 11월에 이루어졌다. 물론 당시에는 추석 연휴가 있어서 부득이하게도 일정을 늦출 수밖에 없었다. 향후 추석 연휴나 단체들이 가장 바쁜 시기인 10월을 피해 조사가 진행되어야 할 것이다. 예를 들어 표본 조사가 진행된 시기는 상당수의 시민 단체들이 행사와 보고서 제출 등으로 매우 바쁜 시기여서 섭외가 매우 어려웠다. 부산지역의 한 조사원은 한창 행사가 많은 10월에 조사가 진행되다보니, 면담 일정을 잡기가 가장 어려웠음을 토로했다.

셋째, 조사원 방문 조사 원칙을 지키는 과정에서 마주한 장애물이 많았다. 조사원 교육 자료를 통해 전달한 조사원 조사 방침은 조사원과 응답자가 사무실이 아닌 독립된 공간(카페 등)에서 이루어져야 한다고 하였다. 그러나 회원 수/단체 예산/자원봉사자 수 등의 단체 관련 정보를 정확히 알기 위해서는 사무실에서 조사를 하는 것이 더 효과적이었다는 평가가 있다. 서울지역 조사를 담당한 한 조사원은 사무실 외의 공간에서 조사를 해야 한다는 교육 지침과 다르게, 단체에 관한 정보를 확인할 자료가 필요하기 때문에 사무실에서 조사를 하는 것이 더 효과적일 때도 있었다"고 지적하면서 조용한 곳에서 면접조사를 하는 것도 좋지만 충분한 자료를 면접대상자가 준비해 오지 않을 경우에는 정확한 정보를 현장에서 기입하기 어려운 점이 있기에 단체 사무실의 회의실을 대안으로 제시했다.

넷째, 조사 정보의 정확도를 높이게 위해 조사원이 질문을 읽어주고, 조사원이 직접 대답을 기입하는 것을 원칙으로 하였다. 그러나 조사원이 직접 대답을 기입할 경우, 조사 소요 시간이 훨씬 증가하여 응답자에게 오히려 많은 부담을 주었다는 피드백이 있었다. 서울지역의 한 조사원은 "조사원이 직접 기록을 하는 것이 원칙이지만 단체에 따라 시간상의 이유 또는 장소(테이블 구조 등)의 제약으로 직접 기록하지 못했다"고 어려움을 나누었다.

다섯째, 조사원의 전문성 제고 및 조사원 역량 강화라는 파생효과를 기대하였다. 본 조사는 각 지역마다 설문 조사에 대한 경험이 있고, 한국 시민사회에 대한 기본적인 배경 지식을 가진 사회과학 전공 대학생/대학원이 조사원으로 참여하였다. 하지만 수도권 이외의 지역 조사원들 대부분이 시민사회를 연구하는 대학원생인 데 반해, 서울·경기 지역 조사원은 상당수가 대학생이었기 때문에 상대적으로 조사원으로서의 역량에 많은 차이를 보였다. 조사원을 위한 교육을 사전에 실시했음에도, 실제 조사 단체를 섭외하거나 설문을 진행할 때에 조사의 목적과 내용에 대해 설명하기에 어려움을 겪었다는 피드백도 있었다. 이런 문제를 고려할 때 향후 조사에서는 조사 경험이 있는 전문적인 조사원 채용과 더불어, 사전에 더욱 철저한 조사원 교육을 실시해 조사원의 역량을 강화하는 데 주력해야 한다는 제안을 하였다. 서울지역의 한 조사원은 "어떻게 섭외를 좀 더 쉽게 할 수 있는가, 전문 조사원을 써야 하는가, 어떤 태도(강제, 권유)로 단체를 대해야 하는지에 대해서 추가적인 협의가 있으면 좋을 것 같다"고 조사과정에서 겪은 고충을 솔직히 전했다.

여섯째, 한국 시민사회의 지형도 분석을 위한 조사인 만큼, 설문지는 조직 구성원에서 예산 집행에 이르기까지 매우 포괄적인 설문으로 구성되어 있다. 일회적인 만남으로 응답을 얻어내기에는 어려움이 있다는 피드백이 많았다. 사실 설문지의 문항이 한번에 조사하기에는 너무나 많기 때문에 실제 조사는 1시간~1시간 30분 이상이 소요되곤 하였다. 설문 응답자들이 설문의 내용이 방대하고, 질문이 어렵다는 반응을 보였으며, 몇몇 문항은 질문의 난해함과 보기의 불완전성 때문에 객관적인 답변이 어려웠다는 지적도 있었다. 전주지역의 한 조사원은 "각 기관에 답변 요청하는 과정에서 방대한 설문지 분량으로 인한 몇몇 단체의 비협조적인 태도를 설득하는 과정이 어려웠다"고 의견을 주었다.

일곱째, 설문지의 내용 중 조직 구성원들의 나이나 학력 등 민감한 개인 정보를 묻는 질문이 있어 대답하기에 곤란하다는 응답자의 반응도 있었다. 비록 활동가들의 네트워크 분석을 위해서 개인 정보가 필요하지만 가급적 개인정보가 노출된다는 불편함을 갖지 않도록 개인정보에 해당하는 질문은 최소화하는 것이 중요하다는 의견을 주었다.

마지막으로 조사원들은 조사 응답을 높이기 위해 활용한 감사품에 대한 의견도 주었다. 감사품 준비는 조사 지원예산을 사용할 수 없기에 자부담 비용으로 충당하였다. 그런데 감사품(약 1만 6천원)에 대해 만족을 표하는 단체도 있었지만, 조사 응답에 투여한 시간에 비해 감사품이 약소하다는 몇몇 단체의 의견도 있었다. 설문조사의 방대한 내용과 투여시간을 고려할 때 감사품 지급은 꼭 필요하지만 지원예산 항목으로 사용할 수 없다면 향후 조사에서도 동일한 어려움을 봉착할 수밖에 없을 것이다.

(2) 조사 장애물

이번 조사과정에서 마주한 장애물은 다양하다. 향후 시민사회단체 조사연구에 참고가 될 것으로 기대하며 주요 장애물을 강조하고자 한다.

첫째, 표본으로 선정한 단체 정보가 불명확한 경우가 있어 조사원이 추가작업이 필요했다. 본 조사의 표본은 2012 민간단체총람의 데이터를 기반으로 하였다. 조사 섭외 과정에서 단체의 주소, 전화번호, 이메일은 필수 정보임에도 불구하고, 상당수의 데이터가 잘못되거나 최신 내용을 업데이트하지 않은 경우가 많았다. 표본 선정에 집중한 나머지 기존 정보에 의존한 채 단체의 최근 정보를 일일이 확인하지 못한 채 선정된 표본정보를 지역에 배분한 것이 문제가 되었다. 이것은 한국 시민사회단체의 지속가능성, 안정성의 정도를 반증하는 사실이기도 하다. 열악한 단체 상황에 따라 사무실 이전이 빈번하여 1-2년 전의 단체 정보라고 하더라도 잘못된 경우가 허다했다. 서울·경기를 비롯해 모든 지역의 조사원들이 표본 조사 단체의 정보가 불명확하다는 지적을 했다. 대구 및 울산 지역 조사를 담당한 한 조사원은 "가장 먼저 보완되어야한다고 생각되는 점은 아무래도 시민단체에 대한 DB가 상당히 달랐어요. 단체 전화번호나 주소가 전혀 다른 곳이 많았는데, 울산지역의 경우 DB의 반 정도가 실제 주소와 전화번호가 달랐어요"라고 어려움을 토로했다. 가급적 최근의 정보를 반영하는 것이 중요하지만 동시에 한국 시민사회단체의 빈번한 부침으로 인해 조사정보 업데이트에는 한계가 분명 존재한다.

둘째, 규모가 큰 시민단체의 조사의 경우 누가 가장 적합한 조사 대상인가가 불분명하다는 점이다. 설문지 문항이 단체 전반에 관한 것이기 때문에 단체에서 오래 근무한 사무국장 이상의 실무 책임자를 섭외해야 하지만, 서울·경기 지역에 위치한 본부 조직이나 규모가 큰 단체일수록 사무직원 이상의 실무 책임자를 섭외하기가 힘들었다. 개인적인 친분을 동원하지 않는 경우에는 조사원들이 사무국장 이상을 직접 섭외하는 것은 큰 어려움이 존재했다. 수도권의 비교적 큰 규모의 시민 단체에 공문을 발송하더라도, 단체의 내부 회의를 통해 조사 참여를 결정하기까지 오랜 시간이 걸리곤 하였다. 이런 이유에서 몇몇 단체의 경우는 설문 조사에 협조하겠다는 응답을 받기까지 무려 한달 이상 소요된 경우도 있다. 서울 지역의 한 조사원은 "중구에는 큰 규모의 단체들이 많아서 수차례 연락을 해도 같은 사람으로 연결이 어렵고, 담당 부서가 없다며 다른 부서로 전화를 돌리는 경우도 많았고, 결재가 필요하니 어렵다는 반응이 많았습니다"고 어려움을 전했다. 솔직히 방대한 설문 조사에 대해 귀찮다는 반응이 첫 번째였고 단체 전반에 대한 정보가 없기에 적합한 조사대상자가 아니라는 핑계 같지 않은 핑계를 조사원은 듣게 되었다.

셋째, 조사를 진행하는 데 있어 가장 큰 장애물은 조사의 취지에 대한 시민단체들의 불신과 부정적인 태도였다. 특히, 국무총리실 지원 사업으로 진행된다는 사실 만으로도 이번 조사에 단체의 정보를 선뜻 공개하기 부담스러워하는 단체들이 많았다. 조사에 부정적인 태도를 보인 상당수의 단체들은 시민사회 단체에 대한 조사가 그간 이루어져 왔음에도 연구의 가시적인 성과가 보이지 않았다는 지적을 했다. 전주지역의 한 조사원은 "대부분의 단체에서 조사 자체를 꺼려했는데 겨우 설득 시켰어도 조사 내용을 보고 무슨 이유로 이렇게까지 자세히 조사를 하느냐고 불쾌해하며 조사를 거절했던 몇몇 단체들이 있었다"고 하면서 조사 취지에 대해 선뜻 동의하지 않고 거부하는 경우가 가장 힘들었다고 한다. 비슷한 맥락으로 대구지역의 한 조사원은 "대체로 조사 기관에서 꺼려하는 내용이 포함되어 있어서 조사 중에 거부의사를 좀 드러내기도 하였습니다. 조사에 강제성이 없어서 굳이 '내가 이걸 왜 해야 하나'라며 비아냥거리는 투로 응답이 와서 당황스러웠습니다"라고 어려움을 나누었다.

이처럼 2014 시민사회단체 표본조사는 기존의 지역 혹은 영역단위로 소규모 설문조사에 익숙했던 시민사회단체가 광범위하고 종합적인 조사내용에 대해 부담을 가지고 이 조사결과를 어떻게 활용할 것인가에 대한 의구심을 강하게 표출하였다. 수도권의 거대단체의 경우는 공문을 요청하기도 하여 공문을 추후에 준비해 발송하기도 하였다.

(3) 향후 과제

2014 표본조사는 국무총리실에서 지원하는 사업임에는 분명하지만 서울대 아시아연구소 시민사회 프로그램이 장기적인 관점에서 보다 체계적으로 시민사회단체 기초통계를 구축하기 위한 야심찬 프로젝트라는 것을 알리는 데는 한계가 있었다. 시민사회 단체에 대한 기초통계 구축 사업은 진보단체이든 보수단체이든 모두가 동의하는 매우 중요한 사업이다. 안타깝게도 한국 시민사회는 지금 어디로 가고 있고 무엇을 원하며, 무엇을 하고 있는지에 대한 기초자료가 전무한 상태이다. 이제 한국 시민사회의 민낯을 제대로 보는 것으로부터 출발하여 시민사회 비전, 목표, 사업, 연대, 협력 그리고 거버

넌스의 형태까지를 고민하는 조사까지 발전해야 할 상황이다. 문제는 풀뿌리 현장의 변화를 제대로 읽지 못한 채 추상적인 구호나 규범적인 주장만을 가지고 한국 시민사회를 진단하는 위험에 빠지는 것을 경계해야 한다.

한국 시민사회는 참으로 역동적으로 변화하고 있다. 이러한 변화를 제대로 해석하는 것은 매우 중요한 작업이다. 한국 시민사회는 민주화를 달성하는데 크나큰 기여를 했고 이제는 글로벌 경제위기로 야기된 세계화의 한계에 대한 대안을 모색하는 과정에도 적극적으로 참여하고 있다. 그런데 이 과정이 온전하고도 튼실한 모습으로 진행되고 있는지를 제대로 진단하고 평가하지 못하고 있는 상황이다. 역동적으로 변화하고 있는 한국 시민사회의 현주소를 제대로 점검하지 않은 상태에서 시민사회 단체가 위로부터의 사업을 무비판적으로 수행하는 대리자agent 역할로만 만 머문다면 한국 시민사회의 미래는 암울한 것이다.

시민사회에 대한 올바른 진단을 내리기 위한 기초통계를 구축하는 것은 매우 중요하다. 더 나아가 한국 시민사회단체에 대한 기초통계 구축 사업은 한국 시민사회자신의 시민성, 투명성, 책임성, 민주성 등을 올바로 진단하고 이에 대한 처방을 제시하기 위한 신뢰할 만한 자료를 제공하는 것이다. 한국 시민사회는 진정 건강한가를 끊임없이 점검하고 필요한 정책 대안을 제시하여야 한다.

이런 견지에서 2014 시민사회단체 센서스 타당성 및 예비조사는 매우 유의미하다고 평가할 수 있다. 향후 표본의 수를 좀 더 확대하여 지역의 거점도시를 넘어 기초 시/군까지 내려가서 풀뿌리 시민사회 단체까지 포괄하는 보다 객관적이고 대표성이 있는 시민사회단체에 대한 조사로 발전되어야 한다. 앞서 조사원들이 지적한 것처럼 시민사회단체 활동가들은 아직까지 이러한 조사에 대해 머리로는 동의하지만 심정적으로 동의하지 못하는 것이 우리의 현실이다. 이런 한계를 극복하기 위해서는 시민사회 단체에 대한 기초정보는 비영리민간 등록단체에 대한 정보를 공식적인 통로를 접근하는 것이 타당하다. 앞으로 등록단체에 대한 기본정보는 기존의 양식을 전폭 개정하여 중앙과 지역단체가 공통적으로 활용할 수 있는 조사표로 대체할 필요가 있으며, 이 조사표를 통해 좀 더 체계적으로 기초통계를 구축하는 것이 필요하다.

이번 예비조사 경험을 토대로 향후 표본조사의 조사대상 단체는 적어도 1,000개로 늘릴 필요가 있다. 이 정도의 표본이라면 시민사회의 역동성과 건강성을 좀 더 객관적으로 조사할 수 있을 것이다. 동시에 한국 시민사회단체의 역동적인 지형변화를 파악하기 위해서는 비영리민간등록단체 전체를 대상으로 정보를 지속적으로 수집하여 기초통계를 구축하는 것이 현실적 대안으로 보인다. 다만 이 기초통계는 '한국 시민사회 포털'로 발전시켜 일반 시민 누구나 기초에서 광역 더 나아가 전국단위 활동을 하는 시민사회단체에 대한 기본 정보를 편리하게 얻고 이를 활용할 수 있도록 공유하는 것이 필요하다. 즉 한국 시민사회단체 기초통계 구축 사업의 공공성을 제고할 수 있는 유의미한 파생사업으로 한국 시민사회 포털 사업을 향후 과제로 고려할 필요가 있다.

3. 2015 한국 시민사회단체 기초통계 조사: 표본조사

1) 표본조사 목적

1장에서 강조하였듯이 한국의 비영리민간단체에 관한 포괄적인 목록은 존재하지 않으며 현재 약 5만여 개의 시민사회단체가 활동하고 있는 것으로 추정된다. 비영리민간단체지원법에 따라 등록된 단체 이외의 정보를 포함한 단체 정보는 [한국민간단체총람]이 있지만 이것 역시 예산 부족으로 실질적인 정보 업데이트를 하지 못하는 상황이다. 또한 등록된 비영리민간단체 정보 역시 업데이트가 잘 되지 않고 있으며, 총람자료와 상호 중첩된 비중이 점차 증가하고 있는 상황이다. 한편 다음 절에서 살펴볼 중앙 및 지방자치단체 등록단체 2015년 6월 현재, 12,630개를 대상으로 전수조사를 실시하였지만 이것 역시 기존 단체정보 업데이트 부실 및 조사저항으로 인해 전수조사가 무색할 정도로 응답율이 10% 미만을 보였다. 저자들은 지난 2년간 시민사회기초통계 사업 과정에서 모집단 정보의 부실로 인해 등록단체와 비등록단체를 대상으로 한 표본조사가 많은 한계가 있음을 확인하였다.

비록 이러한 한계가 있음에도 불구하고 한국시민사회의 역동성 및 새로운 지형형성을 파악하기 위해 2014년 표본조사에서 드러난 문제점을 보완하는 조사를 기획하였다. 이를 위해 불필요한 설문문항을 과감하게 축소하였으며, 지역 단체를 표본에 좀 더 반영하기 위해 지역전문가 및 활동가의 참여를 강화하였다. 부록 3&4에 설명 및 예시된 것처럼 2015년 한국 시민사회단체 표본조사 설문지는 2014년 설문문항의 50% 정도 수준으로 축소하였다. 그러나 제한된 예산으로 표본조사와 전수조사를 동시에 수행하기 어려웠다. 표본조사의 경우는 계획했던 직접 방문조사를 온라인 조사로 변경하였고, 전수조사는 계획대로 온라인 조사인 웹서베이 방식을 선택하였다. 웹서베이 방식으로 진행된 표본조사 결과, 80여 개의 단체에 대한 추가조사가 이루어졌다. 2015년 조사 빈도 분석결과는 2014년의 응답과 큰 차이가 나타나지 않은 경향성을 보이고 있다. 이런 견지에서 2015년 표본조사 분석결과는 지역 및 운동영역별로 주요 조사 내용이 어떤 차이점을 보이는지, 즉 교차표 분석을 중심으로 한국 시민사회단체의 주요 특징을 설명하고자 한다.

2) 표본조사 방법

2015년 한국 시민사회단체 표본조사는 2014년 표본조사를 통해 각 질문의 유효성 평가를 통해 질문 숫자를 대폭적으로 줄였다(부록 3 참고). 이것은 설문 응답과정에서 응답 부담을 줄임으로써 응답율을 높이기 위한 것이다. 표집과정에서 우선 표본은 2014년 300개에서 400개로 상향조정하였다. 표본추출은 2014년과 마찬가지로 7개 권역에서 시민사회단체의 활동이 가장 왕성한 기초단위 지역을 거점도시로 선정하였고 그 지역에 활동하고 있는 단체들의 운동영역, 즉 20개 의제영역별로 표본을 할당하여 표본대상 리스트를 작성하였다. 단, 2014년의 경험에 비추어 볼 때 표본대상 단체들의 조사저항이 예상보다 훨씬 강한 것을 고려하여 목표 표본의 2배수인 800개 단체를 거점도시의 영역별로 할당하여 조사대상 목록을 만들었다. 2015년에도 표본선정을 위해 지역 전문가의 1단계 검수과정을 통해 표본 수정 보완작업을 진행하였다. 그러나 실제 조사과정에서 단체들의 조사저항, 무관심 그리고 바쁜 일정 등으로 인해 지역전문가 및 활동가의 전화 및 이메일을 동원하여 지역 단체의 참여를 독려하는 과정이 불가피했다. 지역 및 영역별 표본을 할당한 결과는 표 21과 같다.

온라인 설문조사는 다음 장에 소개할 전수조사의 방법과 동일한 절차를 거쳐 진행하였다. 웹서베이 설문지 첫 화면은 그림 13과 같다. 표본으로 최종 선택된 단체에 대한 기본정보-이메일, 전화번호-를 확인하여 이메일로 웹서베이 조사에 참여를 요청하였다.[18]

---

18 (주)현대리서치가 웹서베이를 수행하였으며, 표본 단체는 링크(http://survey.hri87.com/z150172_org)를 클릭하여 안내대로 응답하면 모든 자료가 자동적으로 데이터베이스화되는 방식이다. 비용과 시간대비 매우 효과적으로 예상했으나 시민사회단체가 민감한 내용임을 이유로 중간에 응답을 포기하는 경우도 있었다.

표 21 2015 한국시민사회단체 표본 할당표

영역 \ 지역	서울 강남	서울 마포	서울 송파	서울 영등포	서울 종로	서울 서초	서울 도봉	서울 광진	서울 은평	경기 고양	경기 성남	경기 수원	경기 안산	경기 의정부	경기 남양주	경기 부천	인천	강원 강릉	강원 원주	강원 춘천	대전	충청 천안	충청 청주	부산	대구	울산	경남	광주	전북 전주	목포 순천	제주	합계
환경	3	3	2	3	4	3	1	2	2	2	1	3	2	2	2	3	4	2	1	1	4	2	4	9	6	3	3	5	7	4	3	96
인권		3	2		5	1		1									1		1	1	2			3	5				1	1	1	26
평화/통일	2	2	2	2	3	2	2	1	1			1				2	1		1		2		2	1	2		2	2	1	2	2	34
여성	1	2	1	3	2	1	1			1		2	1	1		1	2		1		2	1	3	4	4		2	1	3	3	1	55
권력감시	1	1		1	1		1				1	1										1		2				1			1	12
정치경제	4	4	3	5	4	3	1		1	2	2	2	2	2	1	1	2	2	2		4	3	3	1	8	2	3	4	5	4	2	99
교육포럼	2	1	3	3	3	3		1			1	1	1	1		1	1		1		3	2	2	4	3	1	2	2	2	1	1	49
문화체육	3	3	3	3	3	1	2	1		2	2	3	2	2		1	3	1		1	5	1	5	3	3		2	5	5	3	2	68
복지	5	4	4	5	5	4	2	2	1	3	3	5	2	2	1	2	3	3	2	1	5	4	5	5	7		3	5	6	6	2	117
청년아동	3	3	3	3	3	3	2	3	1	2	1	2	2	2	1	2	2	2	1	3	5	2	4	4	6		3	4	4	3	2	80
소비자관리					1								1								2			1	2				1			10
도시가정	1	1	1	1	1	1		1		1		1					1	1		1		1	1	2	2	1	1	1	1			23
노동빈민		1		1								3							1													10
농어민		2		2	1							1							1		2			1	1			1	1	1	3	16
외국인/재외동포		1		2							2	1			1		1				2				1				2			18
자원봉사		2	2	3	2	2	2		2	1	2	2	2	2	1	1	2	1	2	2		2		4	3		2	3	3	2		59
국제협력/연대	2	1	1	1	1					1		1					1		3		1			2		2						19
대안사회		2		1	1	1					1	1					2						1	3	1					1	1	23
기타	3	3	1	2	2	2		1		1	1	1				1	2		3			1	1	2	2		1	1	3	1		39
합계	30	36	25	32	55	36	30	12	10	18	18	29	15	15	8	15	29	11	16	11	40	20	28	61	56	23	22	42	47	30	20	852

행정자치부

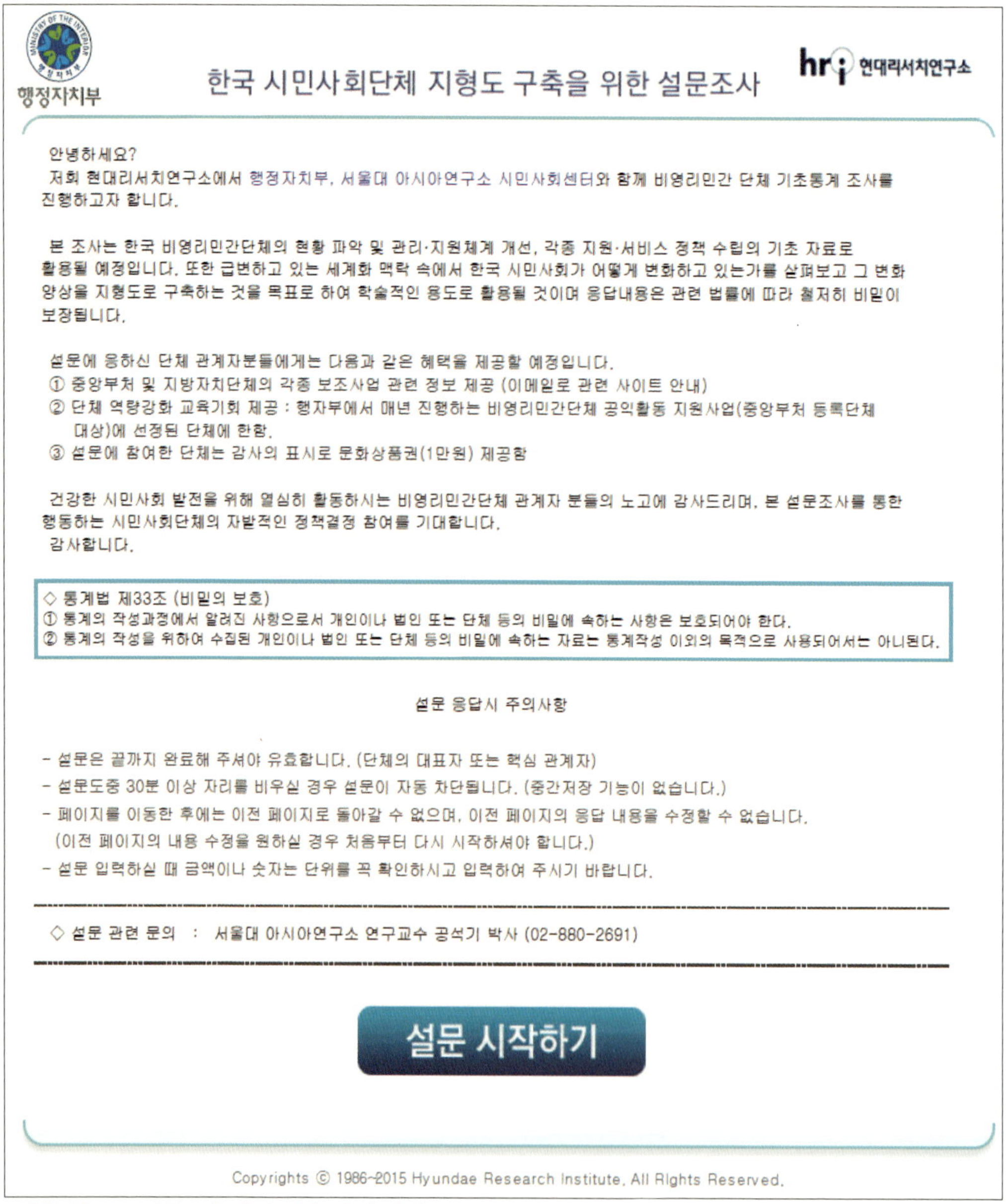

한국 시민사회단체 지형도 구축을 위한 설문조사

hri 현대리서치연구소

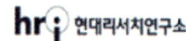

안녕하세요?
저희 현대리서치연구소에서 행정자치부, 서울대 아시아연구소 시민사회센터와 함께 비영리민간 단체 기초통계 조사를 진행하고자 합니다.

본 조사는 한국 비영리민간단체의 현황 파악 및 관리·지원체계 개선, 각종 지원·서비스 정책 수립의 기초 자료로 활용될 예정입니다. 또한 급변하고 있는 세계화 맥락 속에서 한국 시민사회가 어떻게 변화하고 있는가를 살펴보고 그 변화 양상을 지형도로 구축하는 것을 목표로 하여 학술적인 용도로 활용될 것이며 응답내용은 관련 법률에 따라 철저히 비밀이 보장됩니다.

설문에 응하신 단체 관계자분들에게는 다음과 같은 혜택을 제공할 예정입니다.
① 중앙부처 및 지방자치단체의 각종 보조사업 관련 정보 제공 (이메일로 관련 사이트 안내)
② 단체 역량강화 교육기회 제공 : 행자부에서 매년 진행하는 비영리민간단체 공익활동 지원사업(중앙부처 등록단체 대상)에 선정된 단체에 한함.
③ 설문에 참여한 단체는 감사의 표시로 문화상품권(1만원) 제공함

건강한 시민사회 발전을 위해 열심히 활동하시는 비영리민간단체 관계자 분들의 노고에 감사드리며, 본 설문조사를 통한 행동하는 시민사회단체의 자발적인 정책결정 참여를 기대합니다.
감사합니다.

◇ 통계법 제33조 (비밀의 보호)
① 통계의 작성과정에서 알려진 사항으로서 개인이나 법인 또는 단체 등의 비밀에 속하는 사항은 보호되어야 한다.
② 통계의 작성을 위하여 수집된 개인이나 법인 또는 단체 등의 비밀에 속하는 자료는 통계작성 이외의 목적으로 사용되어서는 아니된다.

설문 응답시 주의사항

- 설문은 끝까지 완료해 주셔야 유효합니다. (단체의 대표자 또는 핵심 관계자)
- 설문도중 30분 이상 자리를 비우실 경우 설문이 자동 차단됩니다. (중간저장 기능이 없습니다.)
- 페이지를 이동한 후에는 이전 페이지로 돌아갈 수 없으며, 이전 페이지의 응답 내용을 수정할 수 없습니다.
(이전 페이지의 내용 수정을 원하실 경우 처음부터 다시 시작하셔야 합니다.)
- 설문 입력하실 때 금액이나 숫자는 단위를 꼭 확인하시고 입력하여 주시기 바랍니다.

◇ 설문 관련 문의 : 서울대 아시아연구소 연구교수 공석기 박사 (02-880-2691)

설문 시작하기

Copyrights © 1986~2015 Hyundae Research Institute. All Rights Reserved.

그림 13 표본조사 웹서베이 안내 화면

조사 목표의 두 배수에 해당하는 800개 단체에 대한 정보를 구하여 이메일을 보내서 온라인 조사를 수행하였다. 그러나 한국 시민사회단체에 대한 웹서베이는 예상보다 훨 더 많은 장애물이 존재하였다. 대표적인 장애물로는 표본 대상정보의 불확실성이다.

기존 민간단체총람 자료집의 정보를 활용하려고 했으나 단체명, 주소, 전화번호만 기입되어 있는 경우가 대부분이었으며 단체 대표 이메일 주소가 부재한 경우가 많거나 부정확하였다. 이런 이유 때문에 보조연구원 및 아르바이트 학생을 고용하여 단체 홈페이지를 검색하거나 직접 각 단체에 전화를 걸어 조사를 안내할 수 있는 이메일 주소를 수집하였다. 수집된 이메일로 안내문을 발송하여 웹서베이 URL을 보내주고 조사에 참여하도록 하였다. 또한 아시아연구소 시민사회 프로그램 홈페이지에 배너를 올려서 홈페이지를 통해서도 조사에 참여하도록 하였다.19

다음으로 권역별 전문가를 위촉하여 웹서베이 조사를 독려하였지만 여전히 한계가 존재한다. 중간관리자들을 통해 권역별 조사대상 단체목록 검토를 요청하였으며, 활동이 중단된 단체 등을 걸러내고, 대체단체를 표본에 포함하여 조사하였다. 그러나 조사 단체들의 조사저항이 대체로 강하다는 것을 확인하였다. 이런 이유에서 지역 중간관리자를 위촉하는데 초점을 두었다. 지역 시민사회의 역동적 변화를 가장 잘 알고 있는 최소 10년 이상 지역 시민사회단체에서 활동한 리더를 조사과정의 중간관리자로 위촉하였다.20 사실 지역별 조사원의 고용보다 중간관리자와의 협력을 추진하는 것은 예산대비 설문조사 수거율이 높을 것으로 기대했기 때문이다. 그러나 지역전문가가 거점도시의 다양한 시민사회단체와 조직 수준에서 네트워크를 유지하고 있음에도 불구하고 이것이 설문조사로까지 이어지지 못했다. 설문조사는 개인적인 친밀한 관계에 의지하여만 설문조사에 응할 정도로 시민사회단체 조사에 대한 저항감이 아주 강하게 자리 잡고 있음을 확인할 수 있었다. 일례로 표 22처럼 설문조사 중간에 응답하는 것을 중단하는 경우도 많았다. 5차에 걸쳐 웹서베이 요청메일을 보냈으나 총 518개 단체 중에서 응답한 단체는 총 72개 단체인 반면에 조사 중간에 응답을 중단한 경우는 총 75개 단체로 나타났다.

---

19   웹서베이를 불편해 하는 단체의 경우에는 이메일 혹은 우편조사 방법으로 설문조사를 진행하기도 하였다.

20   2014년 조사과정을 통해 형성한 지역시민사회단체와의 네트워크를 토대로 지역 중간관리자를 위촉하였다. 권역별 위촉한 중간관리자 총 7명으로 아래와 같다. 염형철/정예진 (시민사회연대회의 운영위원장/간사), 김해몽 (부산시민재단), 윤종화 (대구시민센터), 유문종 (수원그린트러스트), 송재봉 (충북NGO센터), 서정훈 (광주NGO센터)

표 22   웹서베이 표본조사: 조사 일정 및 응답단체 추이

발송차수	발송일	발송현황	유효	발송성공	완료	중단
1차	11/02					
2차	11/06	11/09	471	344	13	23
3차	11/10	11/17	579	456	20	40
4차	11/23	11/27	628	499	41	65
5차	12/04	12/09	682	518	72	75

이처럼 2015 표본조사는 아르바이트 학생, 보조연구원, 지역 중간관리자 등을 동원하여 웹서베이의 효율성을 높이고자 최선을 다하였다. 때로는 웹서베이에 익숙하지 않은 단체를 대상으로는 이메일 혹은 등기우편 조사까지 추가적인 수단을 동원하였다. 이러한 노력에도 불구하고 웹서베이 방식으로 진행된 2015 시민사회단체 표본조사는 기대에 훨씬 못 미치는 회수율(최종 771개)를 보였다. 다행히도 2014년 설문 조사 내용이 2015년 조사내용과 많은 부분 중첩되어 있기에 2014년에 조사된 단체(219개)의 응답내용을 리코딩 작업을 통해 2015년 조사결과에 편입하여 최종 분석 대상 단체 수는 296개였다.

요컨대, 한국 시민사회단체 표본조사 수행을 위한 표집대상 목록인 '한국민간단체총람'의 내용이 매우 부정확하다는 것을 다시금 확인할 수 있었다. 비록 응답률 저조가 단체들의 조사저항 탓도 있지만, 조사대상 단체 중에 이미 폐쇄, 활동중단, 타 지역 이전 등과 같은 정보가 제대로 업데이트되지 않고 방치된 것이 더 큰 문제이다. 또한 최근 부상하고 있는 새로운 영역과 유형의 시민사회단체가 모집단 목록에 포함되지 않은 것도 큰 걸림돌이었다. 물론 이러한 한계에도 불구하고 전국적인 차원에서 표본조사가 진행되었고 시민사회단체에 대한 지역별, 영역별 특징을 비교 분석하였다는 것은 큰 의의가 있다. 이를 통해 한국 시민사회단체의 큰 지형변화를 그릴 수 있는 중요한 기초 자료를 마련할 수 있었다. 향후 이러한 한국 시민사회단체에 대한 올바른 진단과 시민사회 역동성을 설명하기 위해서는 지방정부 및 지역 시민사회 주체들이 기초통계 구축에 있어서 주도권을 갖고 장기적인 관점에서 지역 시민사회지형도 프로젝트를 공동으로 수행하는 것이 필요하다.

3) 표본조사 리포트

(1) 주요 변수별 빈도분석

응답 단체 특성

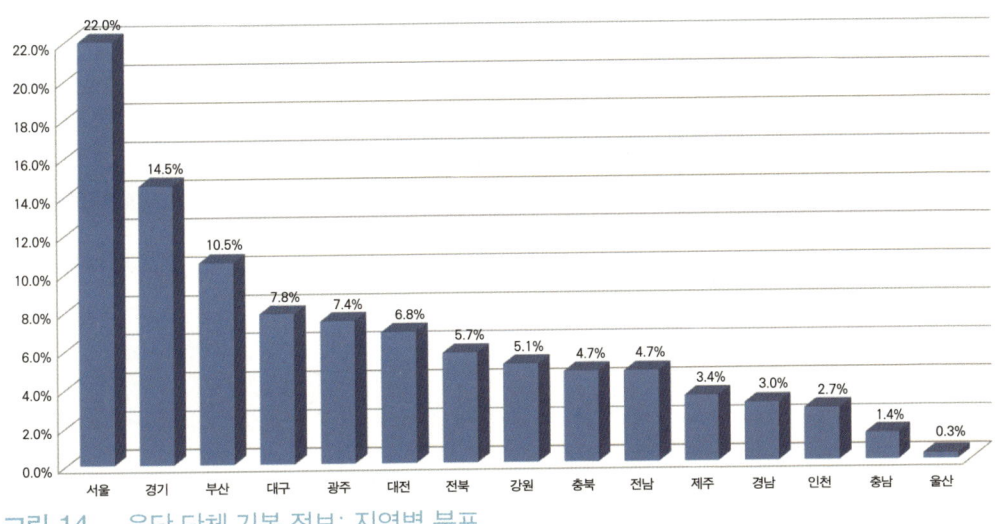

그림 14　응답 단체 기본 정보: 지역별 분포

　응답단체에 대한 권역별 분포는 서울(22%), 경기/인천(17%), 광주/전남북(18%), 부산/울산/경남(14%), 대전/충남북(13%), 대구/경북(8%) 그리고 강원/제주(8%) 순으로 나타났다.

　시민단체 운동영역별 분포는 환경(17.9%), 교육/포럼(13.9%), 여성(10.1%), 복지(9.5%), 대안사회(7.8%), 권력감시(6.8%), 청년/아동(4/7%), 평화/통일(4.7%), 인권(4/1%), 문화/체육(4.1%) 등으로 나타났다. 이것은 2012년 민간단체총람의 영역별 분포와 차이를 나타난다. 2012년 분석에서는 환경과 청년/아동, 교육포럼, 복지 영역이 단체의 다수를 차지하고 있었지만, 2014-5년 조사에서는 상대적으로 청년/아동과 복지 부분이 상대적으로 낮게 응답한 것으로 나타났다. 이는 상대적으로 안정적인 조직을 유지하며 제도화되어 있는 영역(복지, 청년/아동)의 경우 시민사회단체 조사에 무관심하거나 조사에 저항적인 것으로 이해할 수 있다.

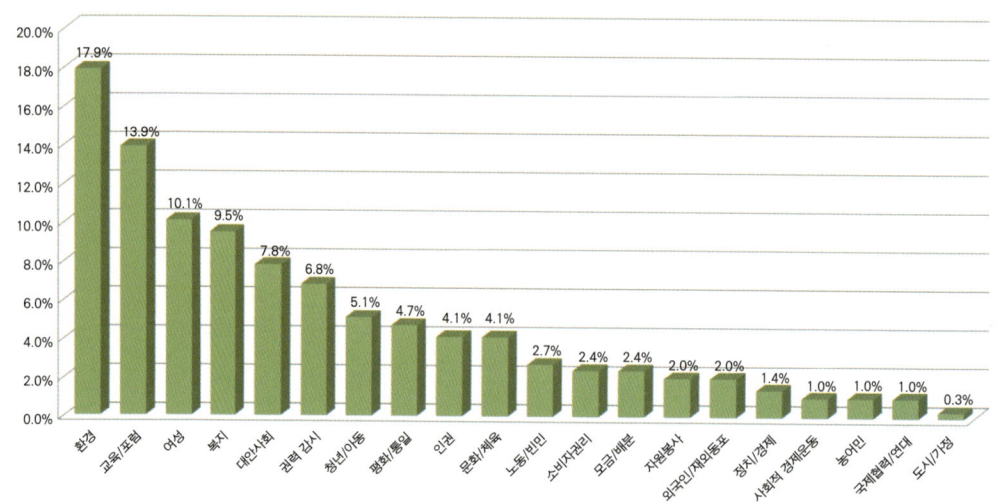

그림 15 응답 단체 기본 정보: 지역별 분포

응답단체의 설립분포를 보면 2000년대에 설립한 경우가 37.5%, 1990년대 설립이 32.4%로 대부분이 민주화 이후에 설립된 것으로 나타났다. 이를 통해 단체의 역사가 10년 전후인 경우가 46%로 한국 시민사회단체의 생애주기가 짧다는 것을 알 수 있다. 시민사회단체의 지속가능성이 낮아 단체들의 부침(浮沈)이 강하게 나타나고 있는 것으로 해석할 수 있다.

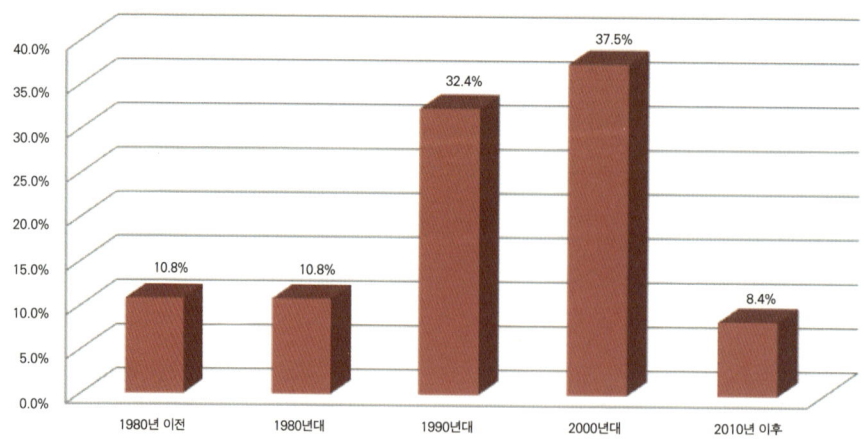

그림 16 단체설립년도

조직 및 구성원

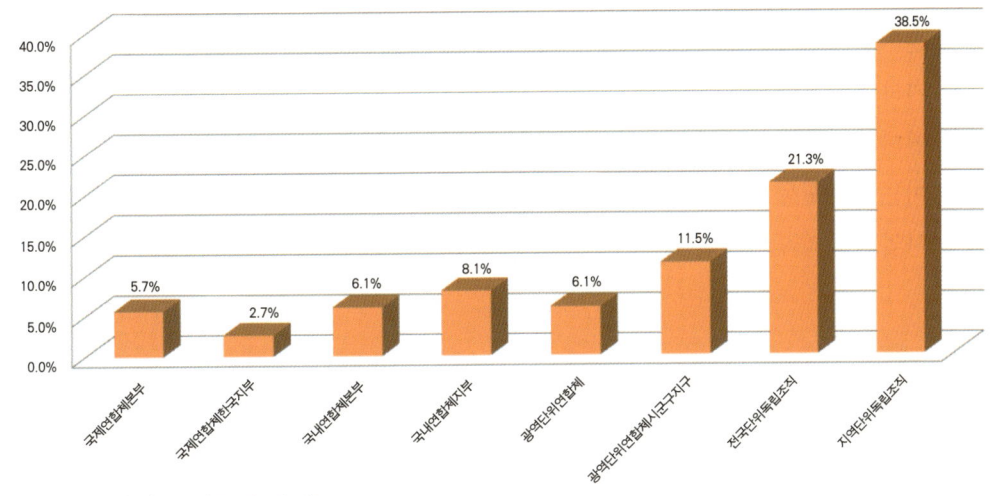

그림 17　단체 조직구성 지위

　응답단체의 조직구성상의 지위를 살펴보면 한국 시민사회단체의 조직활동 범위 및 활동 특징을 확인할 수 있다. 기초단위(풀뿌리 수준)에서 독립적으로 활동하는 단체가 가장 높은 비율(38.5%)를 차지하고 있으며, 그 다음으로 전국을 대상으로 독립적인 활동하는 단체가 21.3% 그리고 광역단위의 지부로서 활동하는 단체 비율이 11.5% 순으로 나타났다. 국내에 여러 지부를 두고 있는 연합체 본부는 응답단체의 6.1% 그리고 국내연합체의 지부는 8.1%로 나타났다. 여기서 주목할 만한 것은 한국 시민사회단체에는 국제수준의 활동을 하는 국제NGO의 한국지부가 응답단체 중 가장 낮은 2.7%로 나타났다는 점이다. 전지구화를 가장 직접적으로 영향을 받고 있는 한국 시민사회가 국제화 부분에서는 뒤쳐져 있음을 보여주는 증거이다. 최근에 주요 국제NGO의 한국지부가 지속적으로 설치되고 있지만 여전히 중앙중심의 회원확보 및 캠페인 활동에 초점을 맞추고 있다.

　응답한 시민사회단체의 대표자는 대부분이 50대 이상(72%)이고 남자(71%)로 나타났다(그림 18). 한편, 실무책임자(사무총장, 국장, 처장)의 경우는 그 비율이 크게 변화하고 있다(그림 19). 연령대가 조금 내려가서 40대가 57%로 다수를 차지하며 남성이 51%로 여성보다 조금 높게 나타났다. 시민사회단체의 실무자의 상근과 반상근 비율을 조사한 결과 상근자가 다수(82%)를 차지하는 것으로 나타났다(그림 20).

네트워크와 거버넌스

시민사회단체 간의 연대활동방식을 조사한 결과 정기모임(38%), 서명운동(8%)과 같은 낮은 수준의 연대를 유지하는 경우가 있는 반면에 공동사업을 통해 협력관계를 유지하는 경우(29%)가 증가하고 있는 것으로 나타났다(그림 21). 특히 점차 과거의 주요 연대활동방식이던 직접행동은 그 비율이 18%로 점차 감소하고 있는 것으로 나타났다. 이는 연대활동 방식에 있어서 강한 연줄에 기초한 직접행동보다는 약한 연줄에 근거한 사업 중심의 안정적인 협력관계가 강화되는 것을 보여주는 것이다.

온라인 활동

시민사회단체가 정보통신기술을 어느 정도 적극적으로 활용하는지를 매체별로 활용비중을 조사하였다(그림 22). 단체가 자신의 홈페이지/카페/블로그를 통해 활용하고 있는 경우는 92.9%, 뉴스레터의 경우도 51%를 활용한다고 하였다. 사회관계망 서비스도 44.9%를 활용하는 것으로 나타났다. 그렇지만 최근에 새로운 공간으로 떠오르고 있는 팟캐스트나 인터넷 방송은 거의 활용하지 못하고 있는 것으로 나타났다. 특히 개인적으로는 사회관계망 서비스를 활용하고 있지만 조직적 차원에서는 아직까지 충분히 활용하지 않는 것으로 나타났다.

온라인 매체 활용이 단체 활동에 대부분이 도움이 된다고 응답하였다(그림 23). 그러나 이것을 좀 더 조직적 차원으로 발전시키는 데는 자원과 인력 등의 한계로 나아가지 못하고 있다는 평가가 지배적이다.

재정 및 집행

단체의 재정 수입원 우선순위를 선택하여 그 분포를 확인한 결과(그림 24), 아직도 회원회비가 주요 수입원이라고 응답한 단체가 84.8%로 가장 높게 나왔고 다음으로 정부지원사업이 62.5%, 외부후원금이 56.1%로 응답하였다.

예산 집행 내역 중에 그 우선순위 세 가지를 복수응답으로 분석한 결과 인건비(88.9%)가 가장 높고 다음으로 사업비(87.5%)로 나타났다(그림 25).

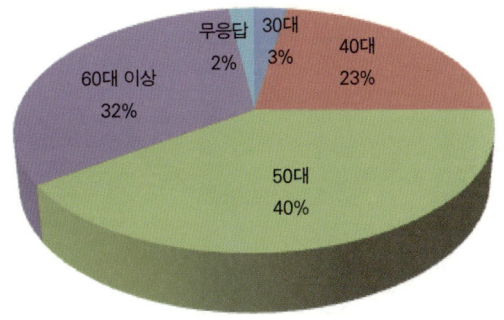

그림 18　　대표자의 연령

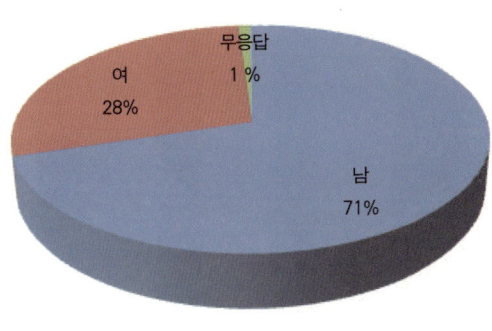

그림 18-1　　대표자의 성별

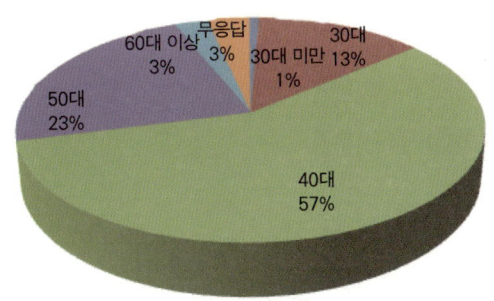

그림 19　　실무책임자의 연령

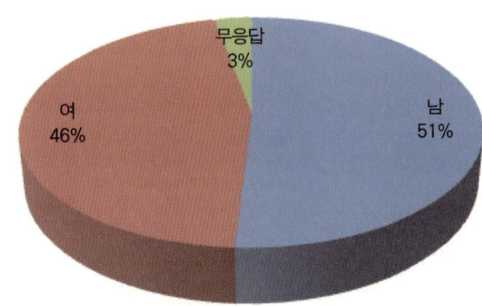

그림 19-1　　실무책임자의 성별

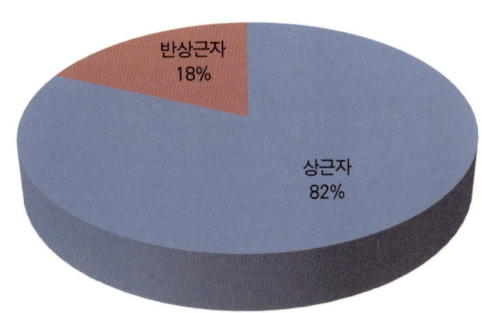

그림 20　　실무자의 근무유형별 비율

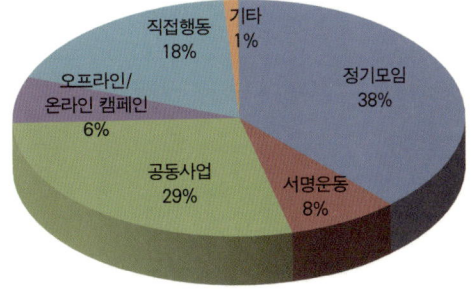

그림 21　　단체 간 연대활동 방식

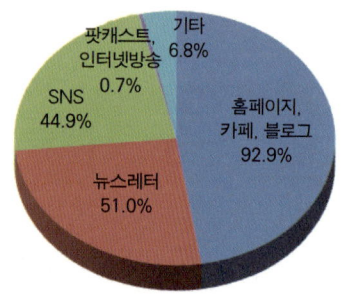

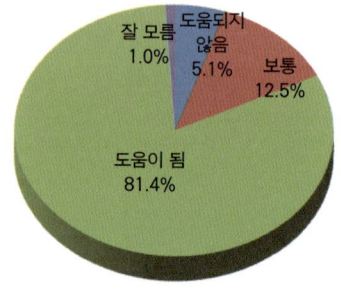

그림 22 주로 활용하는 온라인 매체　　**그림 23 단체활동에 있어 온라인 매체 활용의 유용성**

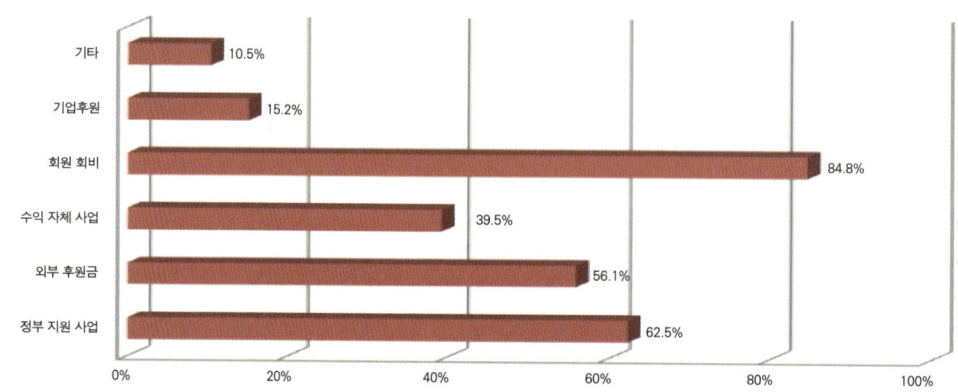

그림 24 단체 주요 재정수입원

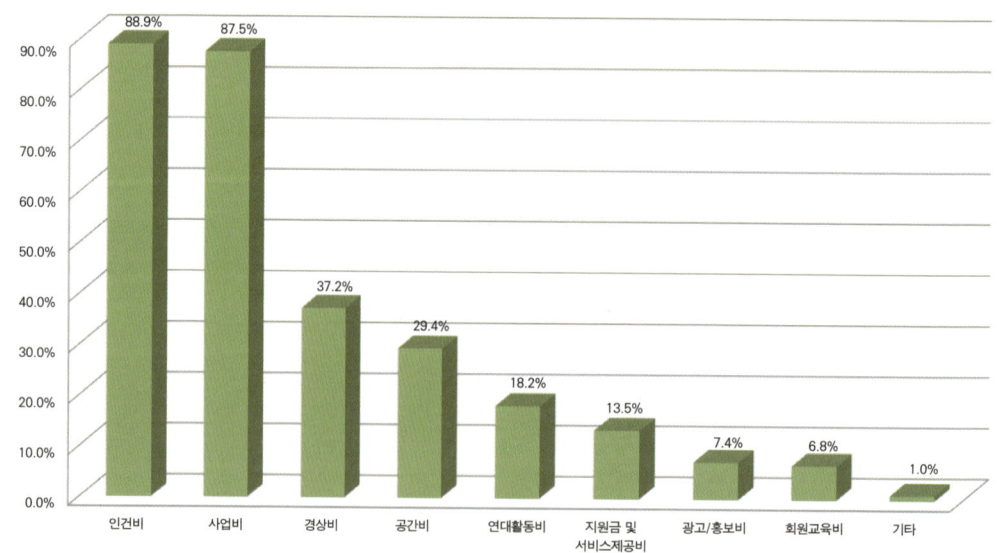

그림 25 주된 예산 사용 용도

(2) 운동영역별 교차분석

시민사회단체 일반의식 및 태도

시민사회 일반에 대한 인식 및 태도를 살펴보기 세 가지 측면-정부정책에 미친 영향, 시민의식 증감, 시민사회단체 신뢰도-에 대해 설문조사를 한 결과 이 세 측면에 대해 운동영역별로 세 개의 층위 그룹이 형성됨을 확인할 수 있다.

먼저 지난 5년 동안 시민사회단체가 '정부정책에 미친 영향'이 어느 정도 증가 혹은 감소했는가에 대해 질문하였다. 표 23이 보여주듯이 운동영역별로 그 차이를 살펴보면 주목할 만한 특성이 발견된다. 소비자권리, 복지, 모금/배분, 자원봉사 등 비교적 가치 대립이 적고 일반시민들에게 익숙한 주제를 다루며, 활동의 성과가 상대적으로 단기간에 가시적으로 잘 나타날 수 있는 운동영역의 경우 정책 영향, 시민의식, 신뢰도가 전반적으로 증가한 것으로 나타났다.

다음으로 환경, 권력감시, 국제협력/연대 운동영역은 정부정책과 대립적이며 갈등이 잦고, 일반시민들에게 다소 생소한 영역의 경우, 지난 5년간 정책영향도와 시민의식이 크게 증가하지 않은 것으로 나타났다. 사회적경제는 신생 영역이기 때문에 아직은 정책 영향, 시민의식, 신뢰도가 전반적으로 낮은 것으로 나타났다.

앞의 '정부정책에 대한 영향'에 대해 부정적 입장을 보이는 환경영역은 시민의식 부분에서는 증가하고 있다고 평가하고 있다. 한편, 지난 5년 동안 '시민사회단체에 대한 사회적 신뢰도'에 대해서 긍정적으로 평가하고 있는 운동영역으로 국제협력/연대 관련 단체가 주목된다. 이것은 최근 ODA와 같이 국제협력 부분에 대한 일반 시민들이 크게 관심을 가지고 있음을 반영한다. 특히 이들 단체가 정부와의 협력사업 등을 통해 시민들의 이들 단체에 대한 기대 혹은 신뢰수준이 높아 진 것으로 해석할 수 있다.

흥미로운 것은 국제협력/연대 영역의 단체들은 국제협력과 관련 이슈를 추진하는데 있어 정부가 적극적으로 정책적 조응을 하지 못하는 것으로 평가하며, 동시에 시민들의 국제협력에 대한 올바른 인식과 적극적인 참여를 보이지 않는 것에 대해 낮은 평가를 하고 있다는 점이다. 반면에 국제협력 영역 단체들은 일반 시민들이 시민사회단체에 대해 신뢰하고 있다고 해석하고 있는데 이것은 국제협력 영역 단체들에 대해 일반 시민들이 호의적으로 인식하기 시작하였고, 참여를 희망하는 경우가 점차 증가하고 있다는 데 근거하고 있다. 이러한 시민사회단체와 일반 시민들 간의 상호 인식의 불일치 현상은 한국 시민

표 23	지난 5년 동안 시민사회단체의 정부정책에 미치는 영향		
	사례수	평균21	유형22
운동영역	296	40.9	영향증가
소비자권리	7	60.7	상
복지	28	56.5	상
자원봉사	6	54.2	상
모금/배분	7	54.2	상
도시/가정	1	50.0	상
문화/체육	12	47.7	상
여성	30	45.0	상
교육/포럼	41	45.0	상
정치/경제	4	43.8	중
노동/빈민	8	43.8	중
평화/통일	14	38.5	중
인권	12	37.5	중
외국인/재외동포	6	37.5	중
청년/아동	15	36.7	중
대안사회	23	34.8	하
환경	53	33.5	하
사회적경제	3	33.3	하
농어민	3	33.3	하
국제협력/연대	3	33.3	하
권력 감시	20	22.5	하

표 24	지난 5년 동안 시민들의 시민의식 증감 (운동영역별)		
	사례수	평균23	유형
운동영역	296	56.9	인식증가
모금/배분	7	71.4	상24
소비자권리	7	71.4	상24
복지	28	67.0	상24
자원봉사	6	66.7	상24
문화/체육	12	63.6	상24
환경	53	61.8	상24
평화/통일	14	58.9	중
대안사회	23	58.7	중
농어민	3	58.3	중
인권	12	56.3	중
교육/포럼	41	54.3	중
청년/아동	15	53.3	중
노동/빈민	8	53.1	중
여성	30	52.5	중
권력 감시	20	43.8	하
국제협력/연대	3	41.7	하
외국인/재외동포	6	41.7	하
정치/경제	4	37.5	하
도시/가정	1	25.0	하
사회적경제	3	25.0	하

21 5점 척도(1: 많이 감소함, 2: 다소 감소함, 3: 별 차이 없음, 4: 다소 증가함, 5: 많이 증가함)를 100점으로 환산한 평균값이다. 시민사회가 정부정책에 미치는 여향이 증가하였다고 평가할수록 점수가 높다.

22 정책영향도 증가 정도에 따라 운동영역을 상-중-하 3개 유형으로 나눈다.

23 5점 척도(1: 많이 감소함, 2: 다소 감소함, 3: 별 차이 없음, 4: 다소 증가함, 5: 많이 증가함)를 100점으로 환산한 평균값이다. 시민들의 시민 의식이 증가하였다고 평가할수록 점수가 높다.

24 시민의식 증가 정도에 따라 운동영역을 상-중-하 3개 유형으로 나눈다.

사회단체 더 나아가 시민사회가 극복해야 할 중요한 과제라고 말할 수 있다.

이와 같이 몇몇 영역을 제외하고는 시민사회단체의 영역에 대해 정부정책 영향도, 시민의식 증감, 시민사회단체에 대한 신뢰도 증감이 어느 정도 일관성을 보이고 있음을 확인하였다. 한 단체가 제도정치 전략 즉, 정부와의 협력적 관계를 유지하며 정부 위탁사업 수행에 적극적인 운동영역일수록 상위그룹에 위치하고 있는 것으로 나타났다. 상위그룹의 대표적인 운동영역은 소비자권리, 복지, 여성, 모금/분배, 자원봉사 등이며, 세 가지 측면에서 낮은 점수를 부여하고 있는 영역은 노동/빈민, 정치경제, 농어민 등 사회적 약자를 대상으로 하는 부분이다.

표 25			지난 5년 동안 시민사회단체에 대한 신뢰도
	사례수	평균25	유형26
운동영역	296	50.0	신뢰도증가
국제협력/연대	3	66.7	상
모금/배분	7	60.7	
소비자권리	7	60.7	
평화/통일	14	58.9	
자원봉사	6	58.3	
복지	28	57.1	
대안사회	23	55.4	중
문화/체육	12	52.3	
외국인/재외동포	6	50.0	
청년/아동	15	50.0	
환경	53	49.5	
교육/포럼	41	49.4	
노동/빈민	8	43.8	하
인권	12	43.8	
정치/경제	4	43.8	
여성	30	43.3	
권력 감시	20	42.1	
사회적경제	3	41.7	
도시/가정	1	25.0	
농어민	3	8.3	

비영리민간단체 등록 여부

한국시민사회단체 가운데 점차 비영리민간단체로 등록하는 경우가 많아지고 있다. 그 이유는 중앙/지방정부의 보조금 지원 및 위탁사업자로 신청하기 위한 최소한의 조건이기 때문이다. 지역별로 등록단체 분포를 살펴보면 위의 그림에서 알 수 있듯이 전반적으로 광역시에서 활동하고 있는 단체들이 등록빈도가 높은 것으로 나타났다. 다만, 전

---

25 5점 척도(1: 많이 감소함, 2: 다소 감소함, 3: 별 차이 없음, 4: 다소 증가함, 5: 많이 증가함)를 100점으로 환산한 평균값이다. 시민사회에 대한 사회적 신뢰도가 증가하였다고 평가할수록 점수가 높다.

26 신뢰도 증가 정도에 따라 운동영역을 상-중-하 3개 유형으로 나눈다.

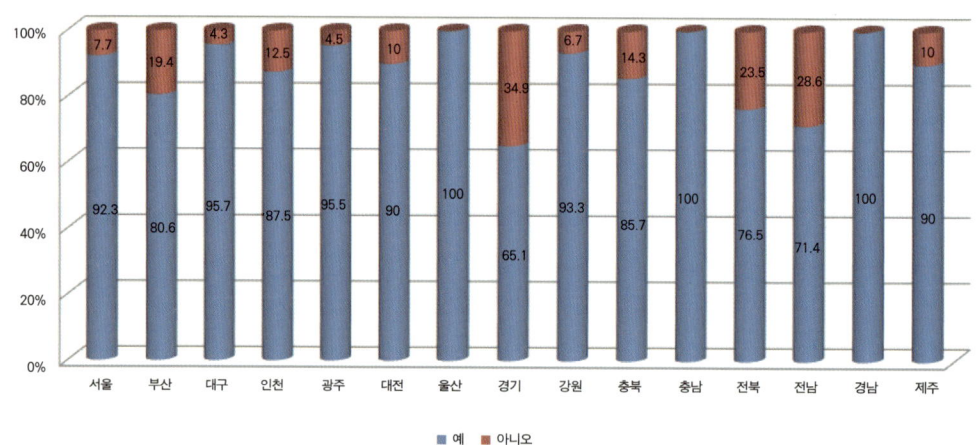

그림 26   지역별 분포

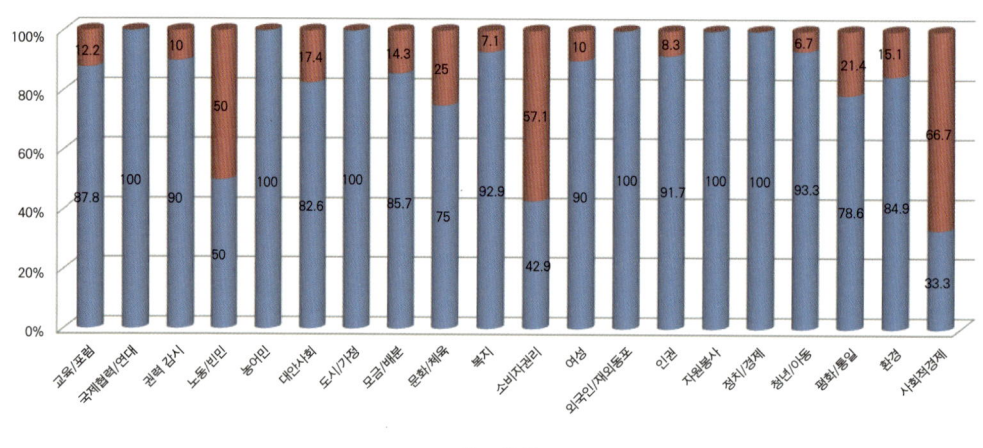

그림 27   운동영역별 분포

반적으로 수도권에서 빈도가 높을 것이라는 예상과 달리, 경기 지역의 시민사회단체들이 비영리민간단체 등록이 가장 저조한 것으로 나타났다. 이것은 경기지역 조사대상인 거점도시에 최근에 설립된 단체가 많거나 풀뿌리 지역활동에 초점을 맞추는 기초단위 지역단체가 상대적으로 많다는 것을 의미하기도 한다.

한편, 시민사회단체 운동영역별로 비영리민간단체 등록여부 분포를 살펴보면 표본수가 적기 때문에 통계적 유의미성을 유지할 수 없음에도 불구하고 일정한 경향성을 확인할 수 있다. 노동/빈민 그리고 소비자권리 영역에서 비등록 단체가 상대적으로 많은 것으로 나타나고 있는데 이것은 이 영역의 단체가 지역에 기초한 영세적인 조직 규모를 유지하거나 정부와 일정한 거리를 두고 위탁과제를 수행하는 것을 꺼리기에 등록에 매우 소극적인 자세를 갖기 때문이다. 실례로 전국농민회총연맹은 아직 비영리민간단체로 등록하지 않고 있는 반면에 한국여성농민회총연합은 등록하여 정부 사업을 수행하고 있다.

단체별 운동영역(Sector) 및 주요 활동(Activities)

지역별로 어떤 운동영역이 왕성하게 활동하고 있는지를 발견하는 것은 권역별 시민사회단체의 역사성을 이해하고, 새로운 지형으로의 변화가능성을 예측할 수 있는 중요한 근거가 된다. 7개 권역별로 그 특성을 살펴보자. 우선 강원/제주권의 특징을 살펴보자. 우선 문화/체육, 여성 영역이 가장 두드러지게 나타났다. 상대적으로 시민사회단체의 보수적 성격 및 제도화된 활동이 주를 이루고 있음을 보여준다. 문화/체육 영역은 지역주민의 다양한 욕구를 수용하기 위한 다양한 행사와 프로그램을 기획 수행하고 있는데 이를 위해서 지역정부와의 긴밀한 협력관계를 유지하여 지원받고 있다.

둘째, 부산/울산/경남권의 특징을 살펴보자. 크게 세 개의 운동영역-교육/포럼(17.1%), 여성(17.1%), 그리고 환경(19.5%)-이 경남권의 주요 시민사활동의 주축을 이루고 있는 것으로 나타났다. 보수적인 성격의 교육/포럼과 여성 단체가 왕성하게 활동하고 있는 동시에 경남지역의 환경 이슈에 대해서 꾸준히 활동해온 환경단체의 역동성도 주목할 만하다.

셋째, 대구/경북권의 특징을 살펴보자. 경남권과 같이 주목할 만한 영역과 주제가 잘 나타나지 않지만 상대적으로 교육/포럼(13%), 여성(13%), 인권(13%), 그리고 환경(13%)이 높은 활동성을 보이고 있다. 특히 인권 영역이 다른 권역보다 높게 나타난 것은 대구지역에 전통적으로 장애인 인권 단체가 왕성한 활동을 하고 있는 역사성을 반영한 것으로 해석할 수 있다.

넷째, 광주/전남권의 운동영역별 특징을 살펴보자. 가장 두드러진 운동영역은 환경으로 28.3%를 차지하였고, 여성 영역이 11.4% 그리고 교육/포럼이 7.5%, 복지 7.5%로 나타났다. 광주와 전남 거점 도시의 시민사회 단체활동이 환경영역을 중심으로 활발하

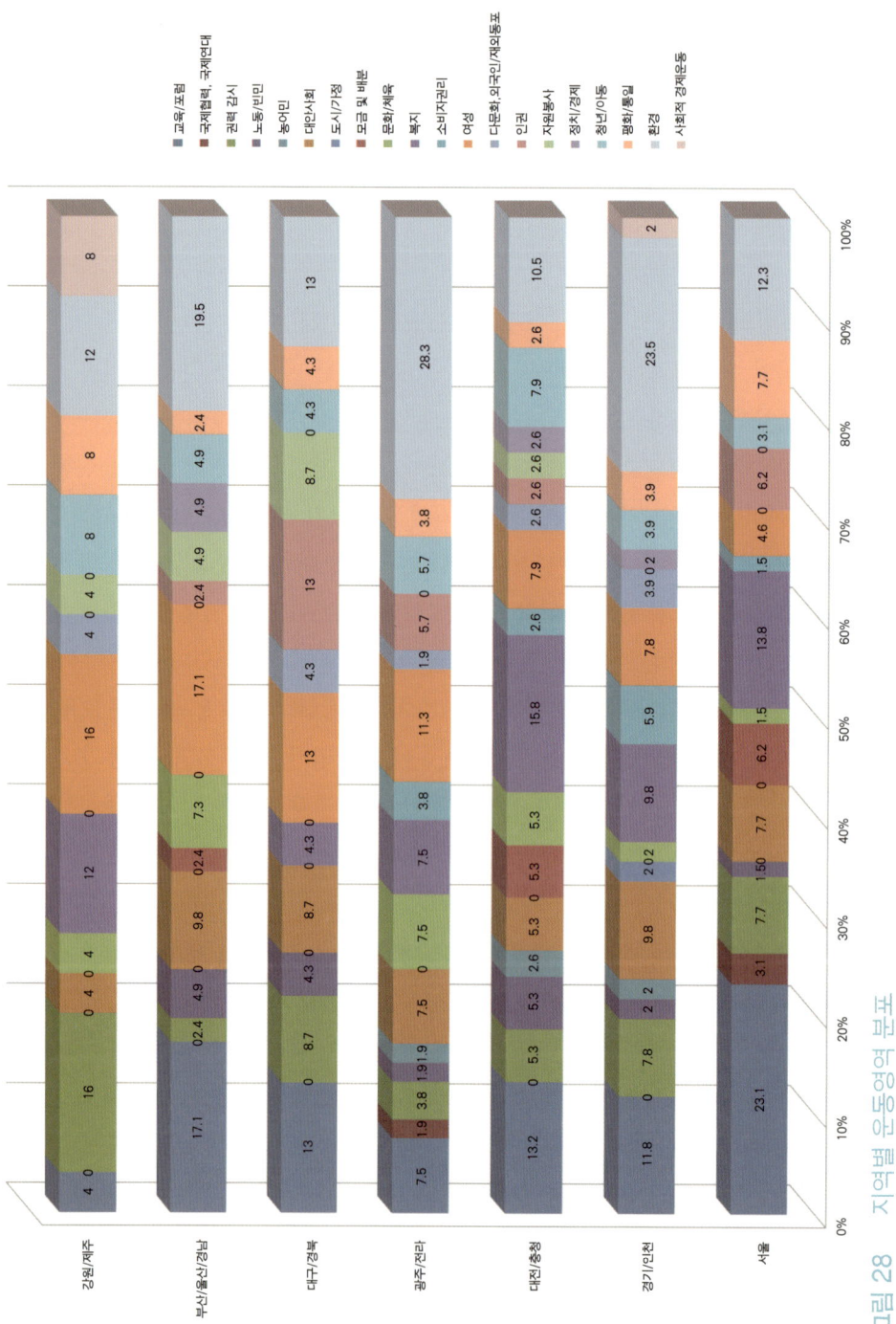

그림 28 지역별 운동영역 분포

게 전개되고 있은 것으로 해석할 수 있다.

　다섯째, 대전/충남권의 운동영역별 특징을 살펴보자. 다른 권역에 비해 가장 다양한 운동영역(17개 영역)의 단체들이 활동하고 있는 것으로 나타났다. 그 중에서도 복지 영역이 15.8%로 가장 왕성하며, 다음으로 교육/포럼 영역이 13.2%, 환경 영역이 10.5%로 나타났다.

　여섯째, 경기/인천권의 운동영역별 특징을 살펴보자. 어느 권역보다도 환경 영역(23.5%)을 중심으로 시민사회단체가 왕성한 활동을 하는 것으로 나타났다. 이 지역의 주목할 만한 특징은 대안사회와 관련하여 상대적으로 많은 단체(9.8%)들이 활동을 보이고 있다는 점이다.

　마지막으로 서울지역의 운동영역별 특징을 살펴보자. 교육/포럼 영역에 많은 시민사회단체들이 초점을 맞추고 있으며, 다음으로 복지(13.8%)와 환경 영역(12.3%)에서 상대적으로 많은 단체들이 활동을 집중하고 있는 것으로 나타났다.

　각 단체의 주요활동/사업을 우선순위대로 세 가지 선택한 것을 중복응답을 인정하여 운동영역별로 각각의 분포를 살펴보았다. 이것은 운동영역별로 주요 활동과 사업이 어떤 특징과 차별성을 보이는 지를 비교해보고 그 함의를 살펴보기 위해서이다. 그림 29에서 예시된 것 중에 주목할 만한 것을 소개하면 아래와 같다.

　우선, 노동/빈민 영역의 시민사회단체는 상대적으로 시민사회 연대활동(19%)에 집중하고 있는 것으로 나타났다. 노동/빈민 영역이 상대적으로 역량이 부족하거나 정부와의 갈등적인 관계를 유지하는 경우가 많기에 시민사회 내부에서의 연대활동을 적극적으로 모색하고 있는 것으로 해석할 수 있다.

　둘째, 권력 감시 영역 시민사회단체는 자신의 조직목표와 정체성에 부합한 사업과 활동을 일관으로 수행하고 있음을 확인할 수 있다. 정책감시 및 건의 활동(32.7%)에 초점을 맞추는 동시에 때로는 제도권 밖에서 직접행동을 통해 권력의 비민주적 결정에 대해 압박을 가하고 있으며 또한 시민사회 내에서 상호연대활동을 적극적으로 모색하는 것으로 나타났다.

　셋째, 국제협력/연대 영역 시민사회단체는 정부와 지자체와 협력사업(33.3%)에 초점을 맞추어 사업을 전개하고 있는 것으로 나타났다. 이것은 정부나 지자체의 다양한 사업ODA을 민간부분이 위탁 수행하기 위해 적극저인 협력관계를 유지하는 것으로 해

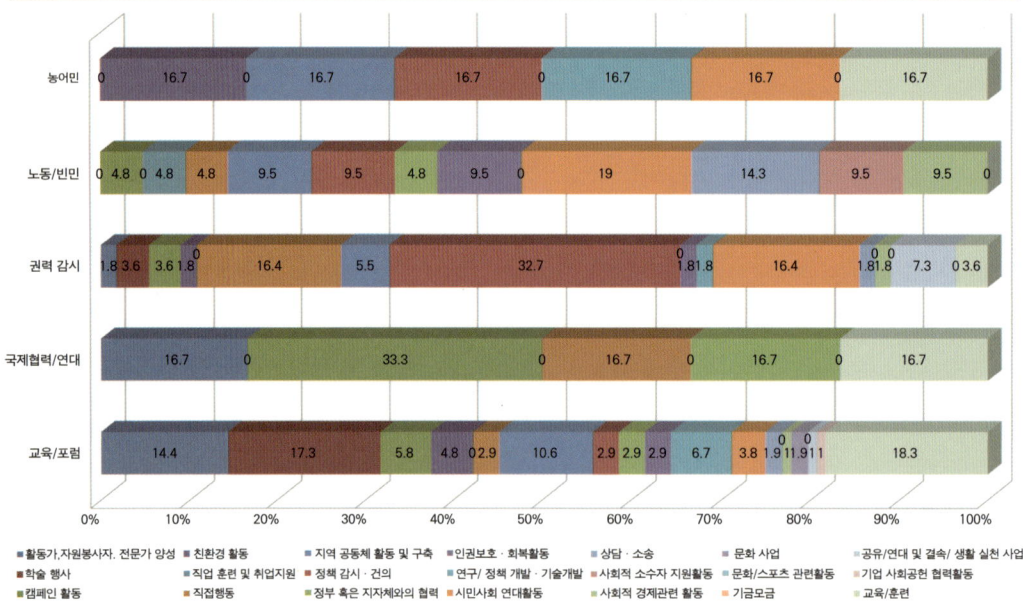

그림 29-1   운동영역별 활동 내용

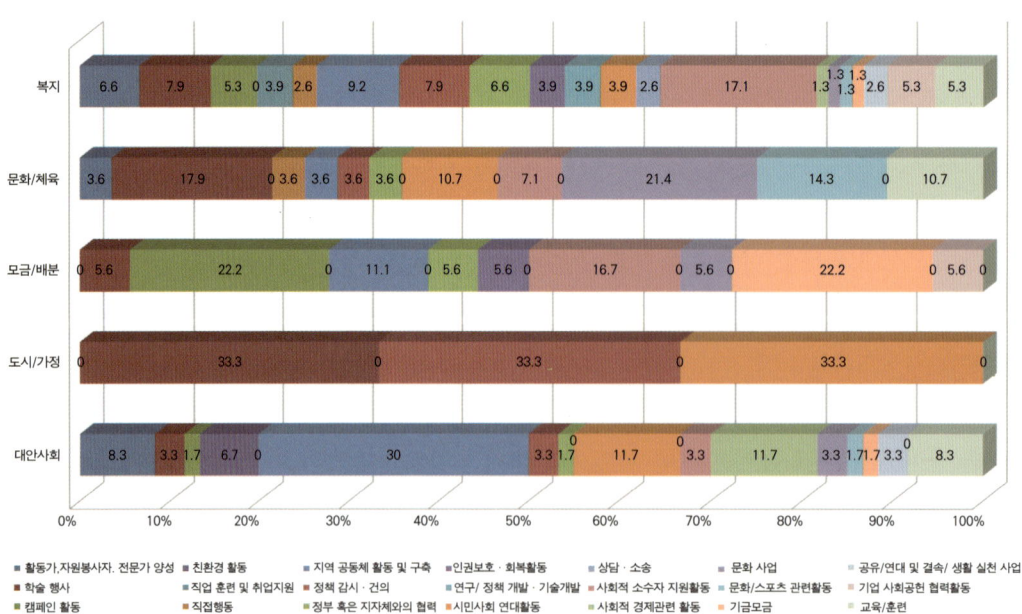

그림 29-2   운동영역별 활동 내용

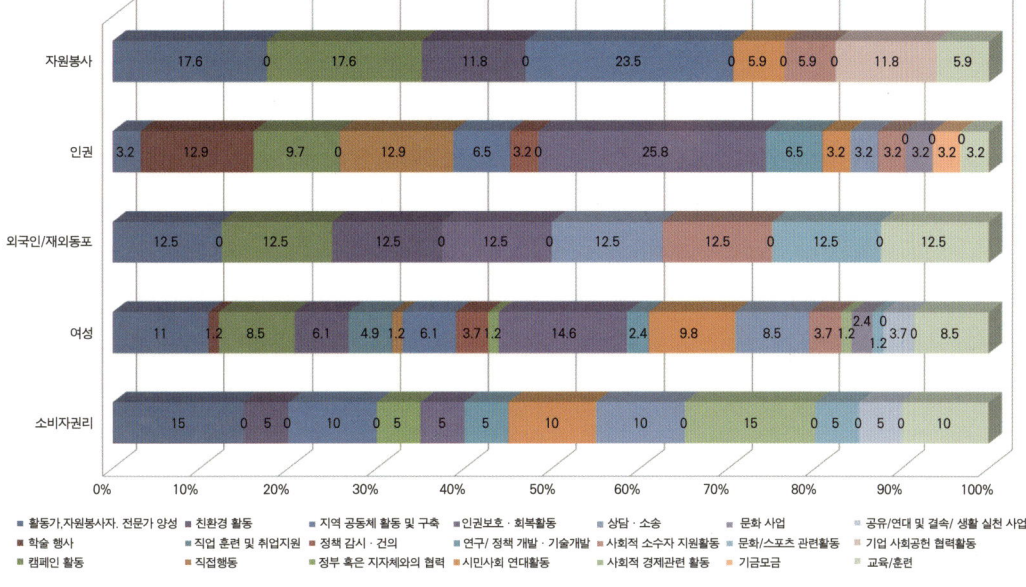

그림 29-3   운동영역별 활동 내용

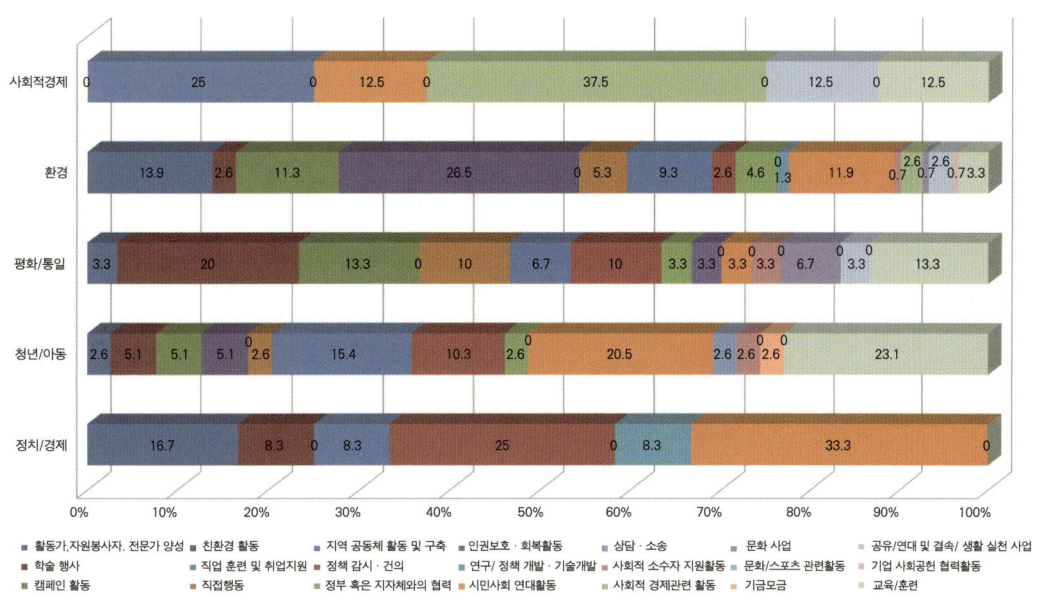

그림 29-4   운동영역별 활동 내용

석할 수 있다. 그 밖에도 사회적 소수자 지원활동에도 주목하고 있는 것으로 나타났다.

넷째, 복지 영역 시민사회단체는 가장 다양한 사업 및 활동을 전개하는 것으로 나타났다. 그 중에서도 사회적 소수자 지원 사업 및 활동(17.1%)에 역점을 두고 있는 것으로 나타났다.

다섯째, 문화/체육 영역이 많은 단체들이 포함되어 활동하고 있는데 그 주요 활동은 학술행사(17.9%)와 문화사업(21.4%), 그리고 문화/ 스포츠관련 활동(14.3%)이다.

여섯째, 대안사회 영역의 시민사회단체는 자신의 조직 목표에 부합하는 사업 즉 지역공동체 활동 및 구축사업에 초점을 맞추고 있다. 그 다음으로 시민사회연대활동(11.7%)과 사회적경제 활동(11.7%)에 초점을 맞추고 있는 것으로 나타났다. 2012년 조사와 달리 2014-15년에 수행된 시민사회단체 표본조사의 경우 운동영역과 주요 활동이 일관성을 보이고 있음을 의미한다.

일곱 번째, 인권 영역의 경우도 주요 활동과 사업이 인권보호 및 회복활동(25.8%)이고, 인권 의식제고 등을 위한 다양한 학술행사(12.9%)를 진행하고 있는 것으로 나타났다. 여성 영역 단체도 마찬가지로 인권보호 및 회복활동(14.6%)과 사회적 소수자 지원활동 사업(9.8%)에 상대적으로 많은 역량을 투여하고 있는 것으로 나타났다.

여덟 번째, 소비자 권리 영역에서는 활동가, 자원봉사자 및 전문가 양성사업에 상대적으로 많은 관심을 보이고 있으며, 소비자 권리 확보를 위해 다양한 영역과의 이슈 공유, 연대활동 및 공동 생활실천 사업을 전개하는 것으로 나타났다. 최근 안전한 먹거리 확보를 위해 소비자. 농민, 환경, 여성 영역이 적극적인 연대 및 결속하여 지역 생활실천 사업으로 연결하여 먹거리 문제에 대처하고 있다.

아홉 번째, 청년/아동 영역이 크게 교육 및 훈련 프로그램(23.1%)에 역량을 집중하고 좀 더 구체적으로는 직업훈련과 취업 지원사업(15.4%)을 전개하는 것으로 나타났다.

마지막으로 정치경제 영역이 시민사회단체는 정책 건의 및 감시 활동(16.7%)에 그 역량을 집중하며, 이를 위해 시민사회연대활동(33.3%)에 매우 적극적인 것으로 나타났다.

조직 및 구성원

운동영역별 대표자 연령 분포를 살펴본 결과, 정치/경제와 평화/통일 영역의 시민사회

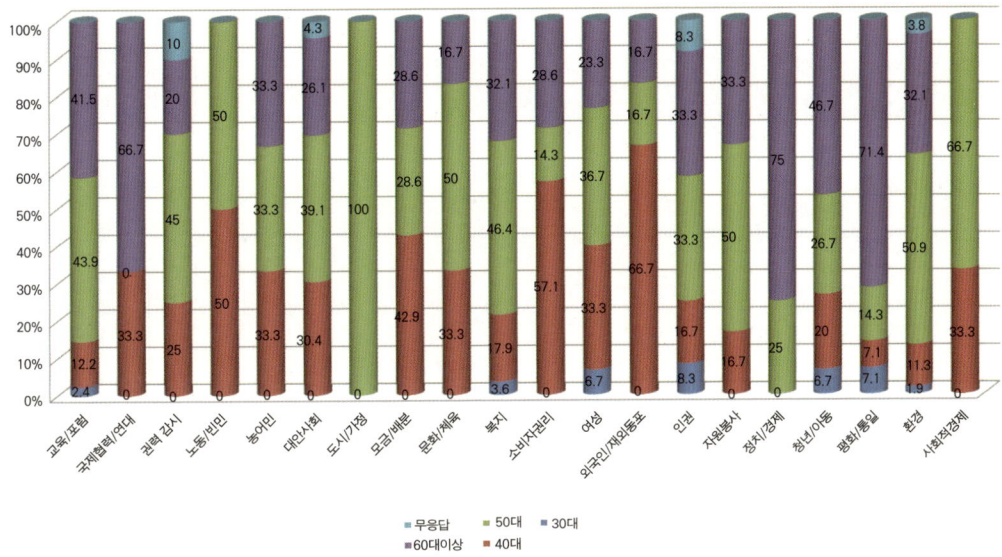

그림 30   운동영역별 대표자 연령

단체 대표는 60대 이상이 대부분으로 나타났다(그림 30). 한편 소비자권리, 외국인/재외동포 영역의 시민사회단체의 대표자 연령은 40대로 상대적으로 젊은 편이었다. 50대의 대표자가 중심적인 역할을 하고 있는 영역으로는 환경, 도시/가정, 자원봉사, 사회적경제, 문화체육 영역이다.

또한 운동영역별로 여성의 역할이 어떤 차이가 있는지를 주목할 필요가 있다. 여성 대표가 단체를 이끌고 있는 경우는 어떤 영역일까? 그림 31과 같이 여성 영역 단체는 100% 여성이며, 소비자 권리와 농어민 영역의 시민사회단체 대표의 2/3가 여성인 것으로 나타났다. 그리고 청년/아동, 인권, 사회적경제, 대안사회 영역의 단체 30%가 여성대표를 두고 있다. 이는 생명, 환경, 공동체 등의 이슈는 여성들이 상대적으로 큰 관심과 참여를 보이는 영역으로 해석할 수 있다.

그림 32에서는 운동영역별 단체 대표의 겸직여부와 직종의 분포를 살펴보았다. 복지 영역의 시민사회단체 대표는 기존의 비영리민간단체에서 활동한 경우가 39.3%이며, 현재 겸직을 하지 않는 경우도 32.1%로 높았다. 노동/빈민 영역은 시민사회단체 대표자의 경력을 보면 종교관련 종사자가 50%를 차지하고 있으며, 일부는 기존 비영리민간단체에서 활동한 경험 그리고 겸직 없이 전적으로 단체대표로서 활동하는 경우로 나뉘

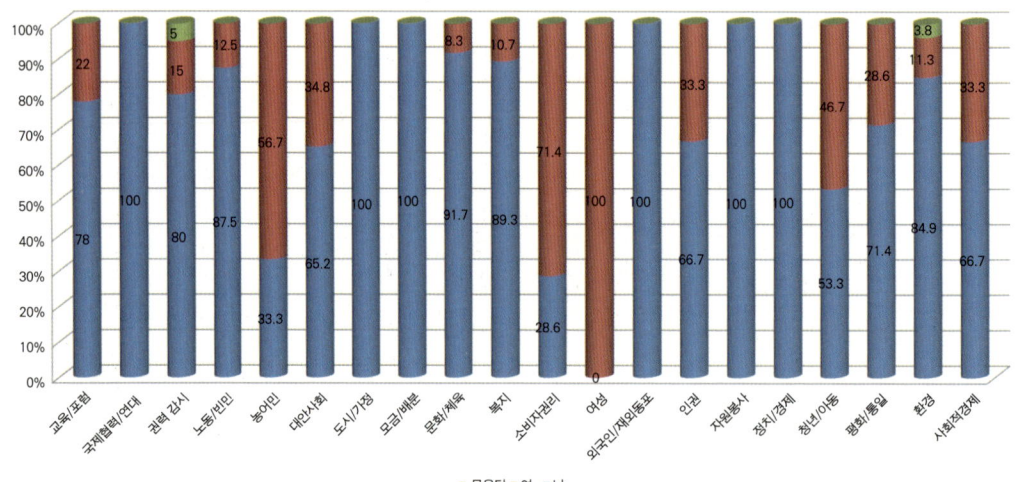

그림 31　운동영역별 대표자 성별

고 있다. 이것은 노동/빈민 영역의 경우는 여전히 외부 종교인사 영입 혹은 자체 관련 시민사회단체에서 대표를 영입하는 방식이 강하다는 것을 보여준다. 다시 말해 노동/빈민 영역의 시민사회단체의 지도자의 풀이 매우 제한적임을 의미한다.

한편, 문화/체육영역의 대표자의 현직을 살펴 본 결과, 공공부문 및 기업의 고위직 출신(41.7%)이 상대적으로 높았고, 대신 겸직하지 않고 풀타임으로 이 단체에 참여하는 대표 비율(16.7%)이 상대적으로 낮았다. 특히 교육/포럼 영역의 시민사회단체 대표의 경력을 보면 교육 관련 전문직을 겸하고 있는 경우가 많다. 그 외에도 다양한 직업 경험(의료, 공공기관, 종교, 법률, 자영업 등)을 가지고 있으며, 전적으로 단체활동에 참여하는 경우는 7.3%로 상대적으로 낮았다.

의료 전문가를 대표로 두고 있는 시민사회단체가 많은 영역은 청년/아동과 정치/경제 영역이다. 물론 후자의 경우에는 대학교수가 과반수를 차지하고 있다. 자원봉사 부문 단체의 경우는 법조인과 정부 행정관료 직을 겸하는 경우가 많은데 이것은 소위 프로보노 차원에서 전문직에 종사하면서 시민사회 단체에 공헌하는 사례로 이해할 수 있다. 한편, 소비자권리, 여성, 평화/통일 영역의 대표자의 경우는 풀타임으로 단체에 참여하는 경우가 상대적으로 높다.

운동영역별 대표자가 현재 직무를 맡기 직전 종사하였던 직업을 살펴보면(그림 33), 우선 단체 대표 중에 이전에 비영리민간단체에 참여한 경험이 많은 경우가 두드러

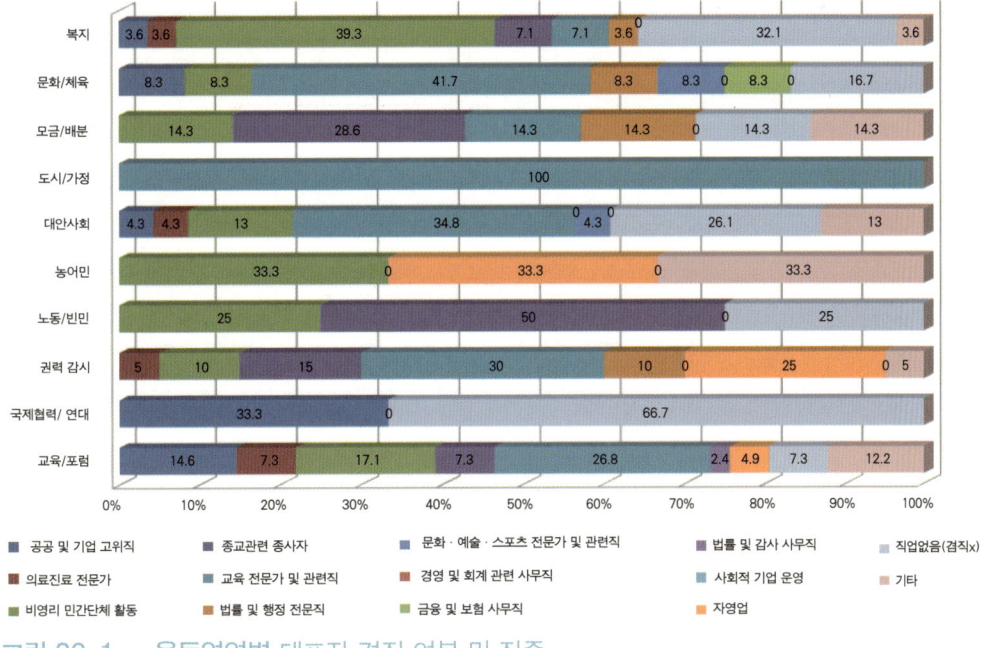

그림 32-1   운동영역별 대표자 겸직 여부 및 직종

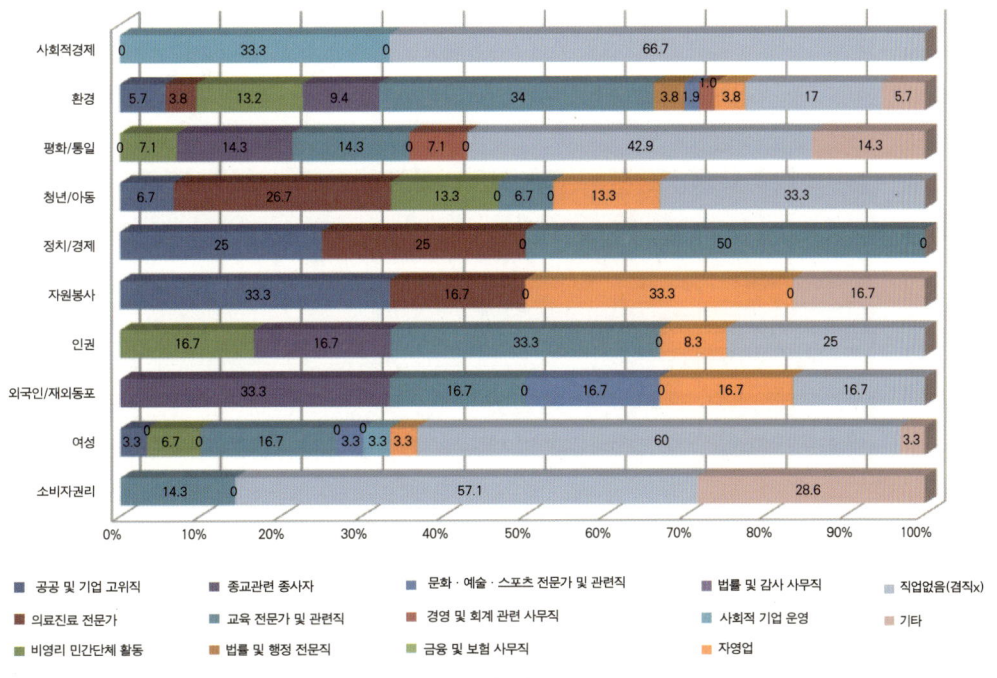

그림 32-2   운동영역별 대표자 겸직 여부 및 직종

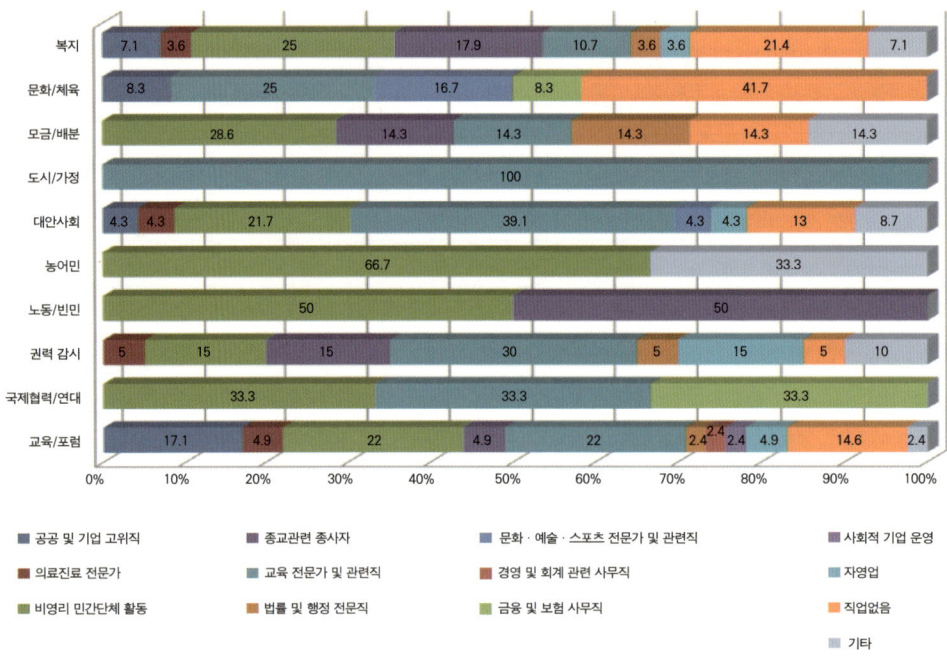

그림 33- 1   운동영역별 대표자가 현재 직무를 맡기 직전 종사하였던 직업

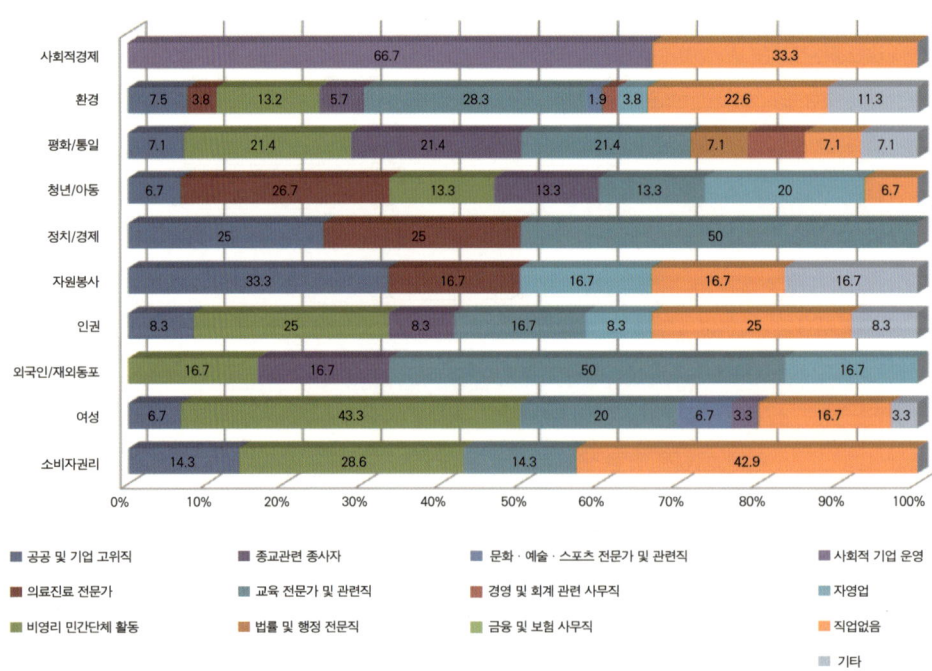

그림 33- 2   운동영역별 대표자가 현재 직무를 맡기 직전 종사하였던 직업

진다. 농어민, 노동/빈민, 여성, 소비자 권리, 국제협력/연대의 대표자의 경우 대부분 이전 경험이 시민사회단체였다. 한편, 교육계 특히 교수 경험의 대표를 두는 단체에는 외국인/재외동포(50%), 정치경제(50%), 도시가정, 대안사회 영역으로 나타났다. 한편 이전 경력이 법조인인 대표를 두는 운동영역은 소비자권리(42.9%), 문화/체육(41.7%), 사회적경제(33.3%), 인권(25%), 그리고 복지(21.4%)로 나타났다. 각 영역이 법률적 전문성이 필요하지만 특별히 위의 운동영역이 법적 전문성을 갖춘 대표나 실무 책임자를 두고 있다는 것은 단체활동의 전문성을 견지하는 것이 매우 중요하다는 것을 보여준다.

실무책임자 연령은 전체적으로 40-50대 비율이 가장 높은 편이다(그림 34). 특히 문화/체육, 복지, 환경, 교육/포럼 영역의 실무책임자의 연령대가 가장 다양하게 나타나고 있다. 20-30대가 실무책임자로 상대적으로 많이 (30%이상) 참여하고 있는 운동영역에는 국제협력/연대, 문화/체육. 외국인/재외동포, 정치/경제 등으로 나타났다. 이것은 최근에 새롭게 부상한 이슈-국제협력과 외국인-에 대해 상대적으로 젊은 층의 활동가가 새롭게 유입된 것으로 해석할 수 있다. 한편 50대 이상의 실무책임자가 활동의 중심에 있는 운동영역으로는 교육/포럼(44%), 농어민(66.7%), 도시가정, 모금, 인권, 청년/아동 등으로 나타났다. 물론 도시가정, 모금 영역의 시민사회단체수가 적게 표집 조사되었기에 일반화하기는 어렵다는 것은 염두해야 한다.

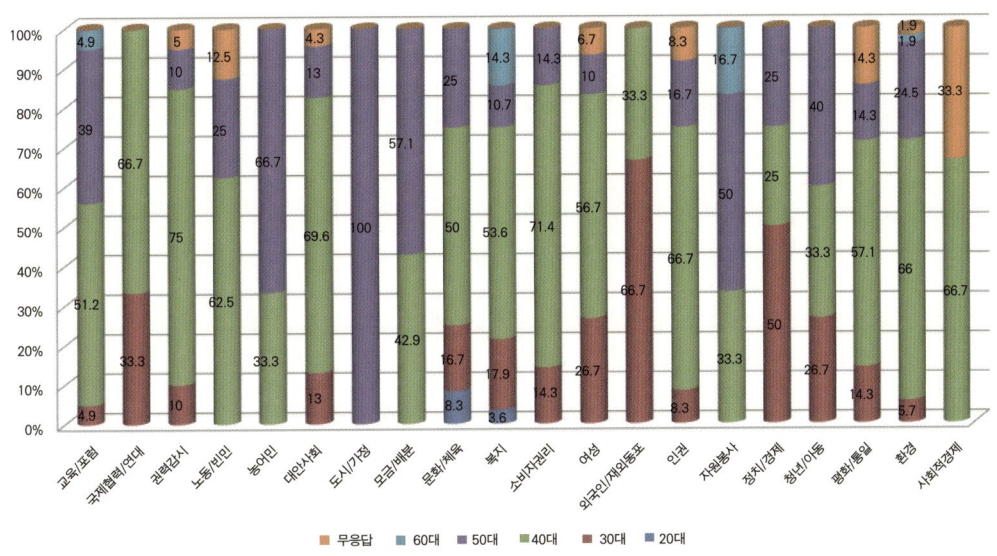

그림 34 운동영역별 실무책임자 연령

한편, 실무책임자 성별분포를 운동영역별로 살펴보면 단체 대표와 마찬가지로 남성 비율이 높은 것으로 나타났다(그림 35). 물론 여성친화적 영역의 단체인 소비자 권리, 여성, 외국인/재외동포 영역에서 여성실무책임자의 비율이 과반수를 넘는 것으로 나타났다. 그 밖에도 평화/통일과 교육/포럼 영역 단체에 여성실무 책임자 비율이 상대적으로 높은 것으로 나타났다. 시민사회 활동에서 여성회원, 여성 실무자/활동가의 비율이 전반적으로 높아지고 있는 상황에서 여전히 시민단체 내에 젠더에 따라 권력구조의 장벽이 구축되어 있다면 이것은 하루속히 해결해야 할 과제인 것이다.

오랫동안 지역 현장에서 시민사회단체에 참여하고 있는 활동가들은 한 목소리로 보통 시민사회단체에서 5년 이상 근무한 실무자/활동가를 어느 정도 확보하고 있는가가 단체의 지속가능성, 역량, 전문성 등을 가늠하는 중요한 잣대라고 설명한다. 과연 한국 시민사회단체는 전문성 및 지속가능성을 어느 정도 견지하고 있는가? 운동영역별로 그 특성을 살펴보자(그림 36). 안타깝게도 5년 이상 근속의 실무자를 갖추고 있는 단체들이 그렇게 많지 않다. 상근자의 근무 평균이 5년 이상의 경우를 볼 때 농어민, 도시가정, 자원봉사 영역의 단체 실무자의 과반수가 5년 이상 근무한 것으로 나타났다. 그러나 대부분의 실무자가 5년 이하 근속년수를 보이고 있다. 특히 교육/포럼, 모금/배분, 문화/체육, 인권 단체의 실무자 이동이 상대적으로 빈번한 것으로 나타났으며, 이것은 단체의 지속가능성과 전문성을 확보하는데 큰 걸림돌이 된다.

활동가 충원이 제도화되고 있는가 아니면 과거와 같은 방식으로 개인적 연줄에 기초한 부정기적 채용이 이루어지고 있는지를 운동영역별로 그 차이를 살펴보자(그림 37). 장기적 관점에서 볼 때 가장 이상적인 것은 자원봉사로 시작해서 회원 그리고 실무자로 단계적 발전과정을 겪은 실무자이다. 자원봉사자에서 실무자로 전환한 비율이 높은 운동 영역으로 소비자 권리(28.6%), 외국인/재외동포(16.7%), 국제협력/연대(33.3%)이다. 기존의 운동단체 경험이 거의 없는 행정 스탭으로 공개채용하는 영역이 점차 확대되고 있음을 분석을 통해서 확인할 수 있다. 복지, 모금/배분, 소비자권리, 여성, 청년/아동의 경우는 70% 이상을 공개채용 방식으로 실무자/활동가를 충원하고 있다. 문제는 시민사회활동 경험이 없는 실무자를 어떻게 헌신적이며 전문적인 실무자로 성장시키는가이다. 그러나 앞서 분석한 것처럼 많은 단체 실무자들의 근속년수가 5년 미만으로 나타난 것처럼 이들을 전문가로 성장시키는데는 한계가 존재한다. 이런 이유에서 기존의 NGO 경험을 갖춘 활동가를 채용하는 방식으로 실무자 참여의 지속가능성

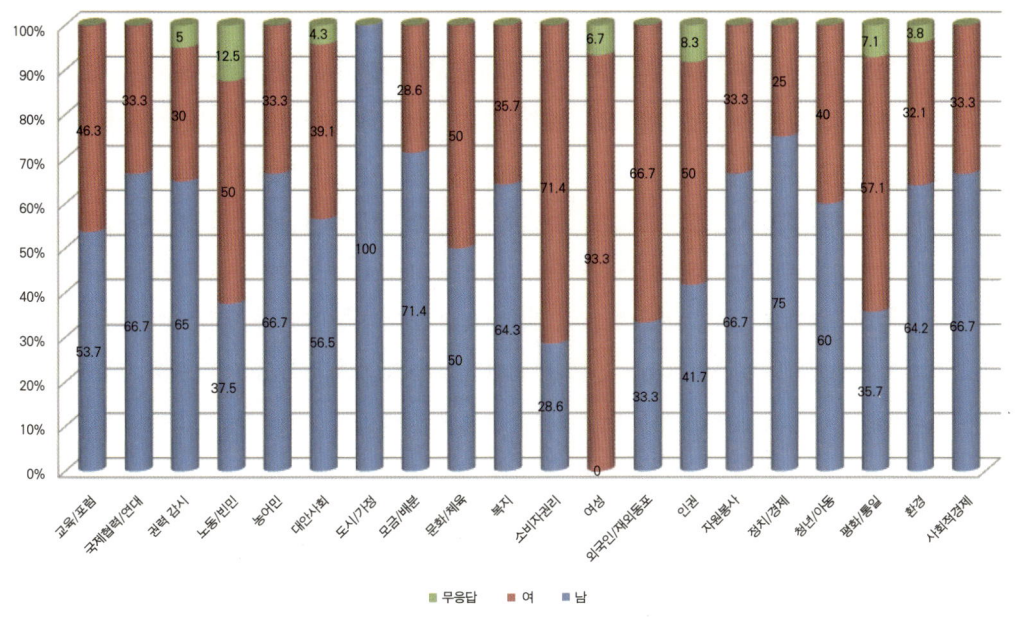

그림 35   운동영역별 실무책임자 성별

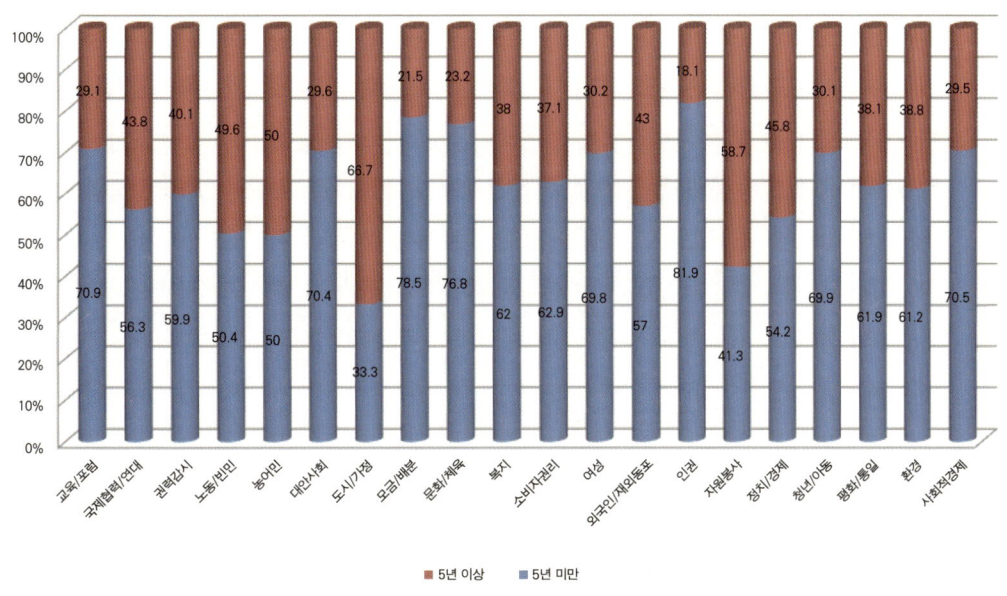

그림 36   운동영역별 상근자 근무기간 평균

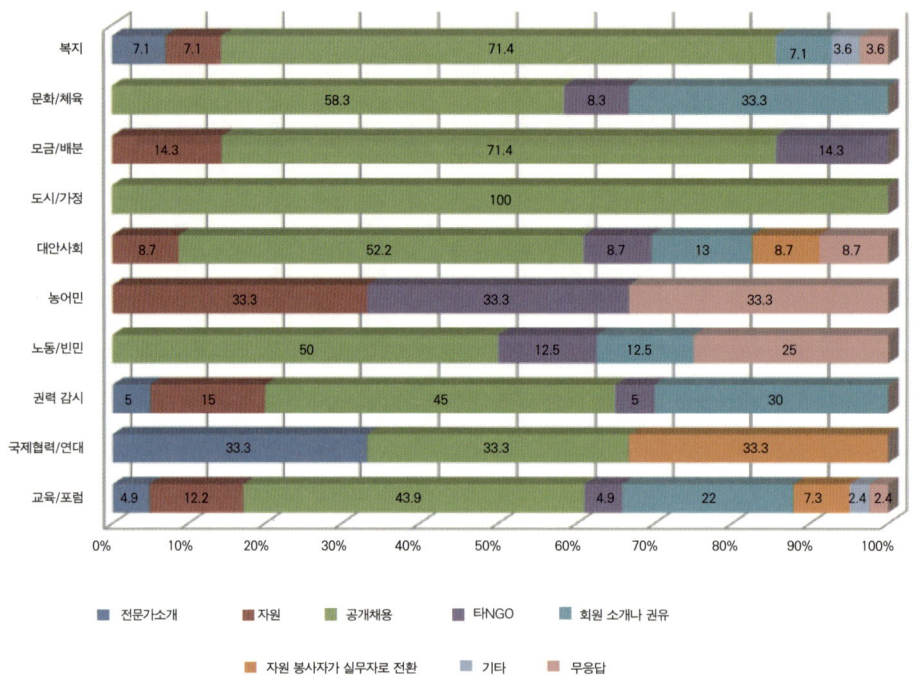

그림 37-1 운동영역별 상근자 충원 방식

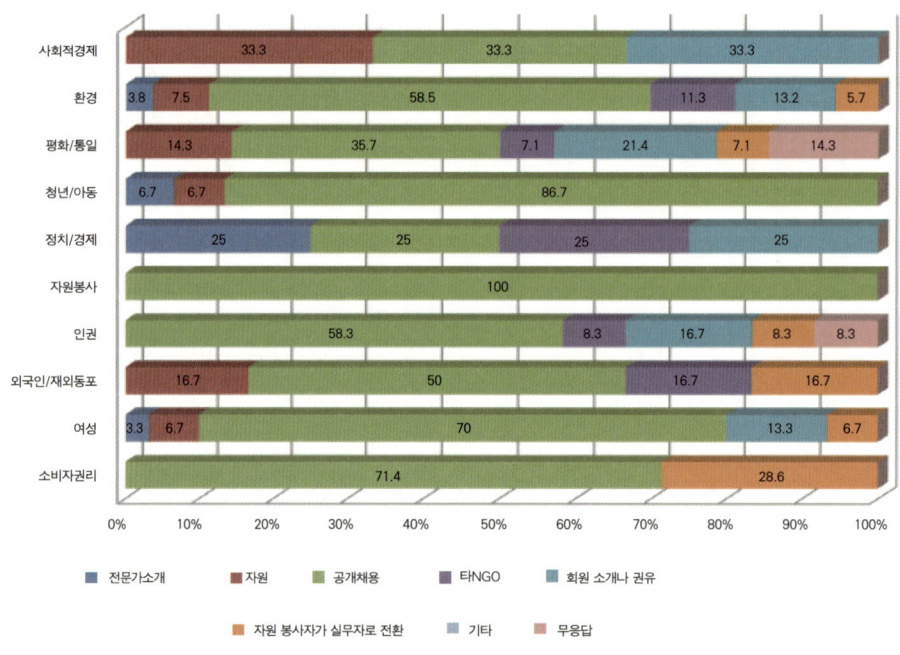

그림 37-2 운동영역별 상근자 충원 방식

을 모색하기도 한다. 그러나 실무자 및 활동가 역량을 제고하기 위해서는 활동가 대상으로 하는 교육/훈련 프로그램, 합리적 임금지급, 복지 제공 등이 동시에 고려되어야 한다.

네트워크와 거버넌스

운동영역별로 운동단체 간의 연대활동 특성을 살펴보고자 한다(그림 38). 운동영역 간의 연대활동이 어떤 특징을 보이고 있는지는 운동 지형 변화 및 이슈수렴 현상을 이해하는 데 핵심 근거가 된다. 빈번하게 연대활동을 하는 운동영역 우선순위 3개를 종합하여 영역별로 주요 대상부문(파트너)을 살펴보았다. 또한 각 운동영역이 자신 영역 안에서만 협력 및 연대활동을 추구하는 경향이 강한지 아니며 다양한 영역과 연대활동을 진행하는지도 살펴보았다.

첫째, 농어민 영역은 우선 농어민 영역 내에서 가장 높은 연대활동을 전개하고 있지만, 그 밖에도 대안사회, 사회적경제 영역과 연대활동을 진행하고 있는 것으로 나타났다. 이것은 최근 농촌지역에서 진행되고 있는 농촌, 농민, 농업을 살리기 위한 다양한 사회적경제 활동을 수행하기 위해 관련 시민사회단체인 대안사회와 사회적경제 영역과의 협력을 적극적으로 모색하고 있는 것으로 해석할 수 있다.

둘째, 노동/빈민은 상대적으로 자기 영역 안에서의 연대활동 경향(29.2%)이 강한 것으로 나타났다. 그 다음으로 친화적 관계를 보여주는 영역은 인권 영역(16.7%)으로 나타났다.

셋째, 권력감시 영역도 자기 영역 안에서의 연대활동 경향이 강한 편이다. 대안사회 영역(19%)과 정치경제 영역과의 연대활동 경향(13.8%)이 상대적으로 높은 것으로 나타났다.

넷째, 국제협력/연대 영역은 어떤 특별한 경향성 없이 느슨한 연대 유형을 보이는데 권력감시, 평화/통일 그리고 외국인/재외동포 및 인권 영역과 협력관계를 모색하고 있다.

다섯째, 교육/포럼 영역이 자기 영역 안에서의 연대활동(24.3%)에 집중하는 것으로 나타났다. 그 밖에는 다양한 영역과는 아주 약한 연대 및 협력관계를 보이고 있다.

여섯째, 복지 영역도 자기 영역 안에서의 협력(30.3%)에 초점을 맞추고 있다. 다른 영역과는 아주 약한 협력관계를 보이고 있지만 그 중에서도 자원봉사 영역과의 협력관계(13.2%)가 두드러진다. 문화영역도 비슷한 특성을 보이고 있는데 자기 영역 안에서의 협력관계(27.3%)에 집중하고 있다.

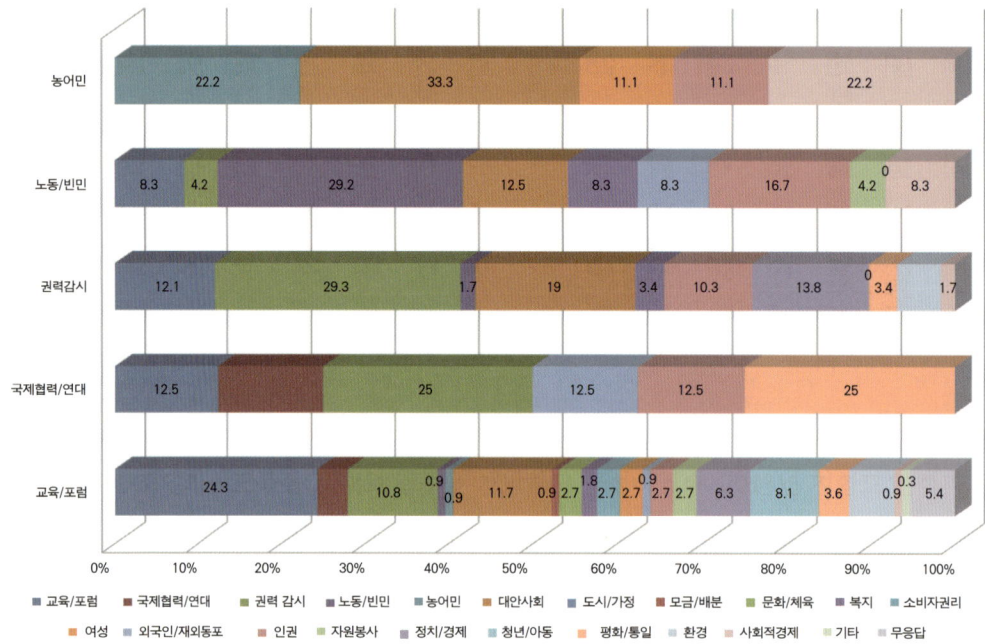

농어민
22.2	33.3	11.1	11.1	22.2

노동/빈민
8.3 4.2 29.2 12.5 8.3 8.3 16.7 0 4.2 8.3

권력감시
12.1 29.3 1.7 19 3.4 10.3 13.8 0 3.4 1.7

국제협력/연대
12.5 25 12.5 12.5 25

교육/포럼
24.3 10.8 0.9 0.9 11.7 0.9 2.7 1.8 2.7 2.7 0.9 2.7 2.7 6.3 8.1 3.6 0.3 0.9 5.4

0% 10% 20% 30% 40% 50% 60% 70% 80% 90% 100%

■ 교육/포럼 ■ 국제협력/연대 ■ 권력 감시 ■ 노동/빈민 ■ 농어민 ■ 대안사회 ■ 도시/가정 ■ 모금/배분 ■ 문화/체육 ■ 복지 ■ 소비자권리
■ 여성 ■ 외국인/재외동포 ■ 인권 ■ 자원봉사 ■ 정치/경제 ■ 청년/아동 ■ 평화/통일 ■ 환경 ■ 사회적경제 ■ 기타 ■ 무응답

그림 38-1   운동영역별 주요 연대활동 분야

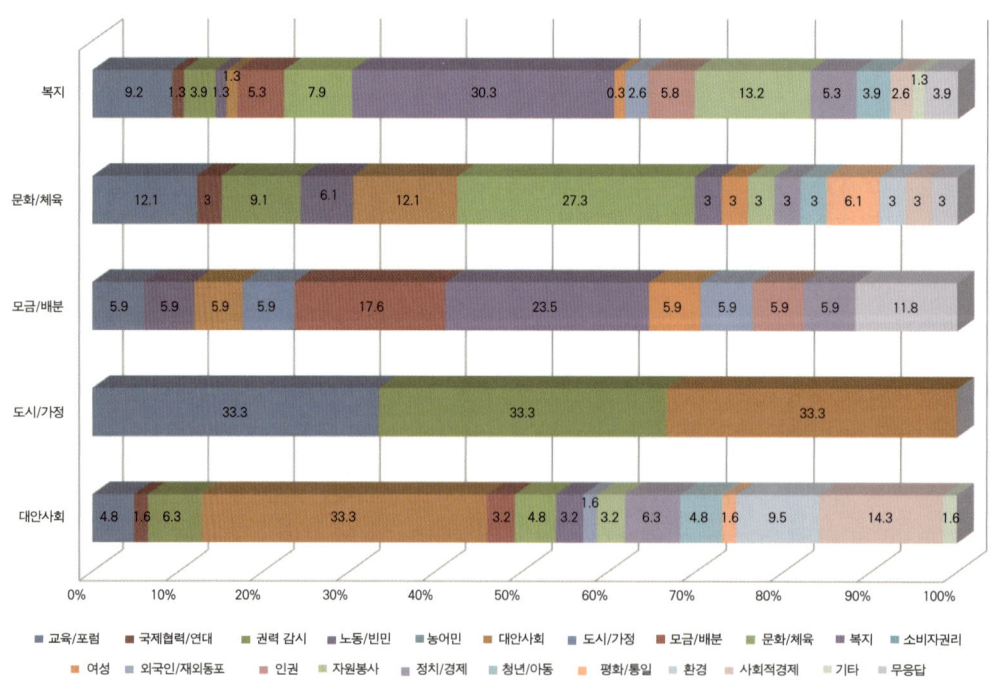

복지
9.2 1.3 3.9 1.3 5.3 7.9 1.3 30.3 0.3 2.6 5.8 13.2 5.3 3.9 2.6 1.3 3.9

문화/체육
12.1 3 9.1 6.1 12.1 27.3 3 3 3 3 3 6.1 3 3 3

모금/배분
5.9 5.9 5.9 5.9 17.6 23.5 5.9 5.9 5.9 5.9 11.8

도시/가정
33.3 33.3 33.3

대안사회
4.8 1.6 6.3 33.3 3.2 4.8 3.2 1.6 3.2 6.3 4.8 1.6 9.5 14.3 1.6

0% 10% 20% 30% 40% 50% 60% 70% 80% 90% 100%

■ 교육/포럼 ■ 국제협력/연대 ■ 권력 감시 ■ 노동/빈민 ■ 농어민 ■ 대안사회 ■ 도시/가정 ■ 모금/배분 ■ 문화/체육 ■ 복지 ■ 소비자권리
■ 여성 ■ 외국인/재외동포 ■ 인권 ■ 자원봉사 ■ 정치/경제 ■ 청년/아동 ■ 평화/통일 ■ 환경 ■ 사회적경제 ■ 기타 ■ 무응답

그림 38-2   운동영역별 주요 연대활동 분야

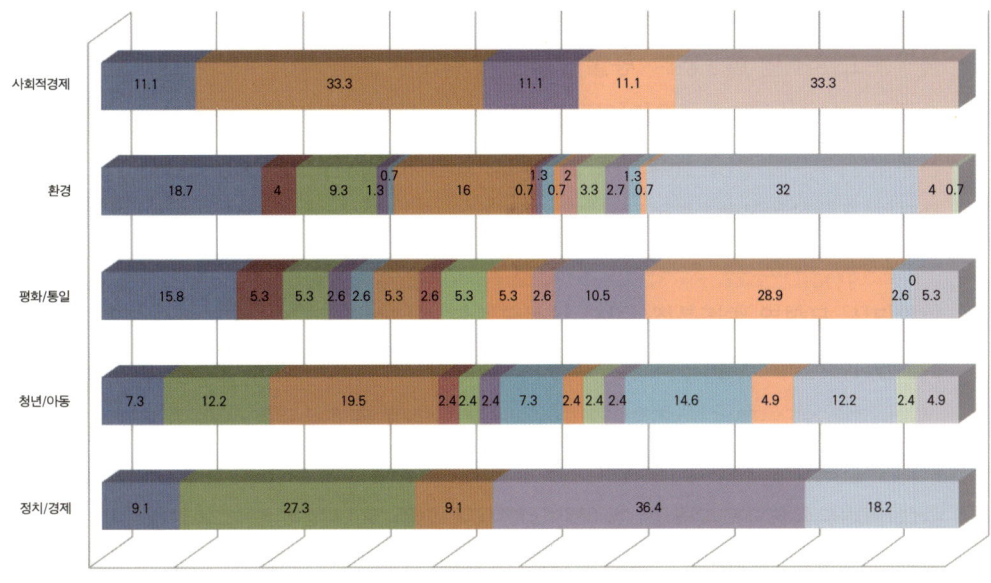

그림 38-3   운동영역별 주요 연대활동 분야

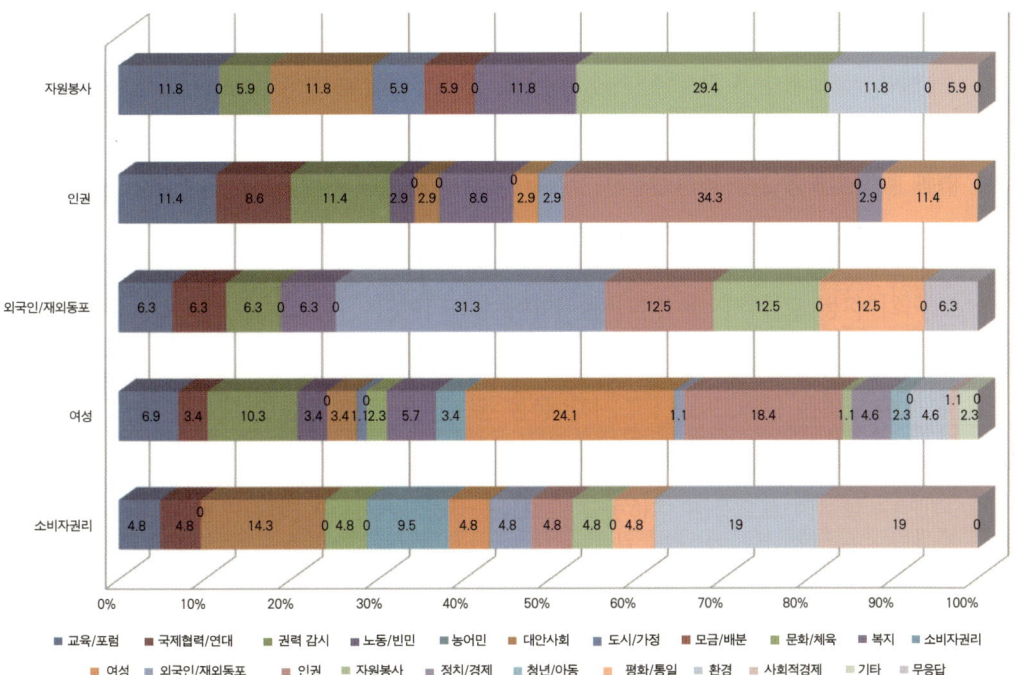

그림 38-4   운동영역별 주요 연대활동 분야

일곱째, 모금/배분 영역은 조금 독특하다. 자기 영역(17.6%) 보다 복지영역과의 협력활동(23.5%)에 더 적극적인 것으로 나타났다. 이것은 모금활동의 궁극적인 목적이 모금자체가 아니라 사회적 약자나 소수자에게 서비스를 제공하는데 모금액을 집행하는 것이기에 이것을 집행하는 복지 영역 단체와의 협력관계를 적극적으로 모색하는 것으로 해석할 수 있다.

여덟째, 대안사회 영역도 자기 영역 안에서의 협력관계(33.3%)에 초점을 맞추고 있지만 자신과 상대적으로 친화적인 관계의 사회적경제 영역과 협력관계(14.3%)를 구축하고 있는 것으로 나타났다.

아홉째, 인권 영역도 자기 영역 내에서의 협력경향(34.3%)이 강한 것으로 나타났다. 그렇지만 다양한 영역과의 낮은 수준의 협력관계를 유지하고 있는 것으로 나타났다. 이것은 인권이슈의 다양성과 포괄성으로 인해 다양한 영역과의 수렴과 연계할 필요성이 높기 때문이다. 그 중에서도 인권 영역과 평화통일 간의 이슈 수렴 가능성(11.4%)이 높은 것으로 나타났다.

열 번째, 여성 영역은 가장 다양하게 영역 간 협력 및 연대활동을 수행하고 있는 것으로 나타났다. 특히 자기 영역 내에서의 활동(24.1%)뿐만 아니라 인권 영역과 연대(18.4%), 권력 감시 영역과 연대활동(10.3%)을 전개하는 것으로 나타났다.

열한 번째, 환경 영역 역시 아직도 자기 영역 안에서의 협력관계가 중심을 차지하는 것으로 나타났다. 그러나 최근에 교육포럼 영역 간의 연대활동(18.7%)과 대안사회 영역과의 연대활동(16%)이 증가하는 것은 새로운 이슈 수렴가능성을 보여주는 것이다. 그러나 동시에 전통적인 방식의 연대활동 즉 권력 감시 영역 간의 연대활동(9.3%)이 지속되고 있다.

열두 번째, 평화/통일 영역의 연대활동은 자기 영역 내에의 연대활동(28.9%)이 강하며 조금 경계를 넘는 경우는 교육/포럼 영역과의 연구조사 협력활동(15.8%) 그리고 정치경제 영역과의 전통적인 협력관계(10.5%)가 유지되고 있다.

열세 번째, 청년/아동 영역은 독특한 연대활동 특징을 보이고 있다. 자기 영역 안에서의 연대활동 보다는 영역 간 협력활동에 더 초점을 맞추는 것으로 나타났다. 대표적으로 대안사회, 교육포럼, 권력 감시, 환경 영역 간의 협력을 적극적으로 모색하고 있다.

마지막으로 정치/경제 영역의 연대활동은 분명한 색깔 즉 배타적인 연대활동 경향을 보이고 있다. 자기 영역내의 연대활동(36.4%) 그리고 권력 감시 영역과의 연대활동(27.3%)이 협력관계의 대부분을 차지한다. 그 다음으로 환경 영역과의 연대활동(18.2%)을 전개하고 있다.

요컨대, 연대 및 협력활동에서 주목할 만한 특징을 발견할 수 있다. 앞서 정부 정책영향에 긍정적인 평가를 부여하고 있는 운동영역의 경우 다른 운동영역과의 수렴도가 높은 것으로 나타났다. 즉 정부정책 영향도가 높은 영역(上: 복지, 문화/체육, 여성)은 운동영역과 이슈의 수렴도가 높게 나타났다. 이것은 다양한 기관과 연대할 수록 정치적, 사회적 영향력이 증가할 수 있는 것으로 해석할 수 있다. 물론 환경, 청년/아동의 경우 정책영향도가 낮은 영역이나 수렴도가 높게 나타나기도 한다. 다양한 주제들과 상호관련성이 높은 영역의 경우는 향후 과제로 기존 연대활동을 바탕으로 정책 시너지를 높일 수 있다는 것을 진지하게 고려할 필요가 있다.

운동영역별로 연대활동 방식을 우선순위대로 세 가지를 선택하여 그것을 종합한 종합한 결과, 그림 39에 제시된 바와 같이 운동영역별로 차이가 있음을 확인할 수 있었다.

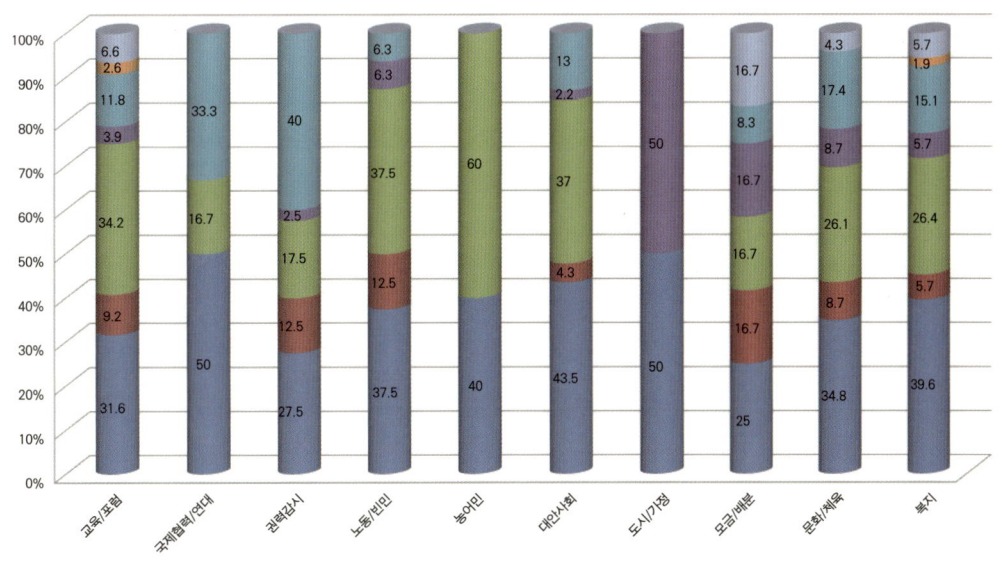

그림 39-1   운동영역별 연대활동 방식

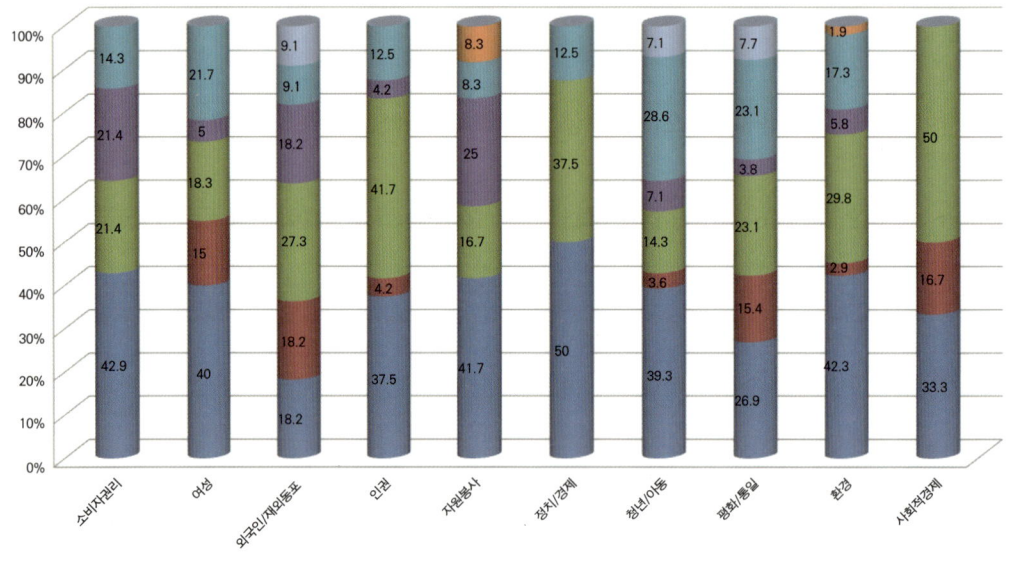

그림 39-2   운동영역별 연대활동 방식

전반적인 운동영역에서 정기모임, 공동사업, 온/오프라인 캠페인을 통한 연대활동이 가장 많은 것으로 나타났다. 직접행동 방식의 연대는 권력 감시 영역에서 상대적으로 빈번하게 동원하고 있으며, 외국인/재외동포 영역이 서명운동 방식을 상대적으로 초점 맞추는 것으로 나타났다. 이것은 연대활동을 수행하는데 필요한 자원이 충분하지 않기 때문에 저비용의 단발적 연대방식-서명운동, 온오프 캠페인-을 선호하는 것을 의미한다. 모금, 도시/가정, 소비자권리 영역이 일시적 캠페인에서 상대적으로 높은 비중을 보이고 있다. 전통적으로 제도정치 전략보다 직접행동과 같은 외부압박 전략Outsider Strategy을 선호하는 운동영역이 점차 지속적인 연대방식인 정기모임과 공동사업 쪽으로 선회하는 것은 한국 시민사회단체가 연대활동에 있어서 새로운 방향으로 나아가고 있음을 의미한다.

온라인 활동

운동영역별로 온라인 매체 활용 정도를 살펴 본 결과, 국제협력, 모금/배분, 소비자권리, 청년/아동 등 주로 대중홍보, 참여를 강조하는 영역에서 온라인 활용비율이 높게

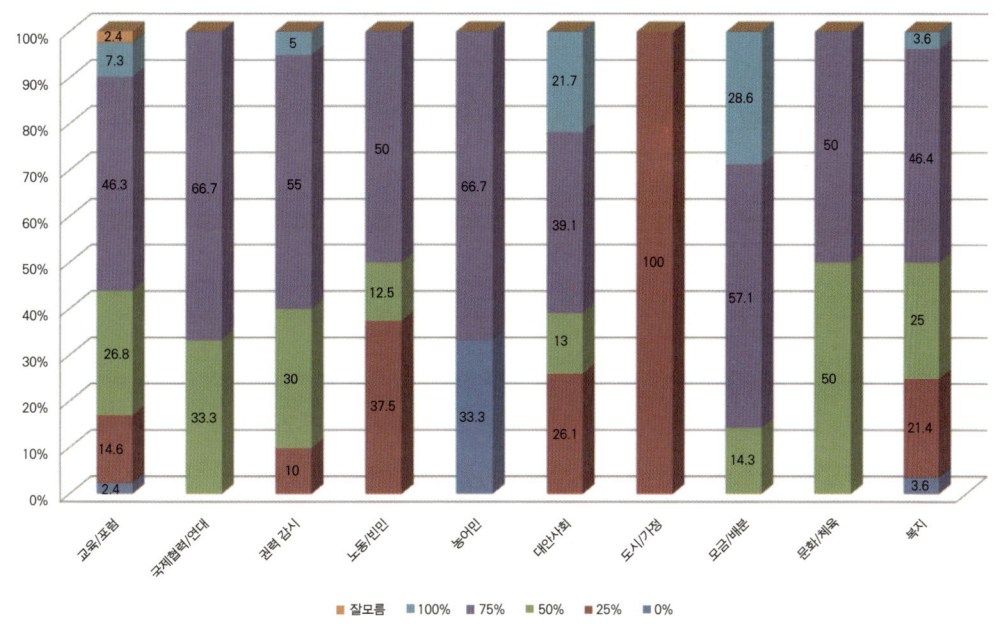

그림 40-1　운동영역별 온라인 매체 활용 비중

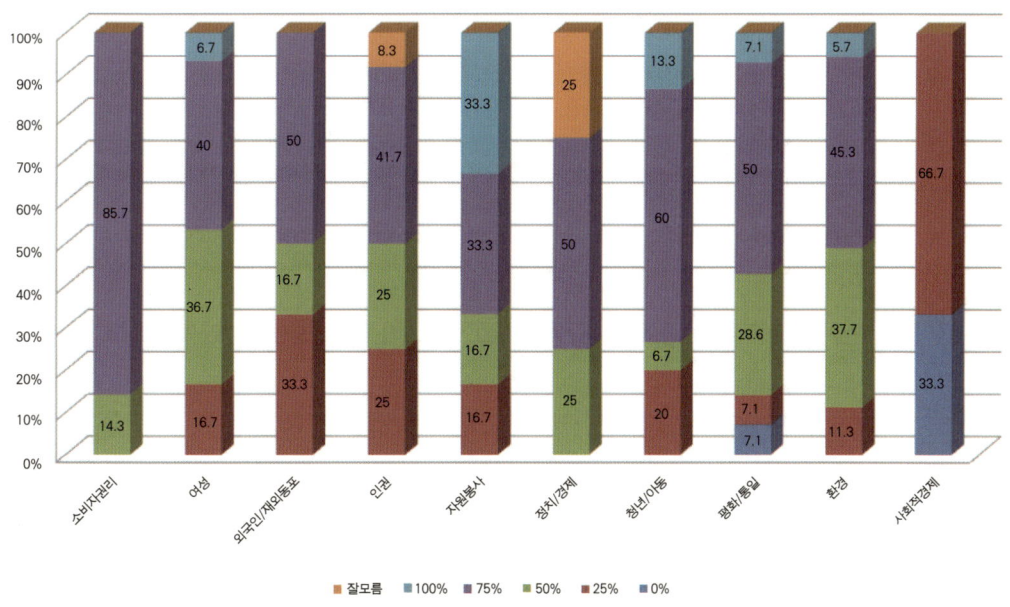

그림 40-2　운동영역별 온라인 매체 활용 비중

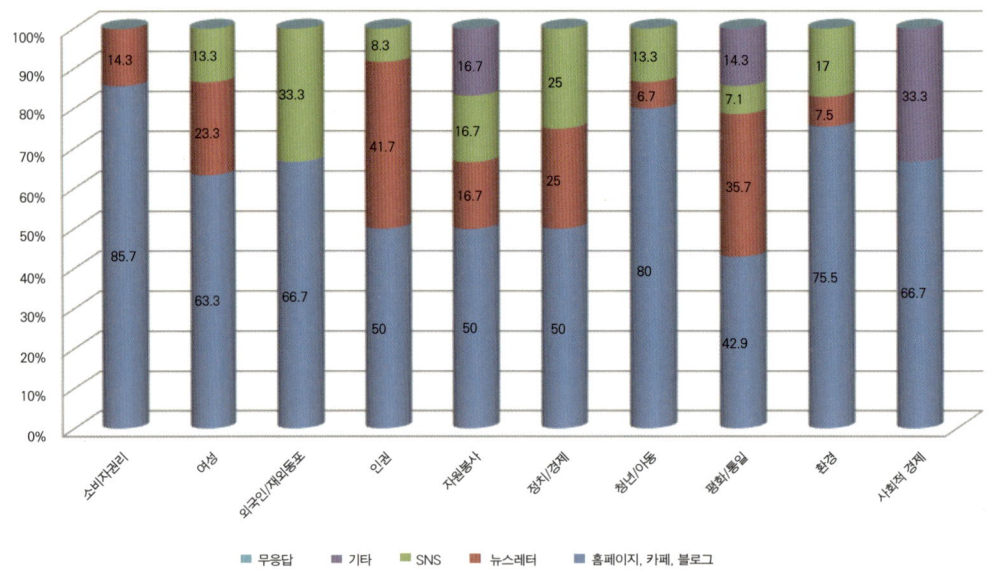

그림 41-1　운동영역별 주요 온라인 활용 매체

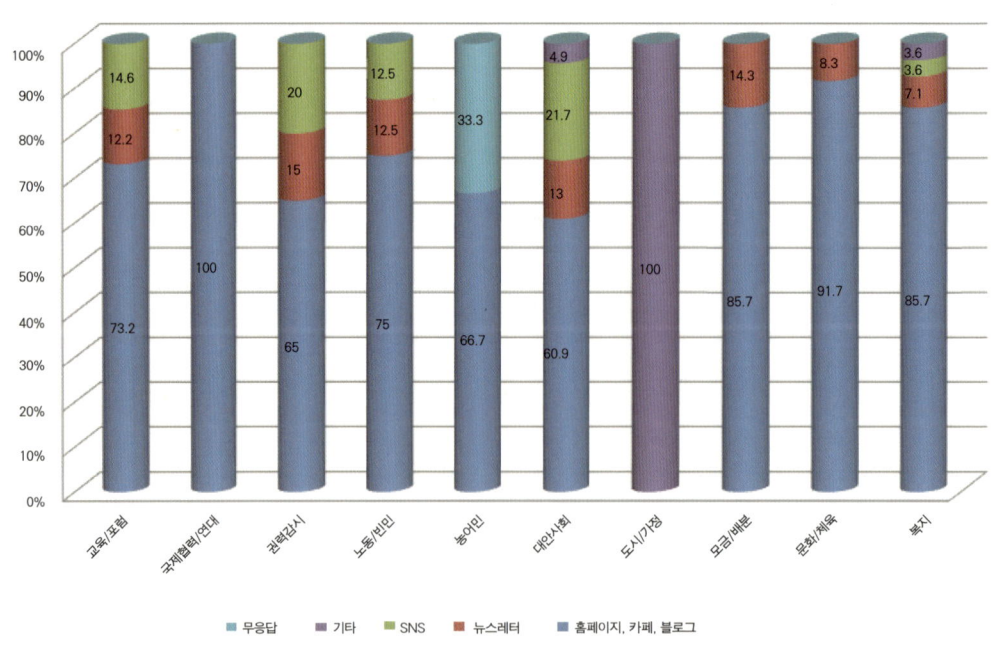

그림 41-2　운동영역별 주요 온라인 활용 매체

나타났다. 한편, 노동/빈민, 외국인/재외동포 등 사회적소수자들을 대상으로 하는 단체들의 경우 온라인 활용도가 낮은 것으로 나타났다. 이것은 정보통신기술 활용에서 운동 운동영역별로도 격차digital divide가 나타나고 있는 것으로 이해할 수 있다. 비록 개인적 차원에서 SNS 활용과 같이 온라인 매체를 활발하게 활용하고 있음에도 불구하고 이것을 단체 차원에서 전문적으로 동원하지 못하는 것은 분명 '지식정보기술 격차'현상이 시민사회운동 전체에 자리하고 있음을 의미한다. 운동영역 중에서 특히 모금/배분 영역, 소비자 권리, 자원봉사 영역의 단체들은 온라인 매체를 적극 활용하여 시민과의 정보 공유에 적극적임으로써 자원봉사 및 회원으로서 참여 그리고 후원금 제공 등을 독려하고 있다.

운동영역별로 어떤 온라인 매체를 적극적으로 활용하는지를 비교 분석한 결과 쌍방향적인 사회관계망서비스SNS에 상대적으로 초점을 두고 있는 운동영역은 외국인/재외동포, 권력감시, 정치경제, 대안사회 단체로 나타났다. 한편, 대부분은 일방향적 정보 제공 방식-홈페이지, 카페, 블로그-에 의존하고 있는 것으로 나타났다.

재정과 집행

운동영역별 주요 모금수단 분포를 살펴보자. 대부분의 단체들은 개인네트워크, 특별행사, 전화모금, 온라인 모금 그리고 거리캠페인 등의 모금방식을 다양하게 동원하는 것으로 나타났다. 다만 일부 운동영역의 단체들은 몇 개의 수단에 집중하고 있는 것으로 나타났다. 도시/가정은 특별행사에 전적으로 의존하고 있으며, 권력감시, 여성, 정치경제 등의 전통적인 운동영역 역시 50%가 특별행사(후원의 밤)를 통해 모금하고 있다. 한편 개인연줄에 전적으로 의존하는 경우는 외국인/재외동포 영역이며, 인권, 정치경제 그리고 대안사회 영역의 단체들은 50%를 넘게 개인연줄에 의존하여 모금하고 있는 것으로 나타났다. 이것은 소수 헌신적인 개인 후원자, 전문가, 사회지도층과의 개인적 연줄 망에 의존한 자원동원 방식이기에 재정동원이 안정적이지 못할 가능성이 높다.

운동영역별로 재정 수입원 중에 회원회비의 비중이 제일 높게 나타났다. 그런데 복지(42.9%), 문화/체육(50%), 사회적경제(66.7%), 노동/빈민(50%), 소비자권리(42.9%) 영역의 시민사회단체의 경우 정부 지원사업 비중이 상대적으로 높게 나타났다. 이 운동영역의 단체들이 중앙/ 지방정부의 다양한 보조금 지원 사업을 위탁 수행하는 경우가 상대적으로 높음을 의미한다. 이러한 영역의 단체일수록 정부와 긴장 혹은 갈등관계를 유지하기 어려운 것이 사실이다. 한편, 정부지원보다 외부 개인 지원금에 초점을 두는 대표적인 경우는 외국인/재외동포(66.7%) 영역으로 정부와 일정한 거리를 두고 외부 후원금과 일반 회원회비에 재정을 의존하는 것으로 나타났다.

또한 운동영역별로 기업과의 관계를 살펴보는 것도 흥미롭다. 기업후원에 상대적으로 열린 자세를 견지하며 보다 적극적으로 기업지원을 동원하는 경우는 국제협력/연대 영역(33.3%)이 가장 주목된다. 기업의 사회적 공헌 혹은 사회적 책임감 차원에서 국제협력 및 지원 사업에 기업이 후원을 아끼지 않고 있음을 의미한다. 한편, 모금/분배, 인권, 복지, 환경 등이 기업 후원에 열린 자세를 갖고 있지만 그 비중은 아주 작은 편이다.

운동영역별로 재정 수입원 중에 회원회비의 비중이 제일 높게 나타났다. 그런데 복지(42.9%), 문화/체육(50%), 사회적경제(66.7%), 노동/빈민(50%), 소비자권리(42.9%) 영역의 시민사회단체의 경우 정부 지원사업 비중이 상대적으로 높게 나타났다. 이는 해당 운동영역의 단체들이 중앙/ 지방정부의 다양한 보조금 지원 사업을 위탁 수행하는 경우가 상대적으로 높음을 의미한다. 이러한 영역의 단체일수록 정부와 긴장 혹은 갈등관계를 유지하기 어려운 것이 사실이다. 한편, 정부지원보다 외부 개인 지원금에 초점을 두는 대표적인 경우는 외국인/재외동포(66.7%) 영역으로 정부와 일정한 거리를 두고 외부 후원금과 일반 회원회비에 재정을 의존하는 것으로 나타났다.

또한 운동영역별로 기업과의 관계를 살펴보는 것도 흥미롭다. 기업후원에 상대적으로 열린 자세를 견지하며 보다 적극적으로 기업지원을 동원하는 경우는 국제협력/연대 영역(33.3%)이 가장 주목된다. 기업의 사회적 공헌 혹은 사회적 책임감 차원에서 국제협력 및 지원 사업에 기업이 후원을 아끼지 않고 있음을 의미한다. 한편, 모금/분배, 인권, 복지, 환경 등이 기업 후원에 열린 자세를 갖고 있지만 그 비중은 아주 작은 편이다.

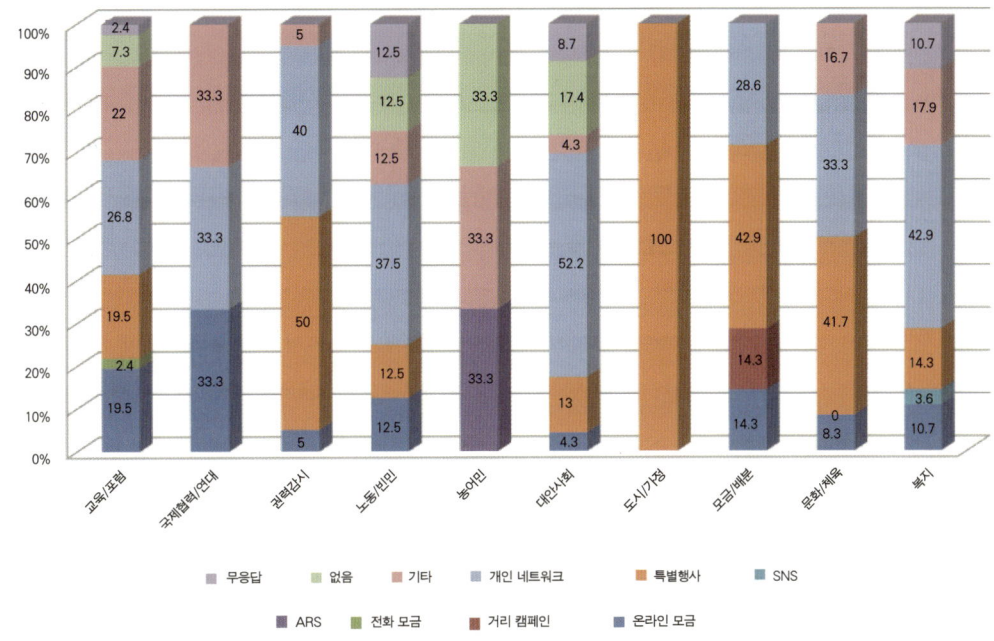

그림 42-1   운동영역별 주요 모금 수단

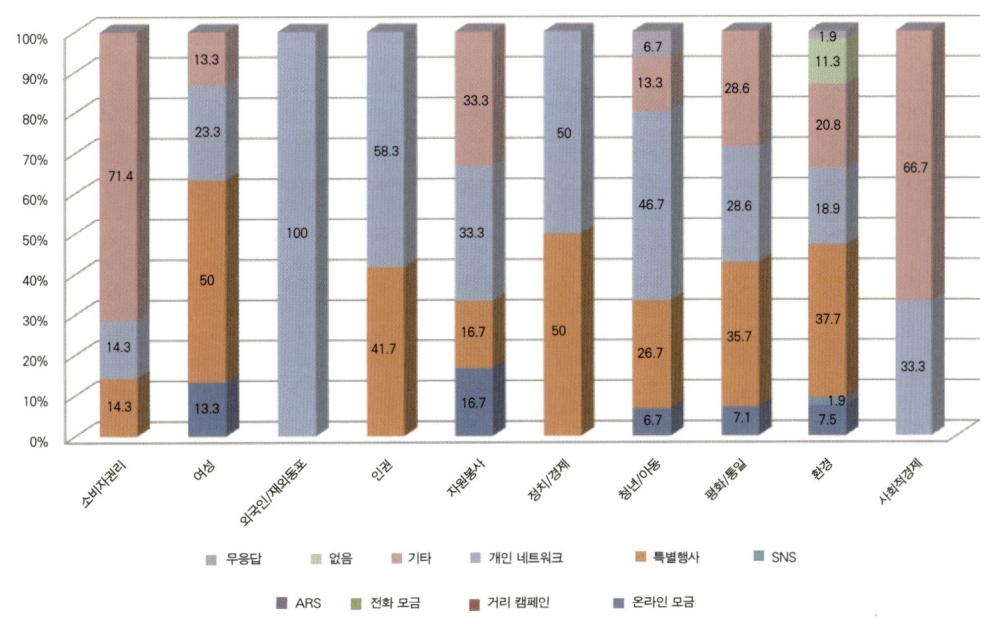

그림 42-2   운동영역별 주요 모금 수단

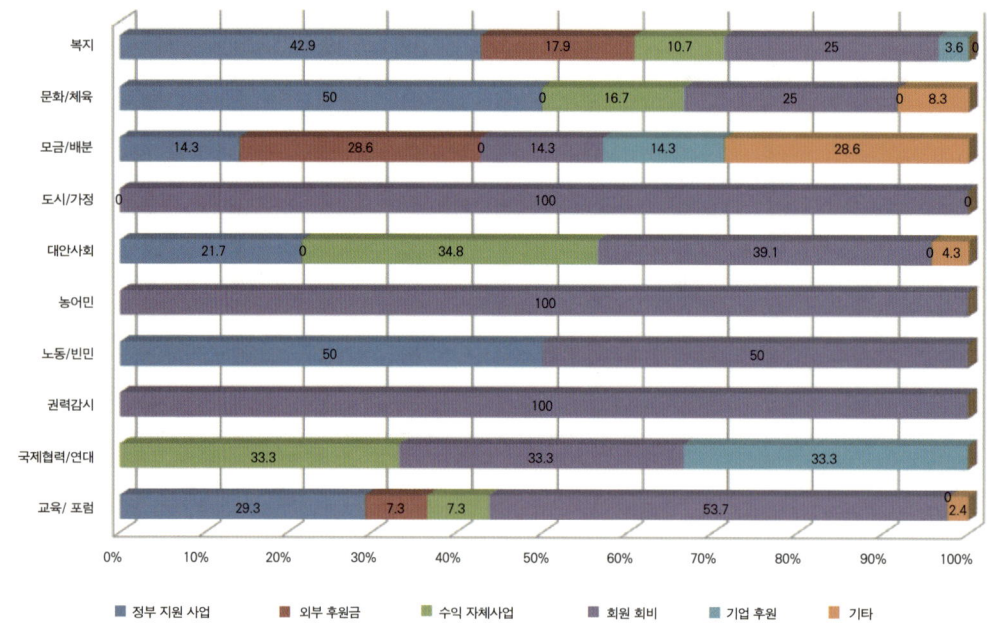

그림 43-1　운동영역별 주요 재정수입원

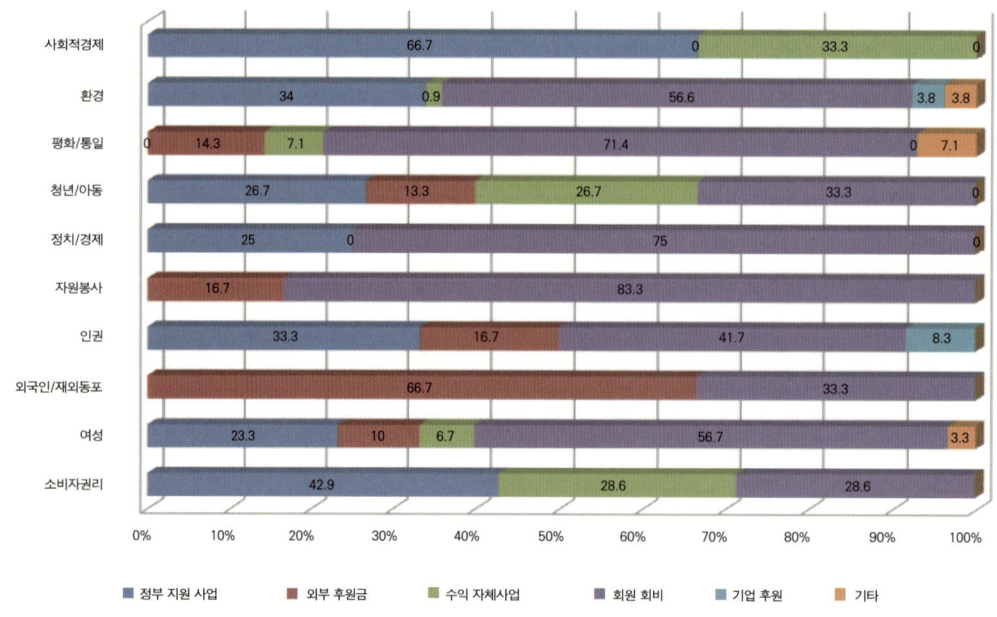

그림 43-1　운동영역별 주요 재정수입원

4. 2015 한국 비영리민간단체 기초통계 조사: 전수조사

1) 전수조사 목적

한국 시민사회의 기초통계의 부재로 전체 NGO의 규모를 확인할 수 없는 것이 한국시민사회의 현실이다. 앞서 언급한 것처럼 전체적으로 행자부에 등록된 단체와 비등록단체를 포함하여 5만개 이상의 민간단체가 활동하는 것으로 예상한다. 행자부에 2015년 6월 현재 등록된 단체, 12,630개를 대상으로 한 전수조사는 한국시민단체의 특성과 변화를 인지하고 그 변화에 필요한 전략을 준비하는 데 그 목적이 있다. 이번 전수조사는 비영리민간단체를 대상으로 등록단체의 현황을 파악함으로써 비영리민간단체에 대한 관리 및 지원체제 개선 그리고 지원 서비스 정책을 수립할 수 있는 기초 자료가 된다는 점에서 큰 의의가 있다.

2) 전수조사 방법

(1) 전수조사 과정

전수조사 설계, 조사방법 및 추진과정을 간략히 소개하면 아래와 같다. 우선 행정자치부에 등록된 민간단체 12,630개를 대상으로 한 전수조사는 예산과 조사기간을 고려하여 웹서베이 조사방법을 선택하였다. 그런데, 행자부가 제공한 비영리민간단체 리스트에는 이메일 주소를 포함하고 있지 않았다. 이러한 핵심 정보 즉, 단체 대표 이메일 주소가 없는 것은 비영리민간단체로 등록할 때 단체 대표 이메일 정보를 기입하는 것을 요구하지 않기 때문이다. 안타깝게도 등록단체 중에 규모가 작은 지역 단체나 지부인 경우에는 홈페이지가 없어서 대표 이메일이나 전화번호를 확인할 수 없었다.

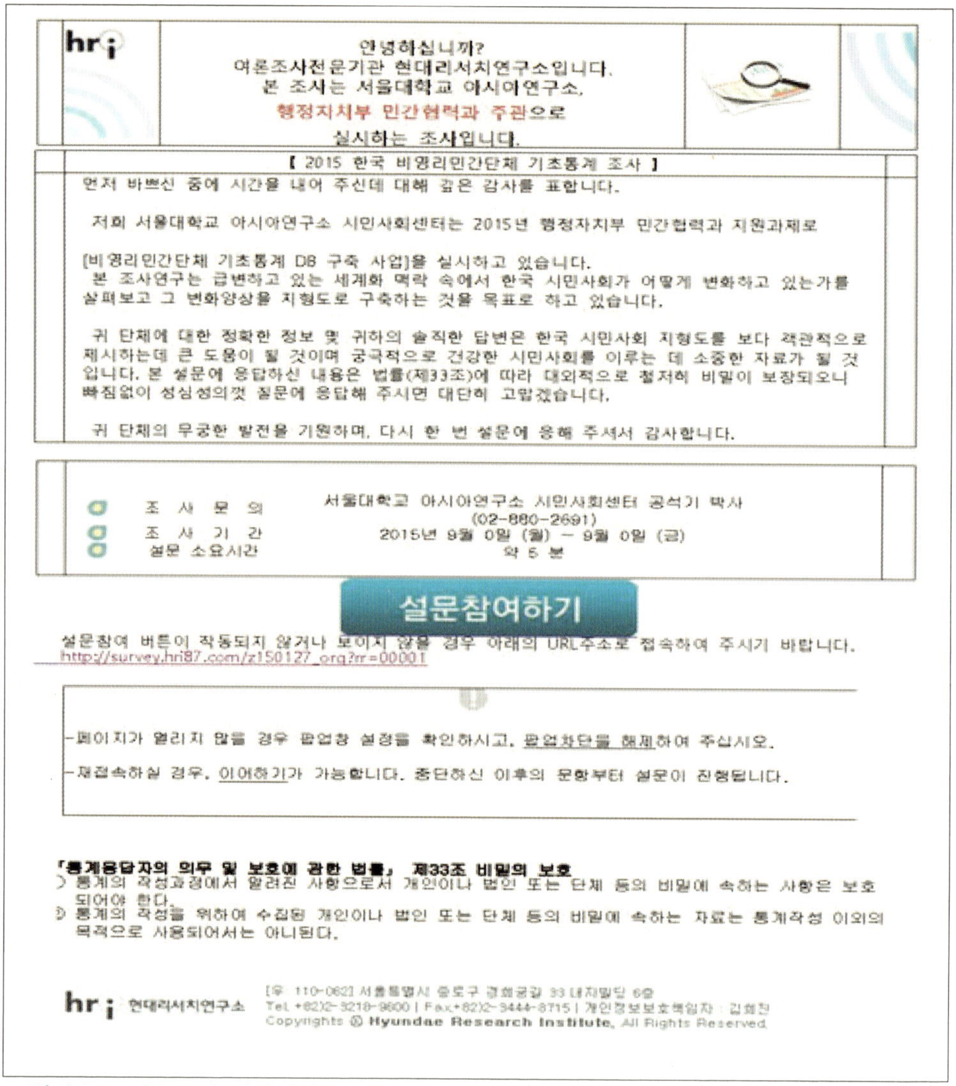

안녕하십니까?
여론조사전문기관 현대리서치연구소입니다.
본 조사는 서울대학교 아시아연구소,
행정자치부 민간협력과 주관으로
실시하는 조사입니다.

【 2015 한국 비영리민간단체 기초통계 조사 】

먼저 바쁘신 중에 시간을 내어 주신데 대해 깊은 감사를 표합니다.

저희 서울대학교 아시아연구소 시민사회센터는 2015년 행정자치부 민간협력과 지원과제로

[비영리민간단체 기초통계 DB 구축 사업]을 실시하고 있습니다.
본 조사연구는 급변하고 있는 세계화 맥락 속에서 한국 시민사회가 어떻게 변화하고 있는가를 살펴보고 그 변화양상을 지형도로 구축하는 것을 목표로 하고 있습니다.

귀 단체에 대한 정확한 정보 및 귀하의 솔직한 답변은 한국 시민사회 지형도를 보다 객관적으로 제시하는데 큰 도움이 될 것이며 궁극적으로 건강한 시민사회를 이루는 데 소중한 자료가 될 것입니다. 본 설문에 응답하신 내용은 법률(제33조)에 따라 대외적으로 철저히 비밀이 보장되오니 빠짐없이 성심성의껏 질문에 응답해 주시면 대단히 고맙겠습니다.

귀 단체의 무궁한 발전을 기원하며, 다시 한 번 설문에 응해 주셔서 감사합니다.

조 사 문 의	서울대학교 아시아연구소 시민사회센터 공석기 박사 (02-880-2691)
조 사 기 간	2015년 9월 0일 (월) – 9월 0일 (금)
설문 소요시간	약 5 분

설문참여하기

설문참여 버튼이 작동되지 않거나 보이지 않을 경우 아래의 URL주소로 접속하여 주시기 바랍니다.
http://survey.hri87.com/z150127_org?rr=00001

-페이지가 열리지 않을 경우 팝업창 설정을 확인하시고, 팝업차단을 해제하여 주십시오.

-재접속하실 경우, 이어하기가 가능합니다. 중단하신 이후의 문항부터 설문이 진행됩니다.

「통계응답자의 의무 및 보호에 관한 법률」 제33조 비밀의 보호
① 통계의 작성과정에서 알려진 사항으로서 개인이나 법인 또는 단체 등의 비밀에 속하는 사항은 보호되어야 한다.
② 통계의 작성을 위하여 수집된 개인이나 법인 또는 단체 등의 비밀에 속하는 자료는 통계작성 이외의 목적으로 사용되어서는 아니된다.

hri 현대리서치연구소 [우: 110-062] 서울특별시 종로구 경희궁길 33 내자빌딩 6층
Tel. +82)2-3218-9600 | Fax.+82)2-3444-8715 | 개인정보보호책임자 : 김희진
Copyrights © Hyundae Research Institute, All Rights Reserved.

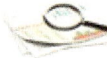

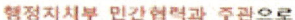

그림 44 전수조사 웹서베이 첫 화면

둘째, 웹서베이를 진행하기 위해서는 최소한 단체 이메일 주소나 전화번호가 있어야 웹서베이 참여를 요청할 수 있기에 이메일 정보 수집 작업부터 진행하였다. 기존의 정부 보조금 지원사업을 받았던 700개 단체의 이메일 정보를 행자부로부터 확보하였다. 그리고 충북 NGO 센터와 같은 지역 중간지원 조직이 자체적으로 지역의 등록 비영리민간단체 정보를 업데이트한 자료도 확보하였다. 그렇지만 이 자료는 전수를 확인하는 데 턱없이 부족하였다.

셋째, 한국 민간단체총람에 기초하여 진행한 표본조사 대상리스트에 대한 이메일 주소를 확인하는 절차도 진행하였다. 그러나 지역 차원에서 모든 단체에 개별적으로 전화를 걸어서 이메일 주소를 확인하지 않는 이상 중앙에서 이메일 주소를 수집하는 것에는 한계가 있다. 사실 기존 자료를 통해 확보한 이메일 주소가 충분하지 않아서 보조연구원 및 단기 아르바이트 학생들이 웹서핑 및 홈페이지 확인 작업을 통해 하여 단체 이메일 주소를 추가로 수집하였다.[27]

넷째, 전수조사는 외부 전문조사기관(현대리서치)의 웹서베이 방법으로 진행하였다. 웹서베이의 첫 화면은 그림 44와 같다.

조사기간은 2015년 9월부터 11월까지 3개월간 진행되었다. 비영리민간단체들이 이번 조사에 대한 신뢰를 갖기 위해 조사지원 및 수행기관의 공문을 웹서베이 안내메일과 함께 첨부하여 보냈다. 공문내용은 그림 45와 같다.

웹서베이 과정에서 응답율이 낮고 이메일 반송 등의 문제를 확인하였다. 이것은 홈페이지를 통해 단체 이메일을 확인한 정보가 정확하지 않다는 것을 의미한다. 따라서 실제 콜센터에서 근무한 경험이 있는 단기 아르바이트를 고용하여 조사대상 단체에 전화를 웹서베이 참여를 독려하였다.[28]

독촉전화 우선대상은 웹서베이에 접속하여 응답을 진행하다가 중단한 단체 및 웹서베이 요청 이메일을 최대 5회 발송하였는데 이에 응답하지 않는 단체를 대상으로 직접 독촉전화를 진행하였다. 만약에 전화 통화에서 이메일이 없다고 하는 단체들 또는 웹서베이가 어렵다는 단체들에 대해서는 협조공문과 더불어 직접 설문지를 Fax나 이메일로 보내어 응답을 유도하였다.[29]

---

27 단체 이메일 주소를 수집하기 위한 구체적인 방식은 〈부록 2〉를 참조하기 바람. 이메일 주소 확인 작업은 외부 협력기관인 웹캐시와 공동으로 진행하였다.

28 단체 이메일 주소를 수집하기 위한 독촉 전화 방식은 〈부록 2〉를 참조하기 바란다.

29 등록단체 정보에 나온 전화번호를 통해 웹서베이 요청을 독촉하였지만 결번이나 잘못 입력된 정보의 경우에는 또 다시 단체 홈페이지를 통해 전화번호를 확인하였다. 그러나 전화번호 오류가 있는 단체 정보를 홈페이지를 통해 확인할 수 없는 경우에는 email 서베이를 진행하지 못했다. 다만 최소 전화 연결이 된 경우에는 이메일로 설문지를 별첨하여 추가 조사하기도 하였다.

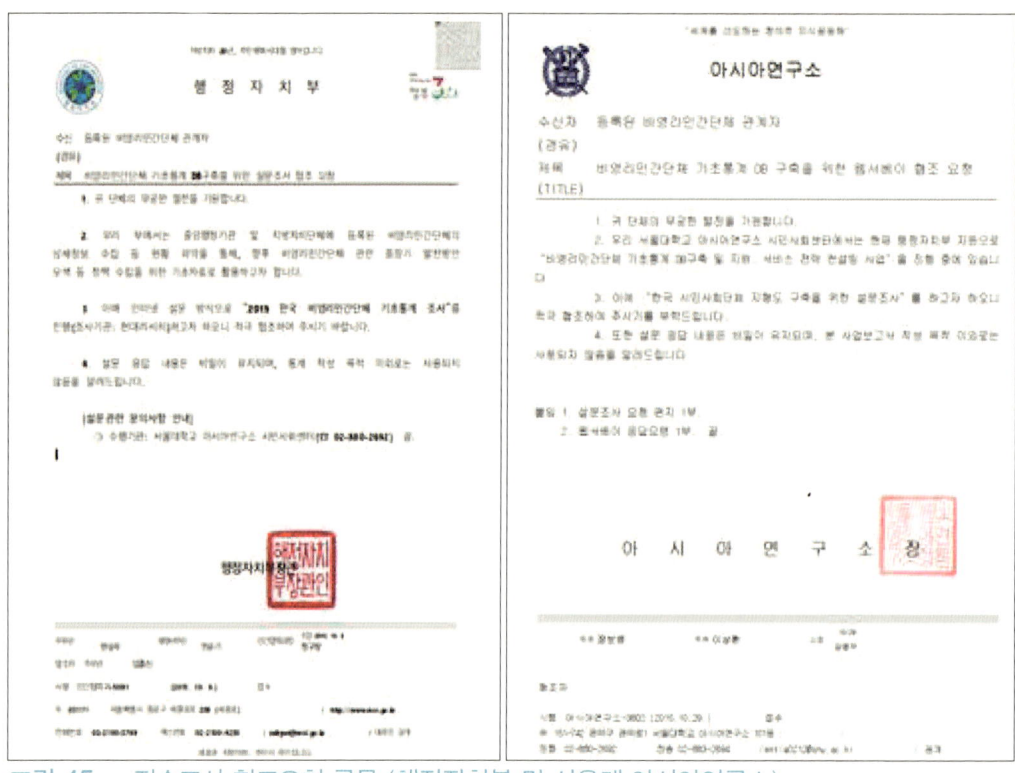

그림 45   전수조사 협조요청 공문 (행정자치부 및 서울대 아시아연구소)

(2) 전수조사 대상

먼저, 웹서베이 대상 모집단을 표 26과 같이 크게 두 가지로 구분할 수 있으며, 〈중앙등록단체〉와 〈광역시/도 등록단체〉이다. 다음으로 각 단체에 대해 관리번호를 부여하였다. 이것은 응답한 단체에 대한 확인 및 등록단체들에 대한 추후 관리를 위해 각 단체에 고유한 관리번호를 부여한 것이다. 번호 부여방식은 '소속(중앙/시도)-0000'로 구분하였다. 앞서 언급한 것처럼 관리번호를 부여한 단체 전체에 대해 기초정보(전화번호)가 누락된 단체 수는 무려 1,000개 정도에 이른다. 웹서베이를 위해 이메일 주소를 수집한 결과는 표 27과 같다.

전수조사 웹서베이 발송에 있어서 최종적으로 얻은 유효한 단체 수는 4,768개이다. 그 중에 발송 실패한 단체 수는 788개이며, 발송에 성공한 단체 수는 3,975개이다. 발송에 성공했지만 수신하지 않은 단체는 483개이며, 수신한 단체는 3,492개이다. 수신 단체 중에 웹서베이에 접속을 시도한 단체는 1,522개이며, 접속조차 시도하지 않은 단

표 26 비영리민간단체 등록단체 (중앙기관 및 시·도)

계	방송통신위원회	국민안전처	인사혁신처	국가보훈처	식품의약안전처	공정거래위원회	금융위원회	기획재정부	미래창조과학부
	11	51	4	12	2	7	4	7	18
	교육부	외교부	통일부	법무부	국방부	행정자치부	문화체육관광부	농림축산식품부	산업통상지원부
1,531	43	181	151	10	33	203	161	37	9
	보건복지부	환경부	고용노동부	여성노동부	국토교통부	해양수산부	국세청	통계청	경찰청
	180	175	46	101	11	28	1	1	9
	문화재청	농촌진흥청	산림청	중소기업청	특허청	국가인권위원회			
	7	6	16	3	2	1			

계	서울	부산	대구	인천	광주	대전	울산	세종특별자치시	-
	1,813	703	386	637	547	488	333	20	-
11,099	경기	강원	충북	충남	전북	전남	경북	경남	제주
	1,980	297	402	375	898	528	702	672	318

표 27 비영리민간단체 정보 업데이트 결과

소속	단체수	전화	이메일	소속	단체	전화	이메일
중앙	1,531	1,498	1,060	서울	1,808	1,686	961
부산	703	665	249	대구	386	371	196
인천	637	579	298	광주	547	392	230
대전	488	459	207	울산	333	324	149
세종	20	18	2				
경기(본)	1,483	1,262	292	경기북	497	435	84
충북	402	387	62	충남	375	336	65
경북	702	597	86	경남	672	640	119
전북	898	801	140	전남	528	430	51
제주도	318	295	65	강원도	297	260	57

체는 1,970개이다. 마지막으로 접속한 단체 중에 서베이 응답을 완료한 단체는 759개이며, 중간에 응답을 중단한 단체는 104개이다. 결과적으로 전수조사를 위해 웹서베이를 총 14회에 걸쳐 진행하였고 총 759개 단체가 응답하였다.

특히 웹서베이 조사과정에서 설문 1번에서 응답을 중단한 경우는 602개이며, 이전에 초기부터 중단한 경우는 57개 단체로 확인되었다. 웹서베이 이외에 이메일 및 팩스 조사 등을 통해 응답한 단체 8개를 포함하면 최종 응답한 단체는 771개로 집계되었다.

전수조사 웹서베이 응답단체의 지역별 분포(그림 46) 및 진행 결과(표 28)는 다음과 같다.

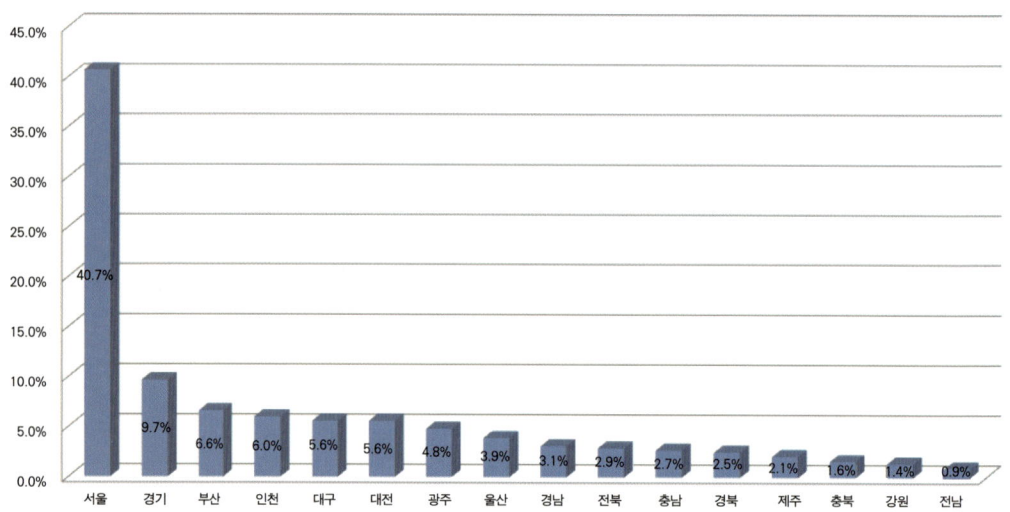

그림 46　전수조사 웹서베이 응답단체 지역별 분포

표 28　전수조사 웹서베이 진행 결과표

발송 회수	발송일	전체대상	발송성공	응답완료	응답중단
1차	10/08	1,484	1,297	63	101
2차	10/16	2,538	2,092	119	230
3차	10/20	2,733	2,275	169	306
4차	10/22	2,733	2,275	180	310
5차	10/27	2,733	2,275	232	350
6차	10/30	3,005	2,470	245	363
7차	11/03	3,846	3,106	337	477
8차	11/06	3,846	3,106	355	523
9차	11/06	3,861	3,120	373	541
10차	11/10	3,828	3,090	411	531
11차	11/12	3,828	3,090	433	569
12차	11/17	3,828	3,090	524	597
13차	11/26	4,761	4,010	660	721
14차	12/07	4,768	3,975	770	763

* 이메일 및 팩스 조사에 응답한 단체 8개

3) 전수조사 리포트

조사 내용은 비영리민간단체 등록 시에 단체가 제공하는 기본적 정보 외에 단체의 설립지역, 연도, 목적, 운동영역(대분류 20개), 회원 수, 상근자수, 예산, 조직형태 등 비영리민간단체 활동을 전반적으로 파악할 수 있는 내용을 조사하였다. 전수조사의 설문 내용은 부록 3에 제시된 표본조사 보다 대폭 축소한 내용이다. 웹서베이 로 진행되기에 응답자가 5분 이내에 쉽게 답할 수 있는 내용으로 꼭 필요한 설문문항만 포함하였다. 우선 응답 내용 중에 빈도표에 기초한 기술 분석을 시도하고 다음으로 운동영역별로 주요 이슈별로 어떤 차이가 나타나는지를 분석하고자 한다.

(1) 주요 변수별 빈도분석

응답단체 특성

비영리민간단체에 대한 전수조사 결과 운동영역별 분포에서 가장 높은 영역은 교육/포럼, 복지, 자원봉사 순으로 나타났다(그림 47). 표본조사에서 두드러졌던 청년/아동, 환경 영역이 후순위로 밀려나 있는 것은 주목할 만하다. 한편, 등록단체 중에서 운동영역에서 낮은 분포를 보인 영역은 도시/가정, 농어민, 정치/경제 그리고 사회적경제 영역으로 나타났다.

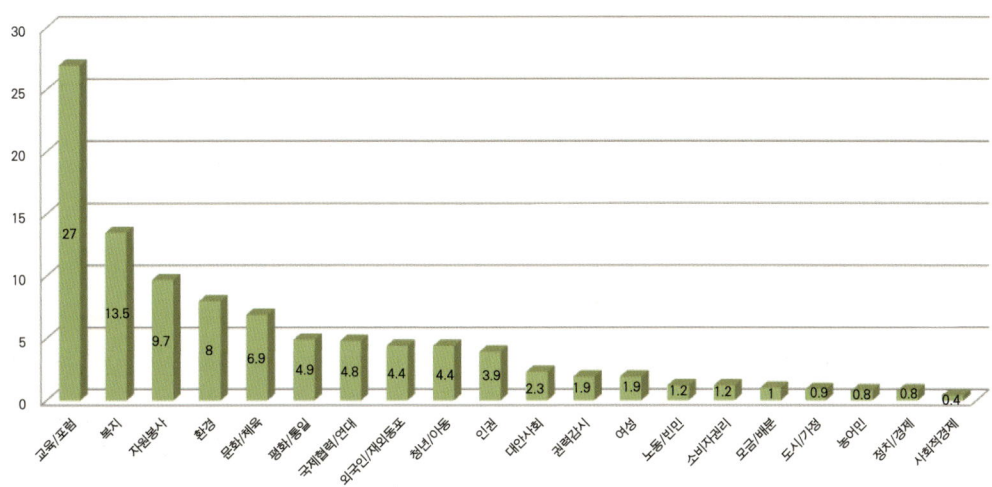

그림 47   운동영역별 분포

단체 조직 및 구성원

비영리등록단체 대표자는 남자가 여자보다 거의 세배에 가깝게 많은 것으로 나타났지만(그림 48), 상근자의 경우(평균: 4.5명)는 여성이 상대적으로 많은 것으로 나타났다(그림 49). 비영리등록단체의 상근자 평균수는 4.8명이며, 반상근자의 평균은 2.8명으로 나타났다(그림 50). 이 수치는 과거에 비해 반상근자 수가 늘고 있음을 보여주는 것이다.

네트워크와 거버넌스

전수조사에서 연대활동을 조사한 결과, 가장 적극적으로 연대하는 비영리민간단체는 전국을 대상으로 활동하는 경우(32.7%)로 나타났다(그림 51). 그러나 지역단위로 내려갈수록 연대활동 참여자 동원이 약화되고 있다. 다만 국제적 수준으로 활동을 전개하고 있는 단체의 연대활동은 아직까지 그렇게 높은 수준은 아니지만 그 비율이 증가하고 있는 것(8.4%)으로 나타났다.

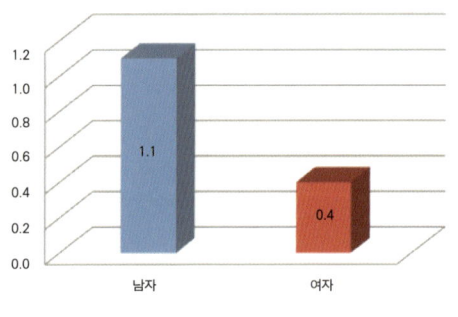

그림 48　대표자 성별 평균 수

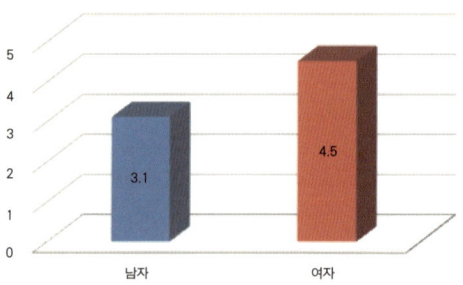

그림 49　상근자 성별 평균 수

그림 50　상근자 근무유형별 평균 수 (단위: 명)

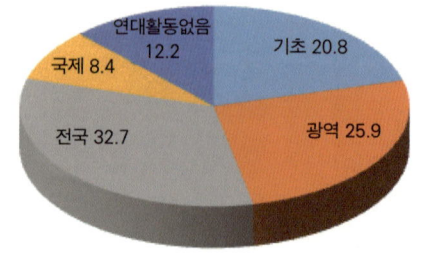

그림 51　단체 활동범위별 연대활동 동원

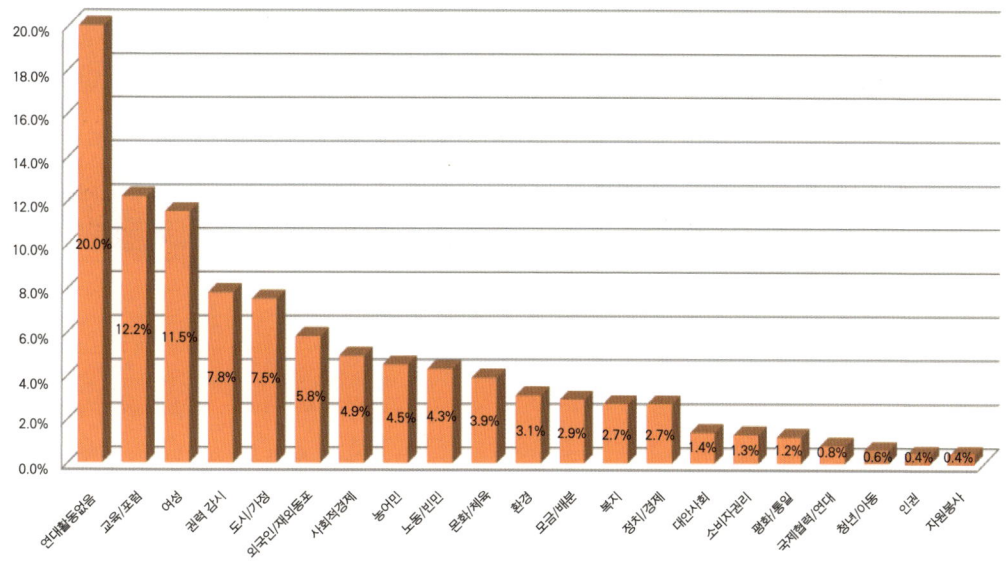

그림 52   연대활동이 활발한 운동영역

한편, 전수조사에 응답한 단체 중에 많은 단체들이 연대활동에 적극적이지 않은 것으로 타나났다(그림 52). 전체의 1/5이 연대활동에 대해 답을 하지 않았으며, 연대활동에 상대적으로 적극적인 영역은 교육/포럼(12.2%), 여성(11.5%), 도시/가정(7.5%)로 나타났다. 이것은 표본조사와 같이 인적, 물적 자원이 부족한 운동영역이 연대활동을 통해 필요한 자원을 보강하기 위한 전략으로 해석할 수 있다.

재정 및 집행

재정 건전성을 살펴보기 위해 회원 회비 납부 비율과 수입원을 조사하였다(그림 53). 회비를 내지 않는 회원 비중(55%)이 회비를 내는 회원보다 많다는 것은 비영리민간단체의 재정건전성이 높지 않다는 것을 보여준다. 이런 이유에서 재정 수입원에서 회원 회비가 차지하는 비중(43%)이 여전히 높지만, 정부지원사업의 비중(27%)이 그 다음으로 높은 것으로 나타났다(그림 54). 이것은 비영리민간단체가 스스로 재정동원을 할 수 있는 능력이 크지 않다는 것을 의미한다.

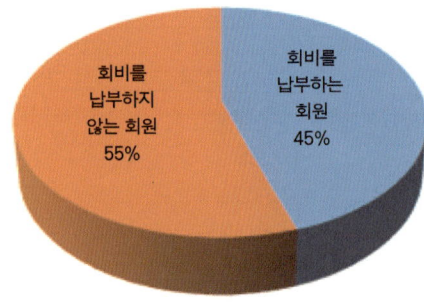

그림 53   회원 회비 비율

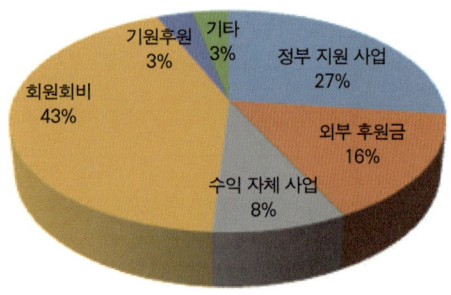

그림 54   재정 수입원

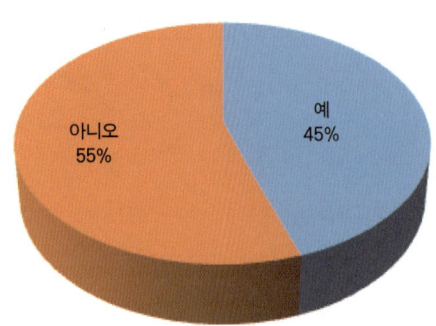

그림 55   정부 위탁사업 수행 여부

재정수입원 중에 정부지원사업 비중이 증가하고 있음을 확인하기 위해 정부 위탁사업을 수행하고 있는지를 조사한 결과, 현재 응답단체의 45%가 사업을 수행하고 있는 것으로 답하였다(그림 55). 이것은 과거에 비해 시민사회단체가 위탁사업 수행에 보다 적극적인 것으로 이해할 수 있다. 특히 운동영역별로 정부 위탁사업 수행 여부가 어떻게 차이가 나는지를 살펴보는 것은 한국 시민사회의 변화를 이해하는 중요한 잣대가 된다.

온라인 활동

등록된 비영리 민간단체 중에 최근에 주목되고 있는 팟캐스트나 인터넷 방송은 아직까지 단체수준으로 끌어올지 못하는 것으로 나타났다(그림 56). 그렇지만 등록단체의 경우 페이스북, 트위터, 카카오톡과 같은 사회관계망 서비스를 조직차원으로 확대하고 있는 것으로 나타났다. 물론 개인적으로 활용하는 수준까지는 이르지 못한 것으로 조사되었지만, 이메일/뉴스레터(60.4%), 홈페이지/ 터넷 카페/블로그 활용(69.5%)은 상당한 수준에 이르고 있다.

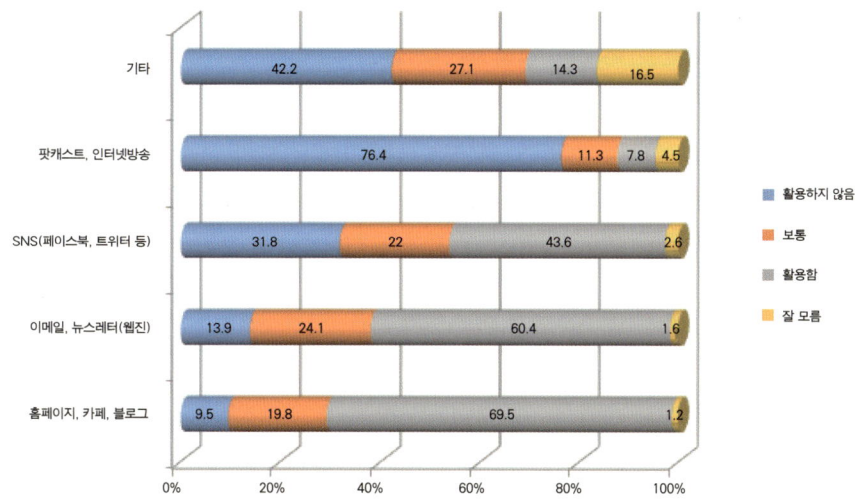

그림 56   온라인 매체별 활용도

(2) 운동영역별 교차분석

운동영역별 특성

지역별 운동영역의 분포에 어떤 특징이 있는지 살펴보자. 그림 57가 보여주듯이, 강원
제주권은 복지(18.5%)와 자원봉사 영역(14.8%)에서 상대적으로 많은 등록단체가 활
동하고 있는 것으로 나타났다. 부산/울산/경남권은 교육/포럼(18.1%), 복지(21%), 그
리고 자원봉사 영역(14.5%)에서 상대적으로 많은 등록단체가 활동하는 것으로 나타났
다. 대구/경북권은 교육/포럼(27%), 복지(14.5%), 그리고 환경 영역(12.9%)에서 상대
적으로 많은 등록단체가 활동하는 것으로 나타났다. 광주/전라권은 교육/포럼(25.8%)
영역에서 단체들의 활동이 두드러지며 다른 영역에서는 비슷한 규모 수준으로 다양
한 단체가 활동하고 있는 것으로 나타났다. 대전/충청권은 교육/포럼(26.3%), 복지
(21.1%) 그리고 자원봉사(10.5%) 영역순으로 비영리민간단체의 활동이 활성화되어
있는 것으로 나타났다. 경기/인천 수도권 지역도 교육/포럼(21.5%), 복지(13.2%), 자
원봉사(13.2%) 영역의 단체가 활동적인 것으로 나타났다. 다만 여기에는 외국인/재외
동포 영역 단체 비중(9.9%)이 상대적으로 높은데 이는 수도권에 외국인 노동자와 이주

민 문제를 단체가 상대적으로 활동적인 것으로 해석할 수 있다. 서울지역의 경우 교육/포럼 영역을 제외하고는 다양한 영역의 단체가 고르게 분포되어 있는 것으로 나타났다. 다른 권역에서는 잘 나타나지 않는 영역의 단체들이 나타나고 있다. 예를 들어 국제협력/연대(7.6%), 평화/통일(8.3%), 환경(7.3%) 영역이 복지 영역(9.6%)과 비슷한 규모로 활동하고 있는 것으로 나타났다. 이것은 중앙정부를 대상으로 하는 다양한 비영리 단체들이 정책입안, 결정 및 구현의 과정에 적극적으로 참여하면서 때로는 정부와 협력적 관계를 유지하며, 때로는 다양한 정부지원 사업을 수행하는 것으로 이해할 수 있다.

그림 58에서는 비영리민간단체의 운동영역별로 어떤 사업 및 활동에 초점을 맞추는 지를 네 개의 그룹으로 나누어 살펴보았다. 첫째, 농어민 단체는 활동가 양성이 가장 높은 비중(25%)을 차지하였고 다음으로 학술행사(16.7%), 지역공동체 활동(16.7%), 문화사업(16.7%) 순으로 나타났다. 이에 반해 노동/빈민 영역의 비영리단체는 다양한 활동을 고르게 진행하고 있지만 그 중에서도 시민사회연대(13.6%), 사회적소수자 지원(13.6%), 교육/훈련(13.6%)이 상대적으로 집중하고 있는 것으로 나타났다. 권력/감시 영역의 비영리민간단체는 공동체 의식 함양 활동에 초점을 맞추고 있는 것으로 나타났다. 국제협력/연대 영역의 비영리민간단체는 활동가 양성(14.9%), 문화사업(11.9%), 다문화 프로그램 활동(11.9%) 등에 상대적으로 초점을 맞추고 있지만 다양한 활동을 진행하고 있다. 교육/포럼 영역의 비영리민간단체는 활동가, 자원봉사자 및 전문가 양성사업(17.4%), 교육/훈련 프로그램(19.1%)에 역점을 두고 있으며 그 밖에 학술행사(8.4%)와 캠페인 활동(8.8%)에 상대적으로 무게를 두고 있는 것으로 나타났다.

둘째, 복지 영역의 비영리민간단체의 경우는 사회적 소수자 지원활동(21.3%)에 가장 역점을 두고 있으며, 그 다음으로는 활동가, 자원봉사자 및 전문가 양성 사업(10.9%), 캠페인 활동(8.5%) 그리고 지역공동체 사업(8.5%)에 초점을 두고 있는 것으로 나타났다. 문화/체육 영역의 비영리민간단체는 단체의 활동목표에 맞게 문화사업(22.4%) 및 문화/스포츠 관련 활동(24.6%)에 가장 큰 비중을 두고 있다. 도시/가정 영역과 대안사회 영역의 비영리민간단체도 최근 풀뿌리 지역에서 핵심적인 활동으로 부상하고 있는 지역공동체 구축활동에 각각 활동의 23.1%와 26.7%로 역점을 두고 있는 것으로 나타났다. 모금/배분 영역의 비영리민간단체는 사회적 소수자 지원활동(36.4%)에 가장 초점을 두고 있지만 지역공동체 활성화 관련 사업은 부재한 것은 이

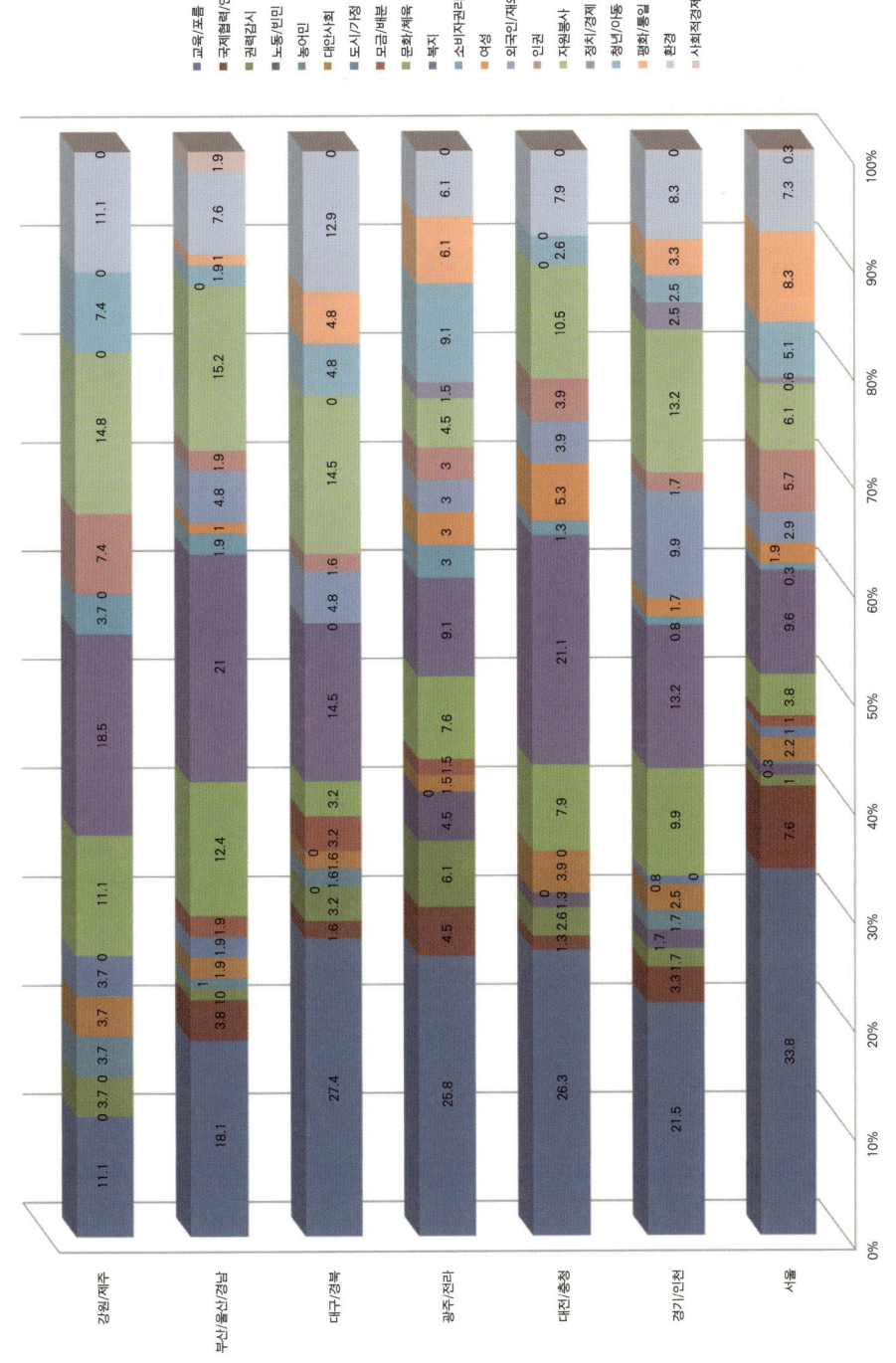

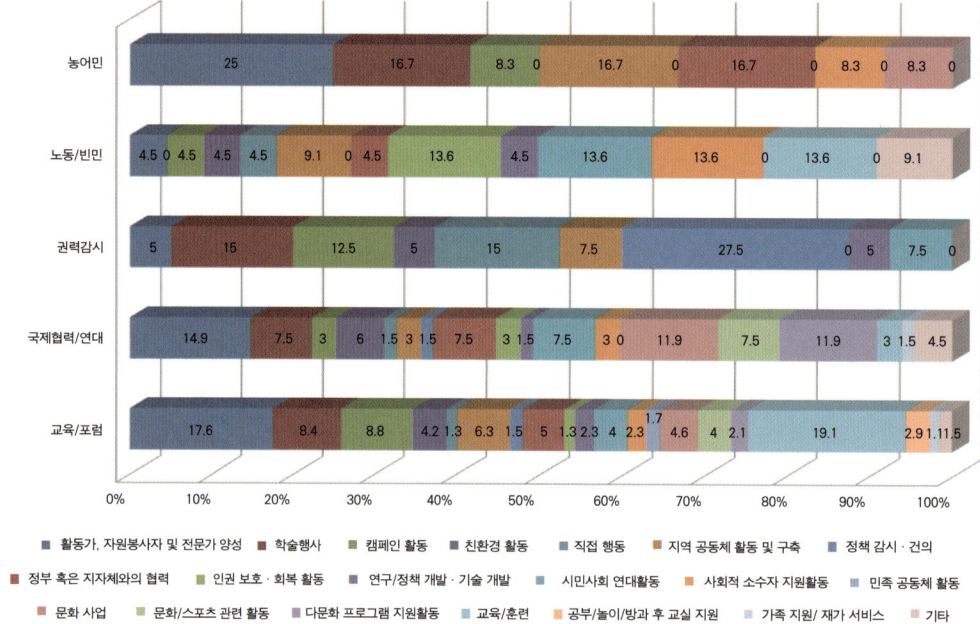

그림 58-1   운동영역별 활동 내용

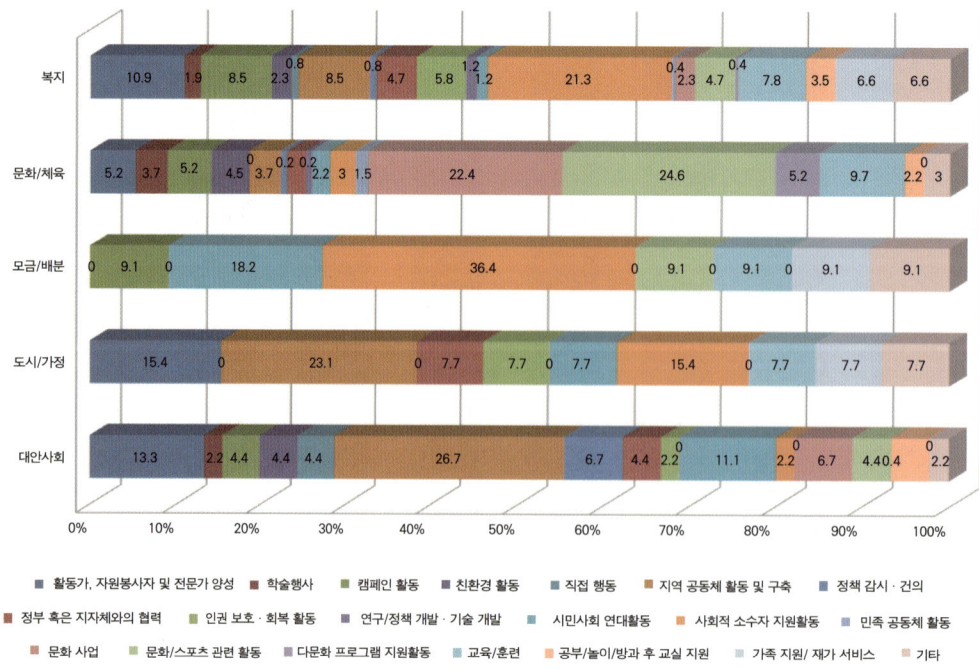

그림 58-2   운동영역별 활동 내용

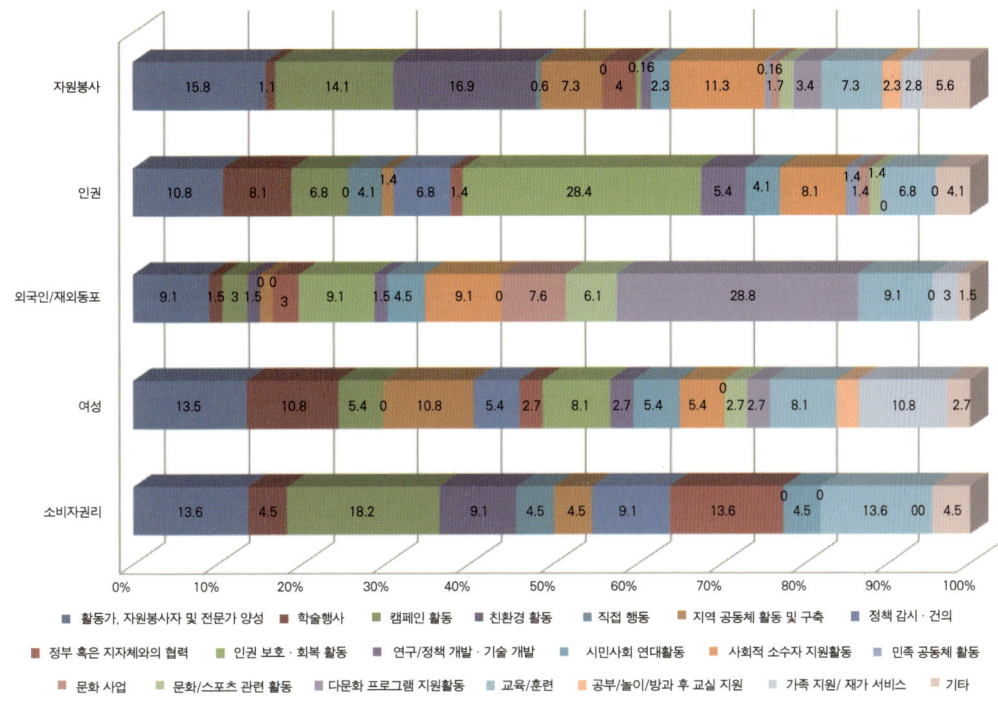

그림 58-3   운동영역별 활동 내용

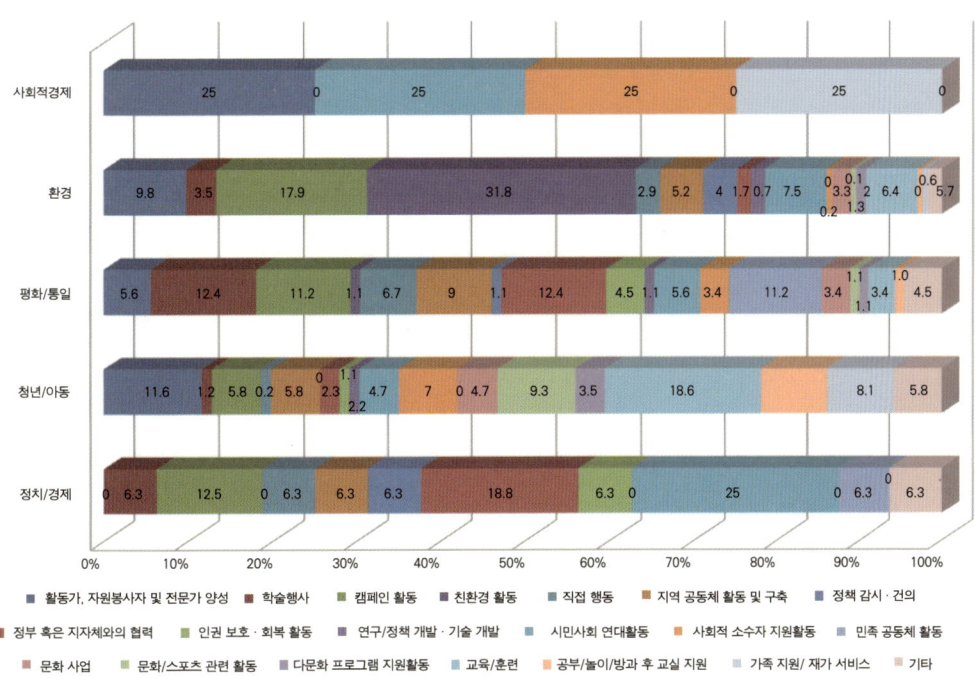

그림 58-4   운동영역별 활동 내용

단체들의 활동 초점이 기초보다는 광역과 중앙단위의 활동에 초점을 맞추고 있는 것으로 해석할 수 있다.

셋째, 자원봉사 영역의 비영리민간단체는 다양한 사업과 활동을 고르게 전개하는 것으로 나타났다. 그 중에서도 활동가 양성 프로그램(15.8%), 캠페인 활동(14.1%), 친환경활동(16.9%), 사회적소수자 지원활동(11.3%)으로 나타났다. 이러한 다양한 사업과 활동의 이유는 자원봉사 부분의 단체들이 사회적서비스와 환경 관련해서 지원 및 캠페인 활동에 적극적인 것으로 이해할 수 있다. 인권 부분의 비영리민간단체 역시 단체의 활동목표에 가장 잘 부합한 사업과 활동을 전개하는 것으로 나타났다. 즉 인권보호 및 회복활동에 단체 사업 및 활동(28.4%)에 역점을 두고 있는 것으로 나타났다. 비슷한 방식으로 외국인/재외동포 영역의 비영리민간단체도 다문화 프로그램 및 지원사업(28.8%)에 초점을 맞추고 있는 것으로 나타났다.

한편, 여성 영역의 비영리민간단체는 사업과 활동에 있어서 가장 다양하고 구체적인 사업을 전개하는 것으로 나타났다. 활동가 양성(13.5%) 및 학술행사(10.8%)를 진행하는 것 이외에도 지역공동체 활동(10.8%), 가족지원 및 재가서비스 활동(10.8%) 그리고 공부방/ 방가후 프로그램 등을 전개하고 있는 것으로 나타났다. 대부분의 활동이 여성의 감수성과 헌신성에 기초한 사업이라는 특징을 보이고 있다. 소비자권리 영역의 비영리민간단체 활동에서 가장 주목할 것은 정부/지자체와의 협력사업(13.6%)에 상대적으로 높은 비중을 두고 있다는 것이다. 또한 소비자 권리를 구현하기 위해서는 활동가, 자원봉사자 및 전문가 양성사업(13.6%), 회원 및 일반 시민을 대상으로 하는 교육(13.6%), 캠페인 활동(18.2%)이 중요하다는 것을 실제 사업 및 활동에서 반영하고 있다.

마지막으로 환경 영역의 비영리민간단체는 자연스럽게 친환경 사업(31.8%)에 초점을 두고 있으며 그 다음으로 환경의식 제고를 위한 캠페인 활동(17.9%)에 역점을 두는 것으로 나타났다. 환경 영역의 단체들이 수행하는 역점사업 및 활동에서 가장 잘 일치하는 것으로 이해할 수 있다. 평화/통일 영역의 비영리민간단체들은 학술행사(12.4%)와 정부/지자체와의 협력사업(12.4%) 그리고 민족공동체 사업(11.2%)에 상대적으로 초점을 맞추고 있는 것으로 나타났다. 사실 민족공동체 사업을 안정적으로 추진하기 위해서는 정부와 지자체의 지원과 협력이 매주 중요한 것이다. 청년/아동 영역의 비영리민간단체는 자연스럽게 교육과 훈련 사업 비중(18.6%)이 상대적으로 높으며 그 밖에 활동가 양성(11.6%), 문화/스포츠 활동(9.3%), 그리고 방과후 프로그램, 가족지원/재가 서비스 프로그램(8.1%)을 운영하는 것으로 나타났다. 정치경제 영역의 비영리민간단체는 교육/훈련 관련 활동(25%)에 가장 초점을 두고 그 다음으로는 정부/지자체와의 협력활동(18.8%)에 초점을 맞추는 것으로 나타났다.

조직 및 구성원

조직 및 구성원 관련 조사 결과를 살펴보면, 전반적으로 실무자 교육 프로그램을 갖추고 있지 않은 경우가 대부분으로 나타났다(그림 59). 특히 모금/배분 영역 단체의 경우 모금 담당자의 개인 역량이 매우 중요한 영역임에도 불구하고 응답단체의 12.5%만이 교육프로그램을 보유하고 있는 것으로 나타난다. 이는 단체의 전문성과 사업의 지속가능성을 견지하는데 큰 한계로 작용할 수 있다.

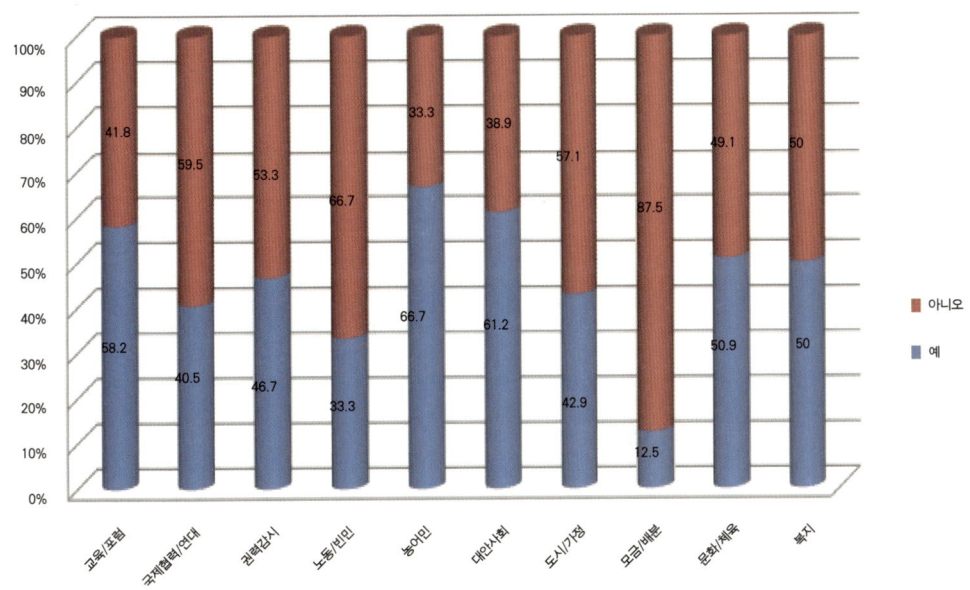

그림 59-1   실무자들의 역량강화를 위한 교육프로그램 보유 여부

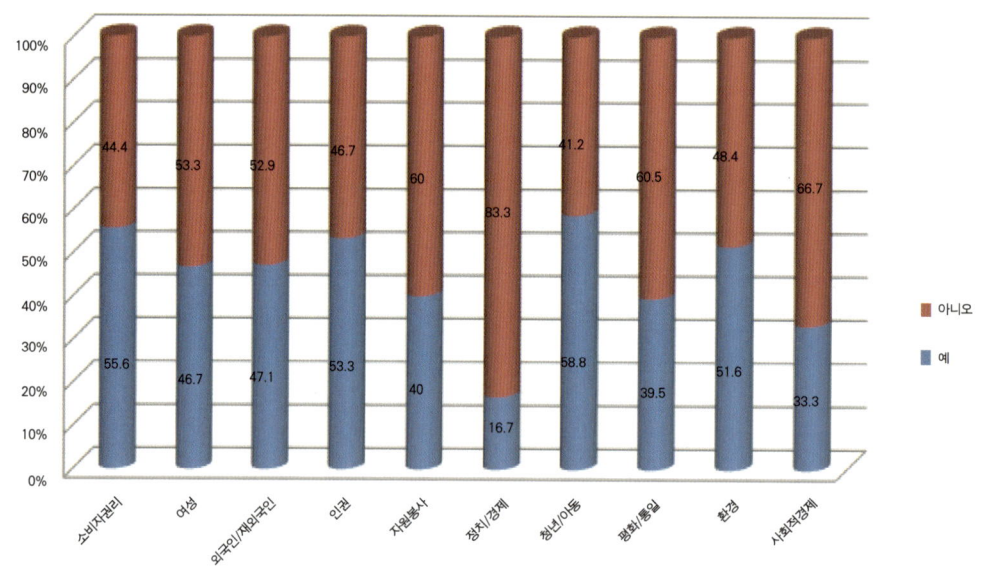

그림 59-2 실무자들의 역량강화를 위한 교육프로그램 보유 여부

네트워크와 거버넌스

전체적으로 비영리민간단체 간의 연대활동은 주로 자신의 영역 내에서 해결하는 것으로 나타났다(그림 60). 그 중에서도 정치경제 영역의 단체들이 영역 내 연대활동(44%)에 초점을 맞추고 있는 것으로 나타났다. 그렇지만 영역을 넘어선 연대활동을 영역 간 친화성, 이슈 수렴성의 측면에서 이해할 때 일정한 유형과 특징을 발견할 수 있다. 그 대표적인 특징을 살펴보면 아래와 같다. 농어민은 권력감시(17%)와 자원봉사(17%)와 친화성을 보이고 있다. 노동빈민은 인권 영역(15%)과의 친화성을 보이고 있다. 도시가정은 대안사회 영역과의 친화성(16%)을 보인다. 모금/배분은 자원봉사 영역과의 친화성(19%)을 보인다. 소비자권리는 여성(15%), 환경 영역(15%)과 친화성, 연대활동 적극적이다. 청년아동 영역은 교육/포럼 영역(14%), 평화통일 영역도 교육/포럼 영역(15%), 환경 영역은 교육포럼 영역(18%)과 각각 친화성을 보이고 있다.

단체의 운동영역에 따라 연대활동의 지리적 공간 및 범위에서 어떤 차이가 나타나는지를 살펴보았다(그림 61). 전체적으로 비영리민간단체의 경우 연대활동이 주로 국내에서의 협력활동에 초점을 맞추고 있는 것으로 나타났다. 그 중에서도 대안사회, 정

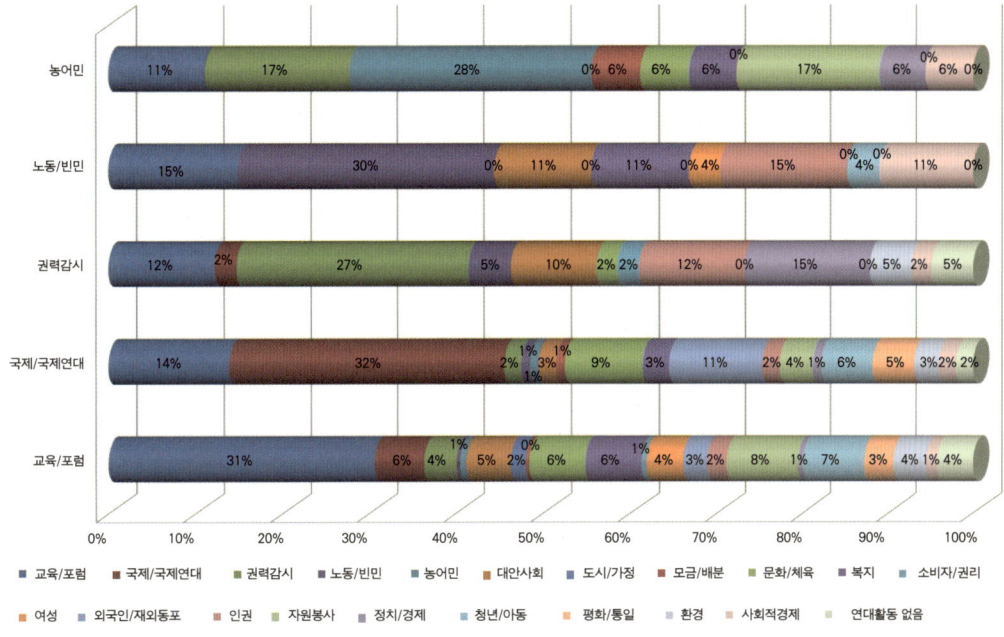

그림 60-1   운동영역별 주요 연대활동 분야

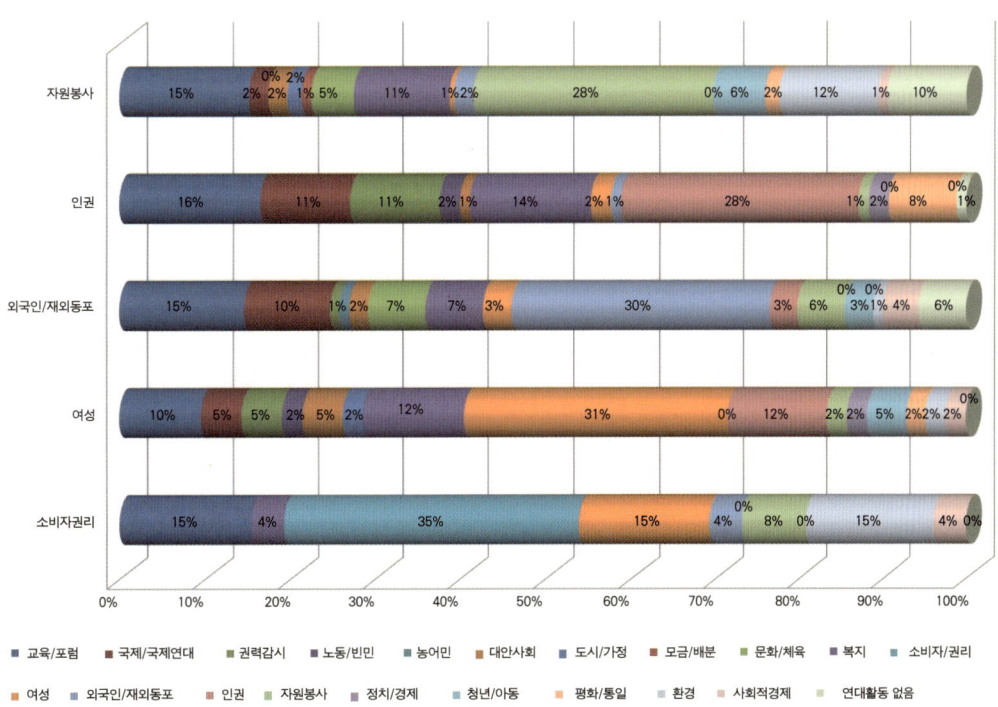

그림 60-2   운동영역별 주요 연대활동 분야

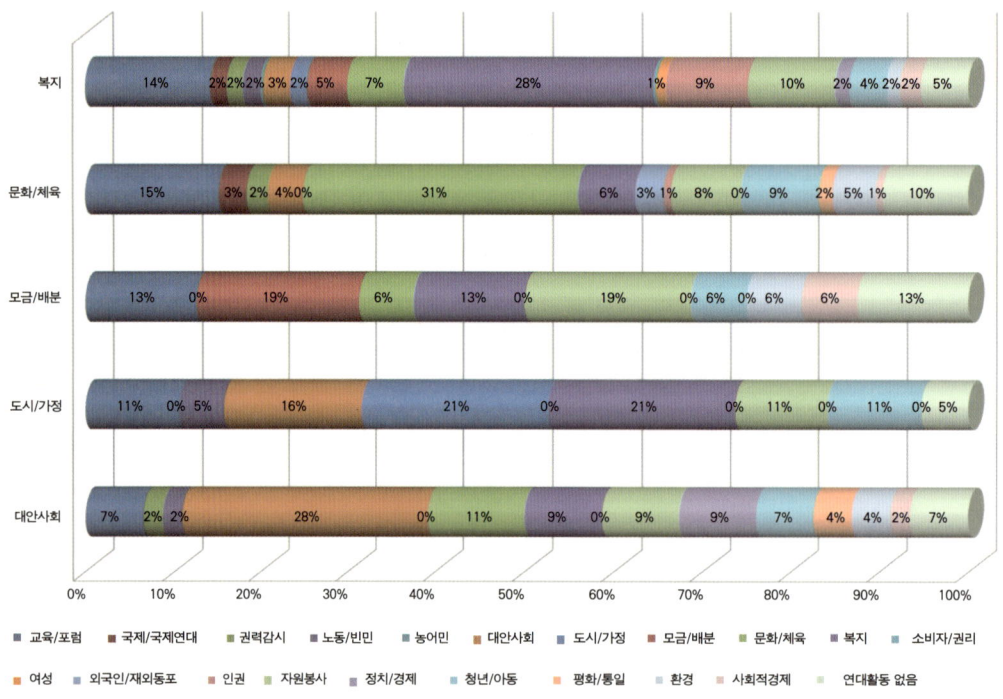

그림 60-3 운동영역별 주요 연대활동 분야

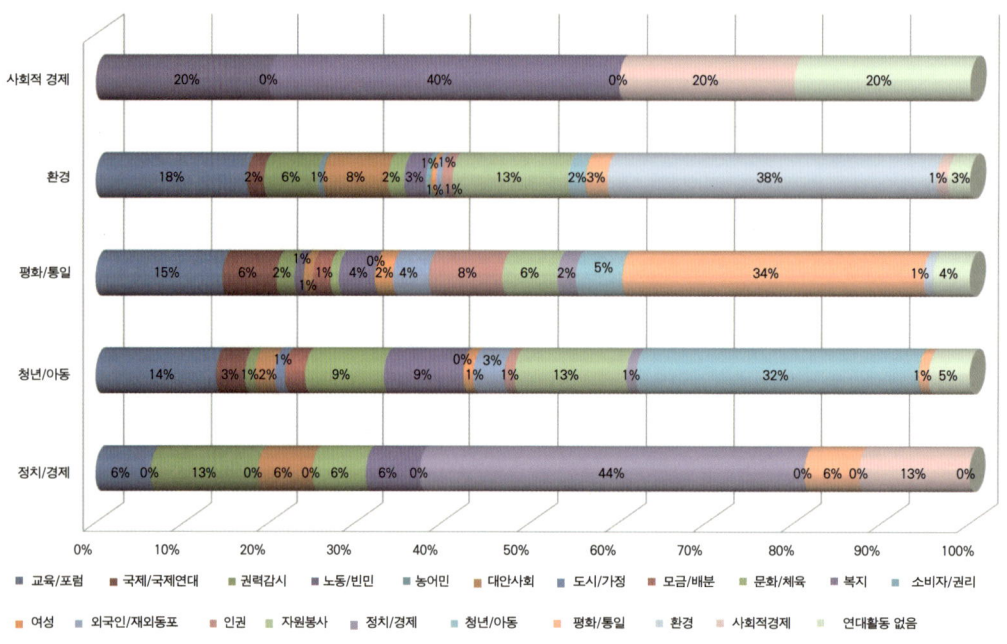

그림 60-4 운동영역별 주요 연대활동 분야

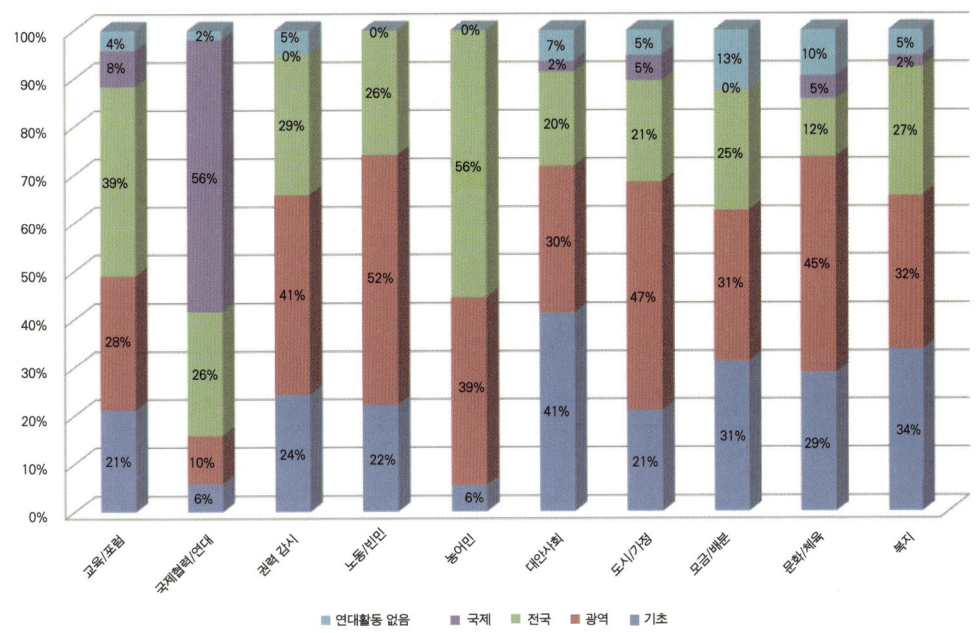

그림 61-1   운동영역별 연대활동 범위

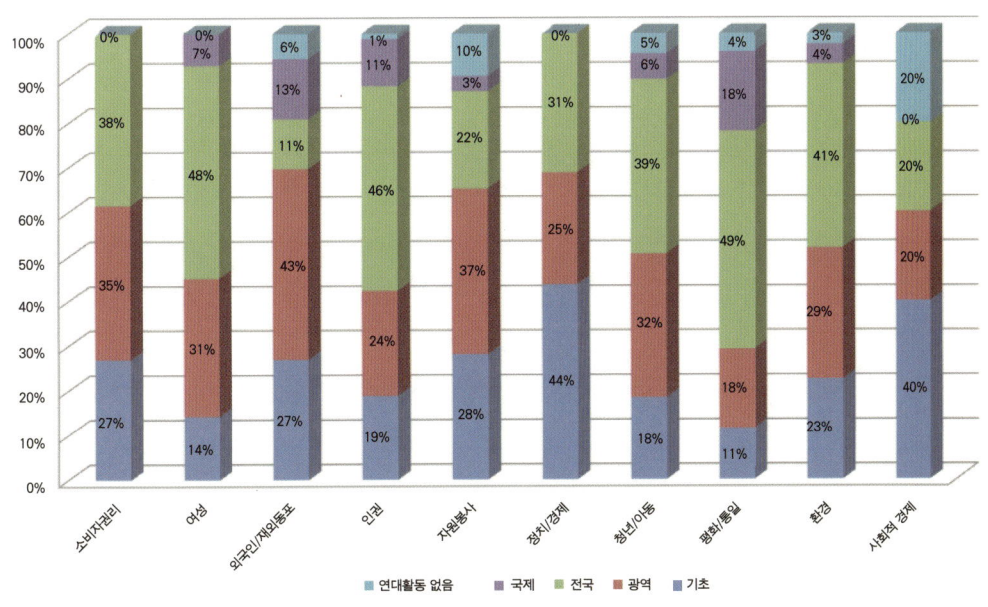

그림 61-2   운동영역별 연대활동 범위

치/경제, 사회적경제 영역의 단체들은 풀뿌리 기초단위에서의 지역공동체 활성화를 위한 연대활동에 초점을 맞추고 있는 것으로 나타났다. 한편, 노동빈민, 도시/가정, 외국인(다문화)/재외동포 영역의 비영리민간단체의 경우는 광역 시도단위로 그 연대활동의 폭을 확대하고 있다. 더 나아가 농어민, 인권, 평화통일, 환경 영역의 비영리단체는 전국단위의 연대활동의 비중이 높게 나타나고 있다. 전지구화 과정이 급속도로 진행되면서 사람, 돈, 생산품이 국가 경계를 보다 자유롭게 넘나들면서 국가를 넘어선 초국적 연대활동이 중요하게 되었다. 이런 맥락에서 국제협력/연대, 외국인/재외동포, 평화/통일 영역의 단체들은 자연스럽게 국제단위 연대활동에 상대적으로 많은 관심을 갖게 되면서 초국적 단체와의 협력과 연대활동을 강화하고 있는 것이다.

운동영역별 시민단체 외 협력기관을 살펴보면(그림 62), 공공기관과의 협력사업이 대부분이 20%가 넘는 것으로 나타났다. 그 중에서도 30%가 넘는 경우는 사회적경제, 소비자권리, 도시/가정, 문화/체육, 대안사회, 정치경제 영역으로 나타났는데 이것은 이상의 운동영역별영역에 속한 비영리민간단체일수록 정부 지원사업을 수행하기 위해 공공기관의 긴밀한 협력을 유지하고 있음을 의미한다. 한편, 기업과 가장 적극적인 협력관계를 유지하는 영역이 농어민 단체로 나왔는데 이는 좀 더 면밀한 해석이 필요하다. 국제협력/연대와 모금/배분 운동영역별영역의 단체들은 국내외 사회적 약자 및 소수자 지원을 위한 사업과 프로그램을 진행하기 위해 기업의 CSR 프로그램과 연계하는 것으로 해석할 수 있다.

종교기관과 상대적으로 친화적인 관계를 유지하며 연대활동을 전개하는 단체는 모금배분(10%), 외국인/재외동포(8%), 대안사회(8%), 평화/통일(6%) 순으로 나타났다.

학술기관 즉 대학 및 연구기관과의 긴밀한 협력관계를 유지하는 운동영역은 권력감시(18%), 교육/포럼(14%), 국제연대(13%), 환경(12%), 대안사회(11%), 인권(11%), 평화통일(10%) 순으로 나타났다. 마지막으로 정부기관과의 상대적으로 친화관계를 유지하며 다양한 협력관계를 유지하는 영역은 정치경제(31%), 소비자권리(28%), 국제협력/연대(22%), 여성(20%) 순으로 나타났다. 이것은 현재 비영리민간단체 중에서 어떤 이슈를 중심으로 정부와의 협력 프로젝트가 진행되고 있는지를 보여주는 중요한 근거가 된다.

비영리민간단체는 기본적으로 정부와의 협력적 관계를 유지하기 때문에 연대활동 방식에서 직접행동과 같은 제도권 밖에서의 압박전략을 동원하는 경우는 상대적으로

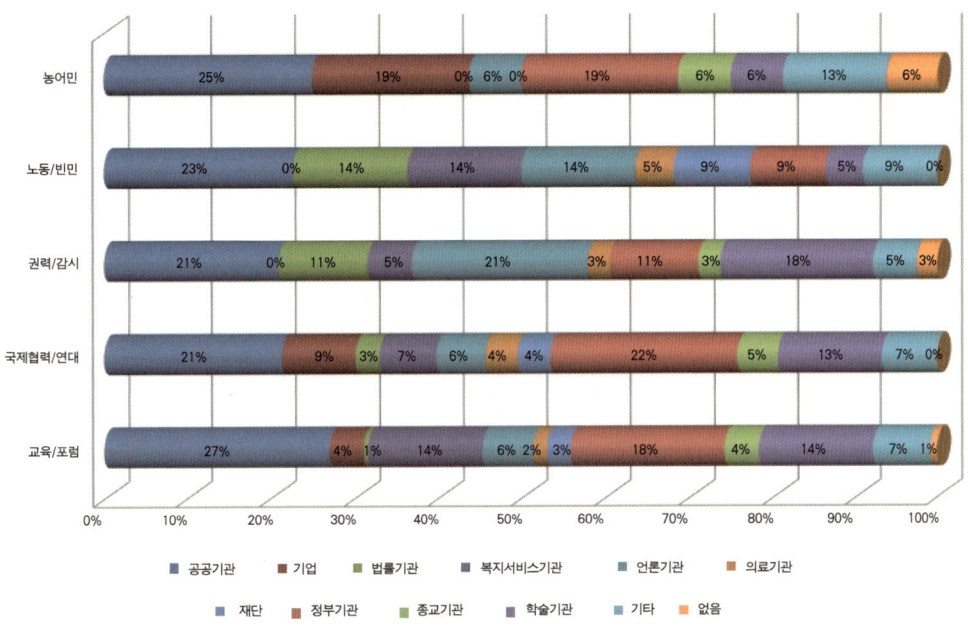

그림 62-1   운동영역별 시민단체 외 협력 기관

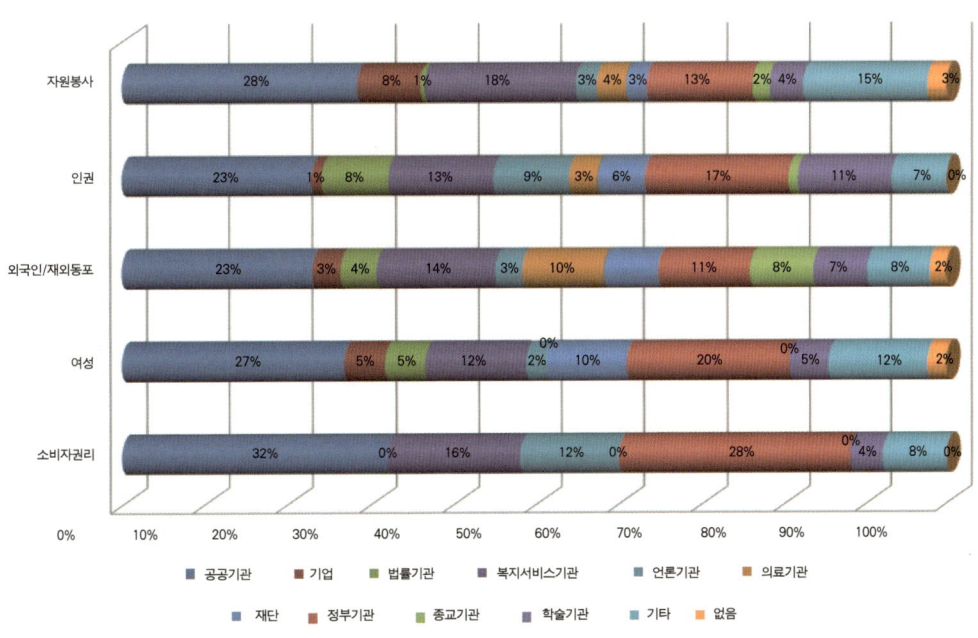

그림 62-2   운동영역별 시민단체 외 협력 기관

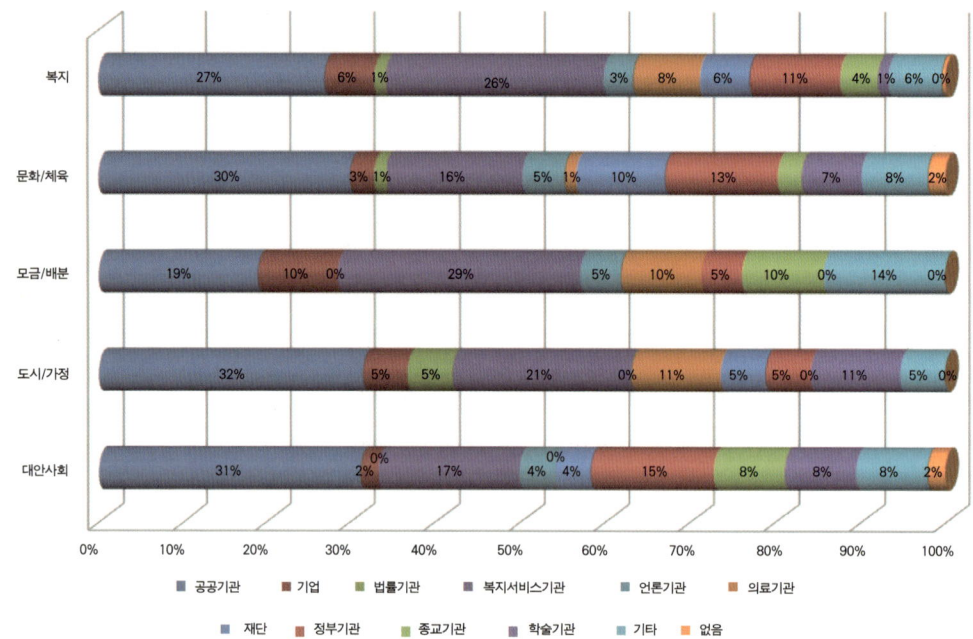

그림 62-3   운동영역별 시민단체 외 협력 기관

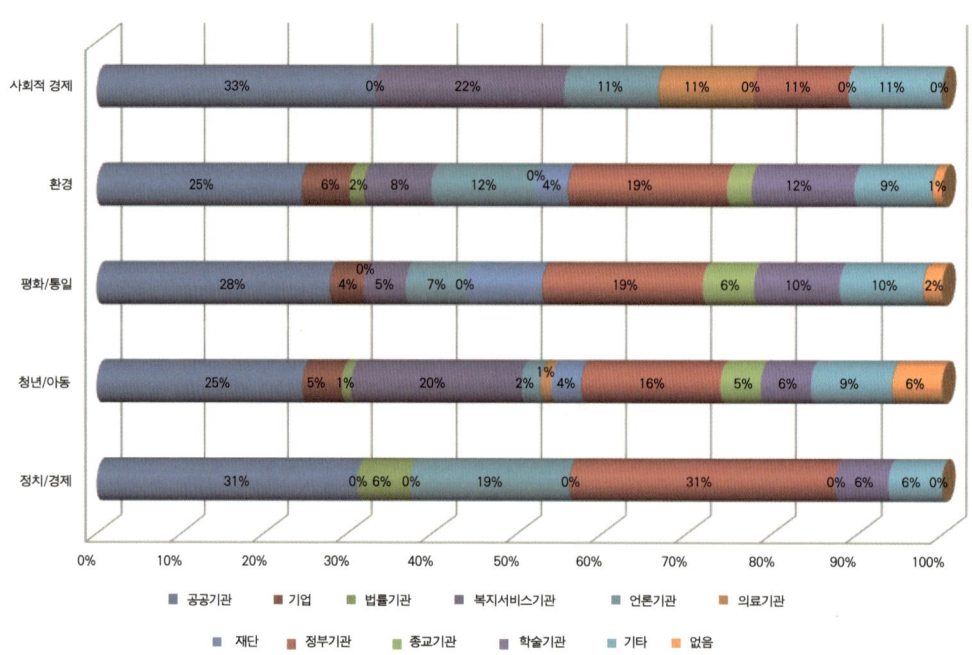

그림 62-4   운동영역별 시민단체 외 협력 기관

낮은 편이다. 그럼에도 불구하고, 운동영역별 연대활동 방식을 살펴보면(그림 63), 권력감시(25%), 여성(20%), 인권(19%), 평화/통일(15%), 노동/빈민(12%) 영역의 순으로 직접행동 방식을 동원하는 것으로 나타났다. 또한 이 영역의 단체들은 공동사업과 같은 안정적인 협력 틀을 상대적으로 높은 비율로 유지하고 있는 것으로 나타났다.

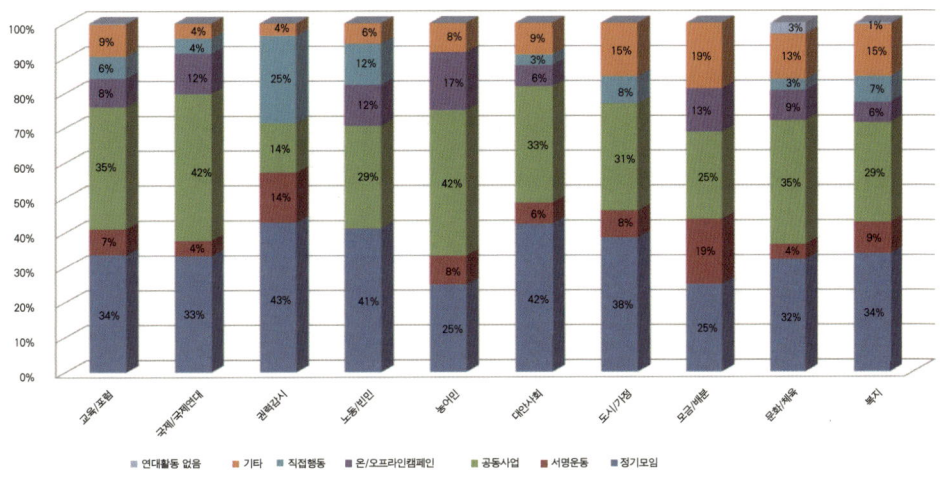

그림 63-1   운동영역별 연대활동 방식

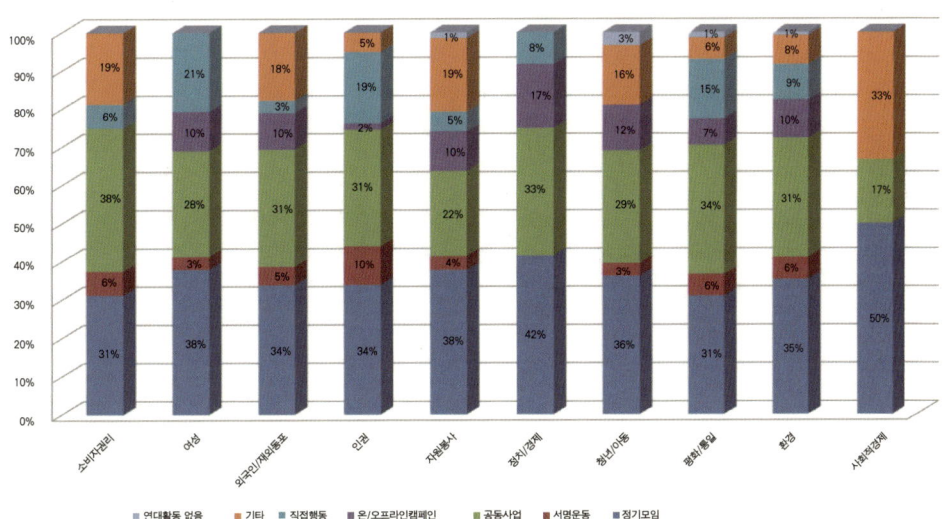

그림 63-2   운동영역별 연대활동 방식

재정과 집행

비영리민간단체의 운동영역에 따라 재정수입원 분포에 차이가 나타났다(그림 64). 정부 및 지자체의 지원 사업에 공모하여 위탁사업을 수행하고 있는가를 교차 분석한 결과 권력감시, 모금/배분 영역은 정부지원 사업 비중 각각 6.7%과 12.5%으로 매우 낮은 것으로 나타났다. 대신에 회원회비 비중이 권력감시 영역은 80%, 모금/배분 영역은 62.5%로 높게 나타났는데 이는 이 영역의 비영리민간단체는 주로 회원 회비를 통해 재정을 충원하고 있음을 보여주는 것이다.

그림 65에서 알 수 있듯이 복지, 여성 영역은 정부지원 사업 비중이 각각 41.3%과 46.7%로 상대적으로 높게 나타났다. 특히 이 두 영역의 단체들은 정부수탁사업을 하고 있는 경우가 과반수(복지 51%, 여성 60%)에 이르는 것으로 나타났다. 특히 정부위탁사업을 가장 적극적으로 수행하는 영역은 소비자 권리(66.7%), 사회적경제(66.7%), 여성(60%), 도시/가정(57.1%) 순으로 나타났다.

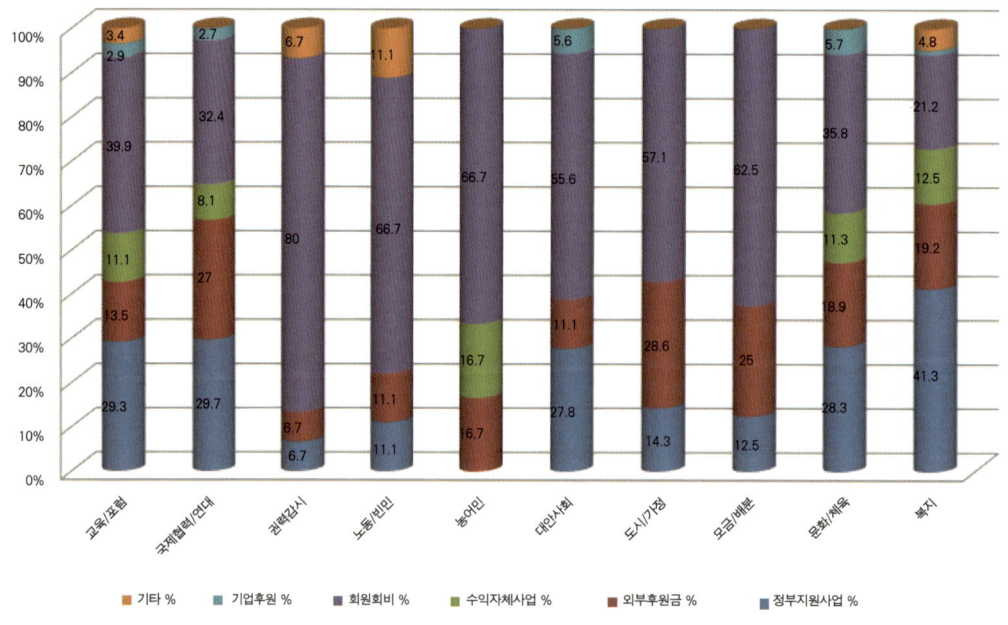

그림 64-1   운동영역별 재정수입원

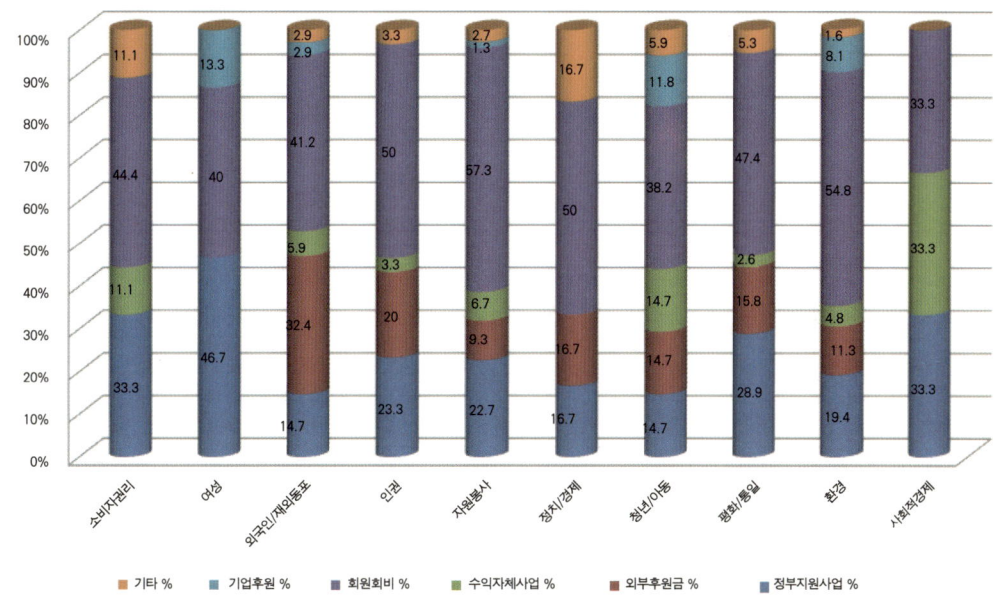

그림 64-2   운동영역별 재정수입원

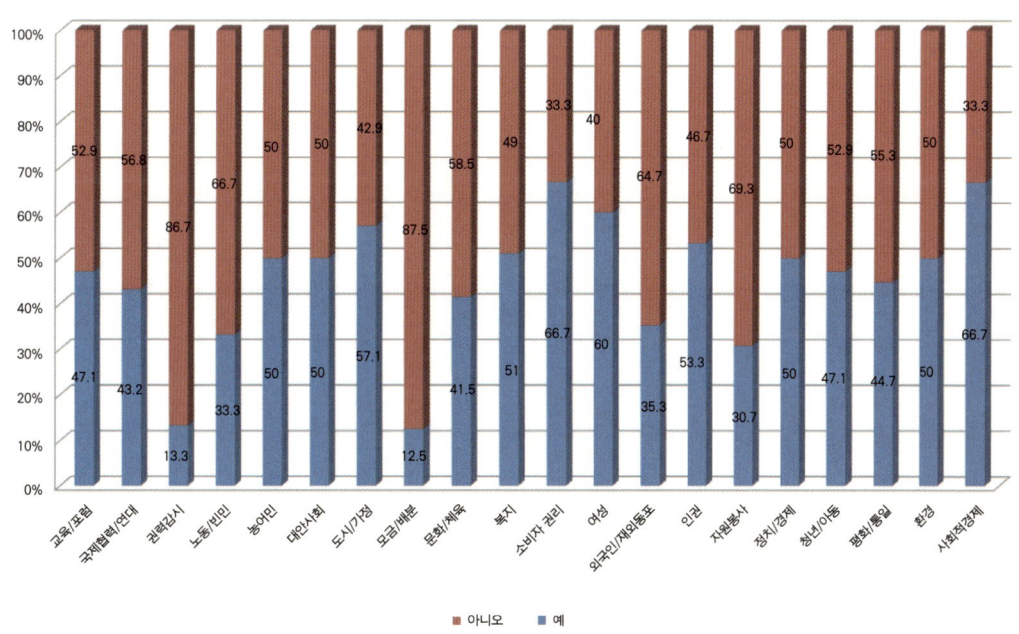

그림 65   운동영역별 중앙정부 혹은 지자체 위탁사업 수행 여부

4) 웹서베이 조사의 한계

이번 전수조사에서 활용한 웹서베이를 진행하는 과정에서 마주한 한계를 소개하면 아래와 같다. 첫째, 단체목록의 신뢰성 문제가 심각하며 이를 해결하는 것이 최우선 과제이다. 전화번호가 부정확하거나 결번이 많았다. 전화번호가 변경된 단체들도 많이 존재한다. 앞으로 단체 목록을 정기적으로 업데이트하는 것이 매우 중요하다. 웹서베이나 안내문 발송 과정에서 이메일 부재 혹은 부정확한 이메일 주소로 인해 조사 자체가 큰 한계를 마주했다. 이를 극복하기 위해 조사 중에 개별적인 전화조사를 통해 최신 정보를 수집하고 오류를 수정하지 않을 수 없었다. 특별히 단체의 전화번호가 없는 경우에는 홈페이지를 검색하여 전화번호를 확인하는 추가 작업이 필요했다. 그렇지만 전화연결이 되지 않는 단체의 경우와 이메일 주소가 없는 단체의 경우는 팩스 조사를 통해 보완하였지만 응답율은 매우 저조했다.

둘째, 웹서베이를 요청하기 위한 실무책임자와의 연결이 어려웠다. 조사대상 단체에 직접 전화 확인하는 과정에서 단기 조사원이 최대 150통 이상을 진행하기 어려웠다. 오전 중에 단체에 전화를 할 경우 전화를 받지 않는 단체가 많았는데, 이것은 오전에 실무자 외근이 많아 통화 연결이 어려웠던 것이다. 가급적 조사단체에 대한 전화연결은 가능한 오후에 집중하는 것이 효과적이었다. 지방 소재 단체의 경우는 서울지역 발신 번호가 찍힐 경우에 수신을 거부하는 경우가 빈번하여 이를 극복하기 위해 지방 소재 단체에 대해서는 조사원 개인 핸드폰을 활용하여 정보를 확인하였다. 사실 실무책임자와 직접 통화가 이루어지지 않을 경우에는 웹서베이 조사 협조방법과 내용이 실무자 간에 와전되는 경우도 빈번했다. 이를 극복하기 위해서는 서베이 요청은 반드시 대표 혹은 실무자를 찾아서 다시 설명하는 것이 확실한 방법이었다.

셋째, 웹서베이 방법에 대한 설명과 이해 간의 간극이 존재했다. 많은 실무자들이 웹서베이 방식을 낯설어 하는 경우가 많았다. 특히 응답자 연령이 높을 경우에 컴퓨터 사용에 익숙하지 않았다. 담당자의 연령이 많을 경우 웹서베이 방법에 대한 이해도가 떨어지는 경우도 있어 이메일 혹은 팩스조사로 대체하기도 하였다. 한편 연령대가 젊은 구성원인 경우에는 개인 이메일로 웹서베이 참여 안내문을 발송하기도 하였다. 설문조사 내용에 대해 예산 관련 문항 등 단체정보가 노출된다는 생각에 응답을 중단한 경우가 많았다. 향후 웹서베이 조사에서 단체에 대한 비밀보장을 분명히 알리는 장치를 강화할 필요가 있다.

넷째, 웹서베이 요청 전화를 할 때 조사 주관기관(아시아연구소)과 조사수행기간(현대리서치) 간의 불일치로 인해서 혼선이 야기되었다. 또한 조사원 전화안내를 하고 나서 일주일 후에 웹서베이 참여 요청 메일을 발송하였기에 시간적인 지체로 인하여 응답이 저조하기도 하였다.

마지막으로 향후 앞서 표본조사에서도 지적된 것처럼 웹서베이 조사기간 역시 각종 설문조사가 집중되는 10월-11월을 피하는 것이 매우 중요하다는 것을 확인하였다. 가급적 설문 조사는 상반기에 진행하는 것이 필요하다. 그러나 여전히 시민사회단체 스스로 이러한 조사에 대한 저항이 강하기에 이것을 극복하기 위한 지역의 협조가 절대적으로 필요하다.

III

한국 시민사회단체
기초통계 구축 사업
돌아보기

1. 한국 시민사회단체 기초통계 조사 결과 요약

한국 시민사회단체 기초통계 사업은 한국 시민사회의 역동적 변화를 객관적인 조사를 통해 올바로 진단과 처방을 내릴 수 있는 신뢰할 만한 자료를 구축하려는 첫 시도라는 점에서 큰 의의가 있다. 2013년 초 서울대 아시아연구소 시민사회프로그램은 한국 시민사회기초통계 사업을 중장기 사업으로 정하고 단계별 기초통계 사업을 기획하였다. 그 첫 사업이 [2012 한국민간단체총람] 을 국내 처음으로 데이터베이스화하는 작업이었다. 시민사회단체 조사를 체계적으로 수행하기 위한 총람자료 텍스트 분석과 설문지 구성을 위한 코딩가이드북을 만들었고, 이를 토대로 2014년에 시민사회단체 센서스 예비조사를 기획하게 되었다. 이 사업은 국무총리실 시민사회발전위원회 기획과 지원으로 [2014 시민사회단체 센서스 예비조사]라는 이름으로 서울대 아시아연구소 시민사회프로그램과 (사)시민운동정보센터이 연구 컨소시엄을 이루어 수행하였다. 시민운동정보센터는 주로 행정지원을 담당하였으며 시민사회프로그램은 연구조사를 담당하였다. 그러나 연구진의 열정과 헌신에도 불구하고 적은 예산과 짧은 조사기간, 시민사회단체의 조사저항 그리고 불완전한 조사네트워크 구성 등의 문제로 인해 조사에 응답한 단체 수가 기대에 미치지 못하였다.

이런 시행착오를 겪으면서 2015년에는 설문지 재구성(문항 조정), 지역전문가 풀 구성, 그리고 온라인 조사방법 등을 동원하여 비영리민간단체에 대한 전수조사와 한국 시민사회단체 표본조사를 결합한 시민사회단체 기초통계 사업을 기획하였다. 그러나 지원사업이 국무총리실에서 행정자치부로 이관되면서 기존 사업목표와 장기비전이 제대로 연결되지 못해 사업이 축소되고 말았다. 그 결과 2015년 시민사회기초통계 사업은 행정자치부 민간협력과가 기획한 [비영리민간단체 지원사업 관리정보시스템 기능

개선 및 고도화 사업]의 일부로 포함되어 진행되었다. 그 결과 전수조사와 표본조사를 수행할 수 있는 예산지원을 받지 못하게 되어 표본조사 역시 온라인 조사로 진행하게 되었다.

이러한 한계에도 불구하고 지난 3년간의 한국 시민사회단체 기초통계 구축사업은 일관된 목표, 즉 신뢰할 만한 한국 시민사회단체에 대한 데이터베이스를 구축하는 것을 향하여 조금씩 전진해가는 과정이라고 평가할 만하다. 다만 법적 제약이 아직도 존재하며, 정부와 시민사회단체 간의 불신이 강하여 기초통계조사에 대한 저항이 크고, 시민사회단체 기초통계 구축사업의 중요성에 대한 공감대가 아직 부족한 현실이다.

지난 3년간의 조사연구 경험은 이러한 문제를 확인하고 어떻게 극복할 수 있는가의 이론적, 실천 및 정책적 실마리를 발견할 수 있는 소중한 시간이었다. 이런 견지에서 향후 한국 시민사회단체 기초통계 구축을 위한 이론, 조사방법 그리고 자료 공유 서비스 관련하여 과제를 제시하고자 한다.

2. 한국 시민사회단체 기초통계 조사 한계 및 과제

1) 한국 시민사회단체 관리 현황 및 문제점

한국시민사회의 기초통계 부재는 한국 시민사회의 변화를 보다 정확하게 인지하고 그 변화에 필요한 전략을 준비하는데 큰 걸림돌이 되었다. 기존의 한국 시민사회단체 자료 구축 사업에 대한 성찰적 접근이 필요하다. 시민단체에 대한 부실한 조사 및 체계적인 업데이트가 이루어지지 않아 한국 시민사회단체 전체 모집단 Data를 구축하는 과정에서 큰 장애물을 마주하였다. 즉 신뢰성과 타당성을 갖춘 시민단체 모집단을 제대로 구축해야 하는 큰 과제를 마주하고 있다.

그림 66에서 확인할 수 있듯이 그 동안 한국 시민사회단체에 대한 기초조사는 크게

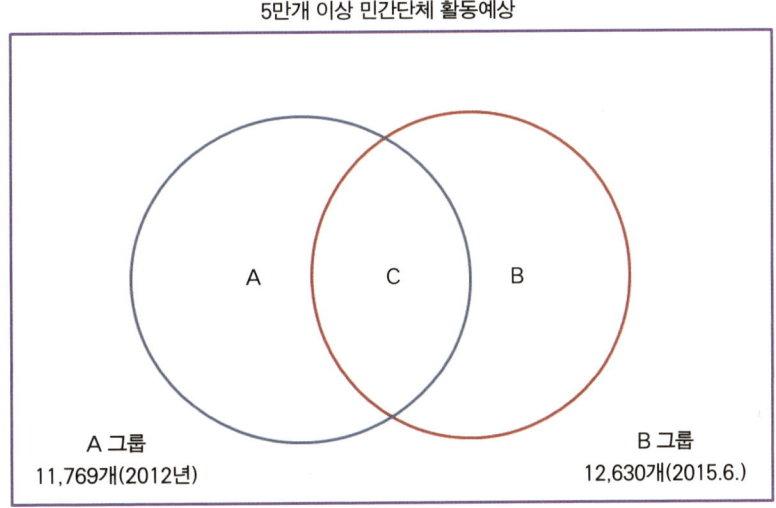

* C 섹션(조사중첩)이 증가하고 있음

그림 66 　한국 민간단체 Data 구성

두 가지 방식(A-B 그룹)으로 진행되었다. 안타깝게도 각 그룹에 속한 단체들에 대한 정보에 대한 업데이트가 진행되지 않은 채 새로운 정보를 계속적으로 추가하는 방식으로 진행되었다. 이런 이유로 모집단 정보의 부실에 기초한 표본선정 및 조사는 원천적으로 한계가 존재할 수밖에 없는 것이다.

(1) 한국민간단체총람사업: A 그룹

그림 66의 A그룹 조사는 [한국민간단체총람]에 수록된 기초통계 조사로서 가장 최근 내용은 2012년에 실시한 조사이다. 이 자료는 행자부 등록단체와 비등록단체를 포함하고 있다. 2000년부터 3년마다 행자부 지원으로 총람작업이 진행되었다. 지난 2003년부터 총 4회에 걸쳐 한국 시민사회단체 조사가 진행되었다. 시민운동정보센터가 행정자치부로부터 평균 1억원을 지원 받아 민간단체총람Korean NGO Directory을 3년 주기로 제작하였다. 2000년 전에는 [시민의 신문]이 1997년과 2000년 두 차례 조사를 수행하였다. 조사 결과 정보를 포함한 단체 수는 2003년 3,937개, 2006년 5,556개, 2009년 7,925개, 2012년 11,934개로 꾸준히 증가하였다. 조사내용은 설립지역, 연도, 목적, 활동영역(대분류 20개), 회원 수, 상근자 수, 예산, 조직형태(법인/임의단체), 홈페이지 개설 여부, 정기간행물 발행여부 등을 포함하고 있다. 조사방법은 우편, 이메일, 전화조사로 이루어졌다. 그러나 단체예산과 연대활등 중요 정보에 대해서는 무응답이 많았다. 심지어 이 조사가 자료 및 분석결과를 디지털 형태의 데이터베이스로 전환하지 않았다는 것이다.

A그룹의 단체 조사 경험에서 드러난 문제를 정리하면 아래와 같다. 우선, 2012 민간단체총람 사업은 단순 총람 제작보다는 기초통계자료를 만드는데 초점을 맞추어야 했다. 비록 조사 예산과 인력 부족으로 인해 새롭게 설립된 등록되지 않은 시민사회단체가 총람 자료에 충분히 포함되지 않은 것은 큰 한계로 드러났다. 실제로 2012년 자료집에 새로 추가된 단체는 대부분이 행자부에 등록된 신규 비영리민간단체이다.

둘째, 체계적인 조사방법을 구하지 못한 것이 큰 한계이다. 각 단체에 대한 정보 업데이트를 구조화된 설문지에 기초한 직접 방문 및 온라인 조사를 통해 진행하지 못했다. 대신에 단체 홈페이지, 이메일/전화/팩스 등을 통해 단체의 기본정보만 업데이트하는 방식을 채택하였다. 2012년 조사에서 가장 크게 의존한 방법은 인터넷 서치/전화/팩스 조사로 확인되었다. 가장 안타까운 것은 이러한 최소한의 정보 업데이트에도 응답하지 않은 단체의 경우는 2009년 조사 정보를 그대로 활용하였다는 것이다. 당시 조사책임을 맡은 연구자에 따르면 기존 정보를 활용한 경우는 전체의 1/3에 해당한다고 확인해 주었다. 조사의 신뢰성과 타당성을 높이기 위해서는 각 단체정보 업데이트 여부를 밝히고 그렇지 못한 경우에는 기존 정보(2009년)를 그대로 활용하고 있다는 것을 밝혀 주었어야 했다.

(2) 비영리민간단체 등록사업: B 그룹

이것은 행자부 등록 [비영리민간단체] 중앙 및 시도단체에 등록한 단체를 대상으로 한 기초통계 조사이다. 행정자치부 홈페이지에는 매년 등록단체 숫자를 지역별로 그 목록을 제공하고 있다. 그런데 그 정보가 업데이트가 되지 않은 채 추가만 되고 있는 것이 큰 문제이다. 이런 이유에서 비영리민간단체 기초통계 조사는 많은 한계를 노정하고 있다. [비영리민간단체지원법] 4조에 근거하여 이 법이 정한대로 일정 조건을 갖춘 단체로 단체등록을 해야 한다. 등록책임은 중앙행정기관 장이나 시도지사가 그 등록을 수리하는 것으로 규정하고 있다. 그러나 이 지원법은 비영리민간단체의 등록에 관한 내용만을 다루고 있다는 것이다. 즉 단체 활동 정보(변경/정지/소멸)에 대한 관리/업데이트에 대한 내용을 법 혹은 시행령으로 정하지 않고 있는 것이다.

비록 비영리민간단체로 등록한 단체는 지속적으로 증가하고 있다고 하더라도, 이 단체 중에 어느 정도나 단체 목표에 준하는 활동을 지속적으로 하고 있는지를 확인하기 어려운 상황이다. 2015년 6월30일 현재, 12,630개 비영리민간단체가 등록되어 있다고 하더라도 이 단체 중에 얼마나 활동하고 있는지에 대해서는 전혀 정보가 없는 실정이다. 앞 장에서 살펴보았듯이 2015년 비영리민간단체에 대한 전수조사를 시도했지만 등록단체에 대한 정보가 전혀 업데이트가 되어 있지 않아 진정한 의미의 전수조사를 진행할 수 없었다. 실제 조사에서는 지역으로 갈수록 등록단체의 50% 정도가 정보가 오류로 드러났다. 그렇지만 등록된 비영리민간단체 전체를 대상으로 최초로 각 단체의 기초정보 및 활동여부를 확인하는 절차를 거쳐 실제 조사 가능한 단체 목록을 작성했다는 점에서 큰 의의가 있다. 2015년 행자부 지원 사업을 통해 서울대 아시아연구소 시민사회 프로그램은 비영리민간단체(B 그룹 등록 12,630개)에 대한 전체 업데이트 작업을 수행하였다. 아쉽게도 예산 제약으로 A 그룹 단체(등록 + 비등록 시민사회단체)에 대한 업데이트 작업은 수행할 수 없었다. 사실 한국 시민사회의 지형변화는 새로운 영역과 대상-사회적 약자 및 소수자 이슈, 사회적경제 활동, 국제협력-을 위해 끊임없이 형성되고 있는 풀뿌리 시민사회 단체를 조사대상으로 포함해야만 그 역동성을 확인할 수 있을 것이다.

2) 한국 시민사회단체 기초통계 데이터베이스 구축 과제

이상의 시민사회단체 자료 구축의 문제를 살펴보았을 때 한국 민간단체 Database는 누가 관리하는가라는 중요한 과제가 우리 앞에 다가온다. 이런 책임과 권한을 법적으로 명시하는 것이 가장 중요한 문제인데 이것에 대한 시민사회 내의 의견 수렴이 필요하다. 시민사회단체 기초통계 자료를 안정적으로 그리고 신뢰할 수 있기 위해서는 [비영리민간단체지원법]을 개정하는 것이 가장 시급하다. 혹 개정이 시민사회, 정부 그리고 관련 단체들과의 충분한 논의가 필요하다면 법개정 전이라도 우선 단체정보 업데이트 관리를 위한 시행령을 추가하는 것도 대안일 수 있다. 시행령에는 단체의 기본정보를 정기적으로 업데이트 하는 업무를 중앙 혹은 지자체(광역시/도)에서 담당하는 것을 정할 필요가 있다. 또한 새롭게 비영리민간단체로 등록할 경우 단체기초정보-대표전화, 단체 공식 이메일, 그리고 사업자번호 등-를 필수 기입사항으로 정할 필요가 있다. 이 정도의 최소한 기초정보 및 정기적인 단체정보 업데이트가 진행된다면 지역단위에서 활동하는 시미사회단체의 현황을 정확히 파악할 수 있는 것이다. 그러나 이 정보가 가장 필요한 것은 지자체도 아니고 중앙기관도 아닌 시민사회 스스로이다. 시민들이 공공성을 지향하는 시민사회단체에 참여하기를 원하고 있지만 이것에 대한 살아있는 정보는 없고 등록할 때 제출한 죽은 정보만 남아 있다면 지역 시민사회에서 활동하는 단체들의 생생한 정보는 늘 얻지 못하게 된다.

지난 3년 동안 권역별로 지역 시민사회 및 활동가들과의 만남을 통해 각 지역의 시민사회단체에 대한 신뢰할 만한 정보 및 자료를 언제든지 쉽게 접할 수 있다면 더욱 지역 친화적이고 시민친화적인 활동을 전개할 수 있다는 간절한 바람을 확인할 수 있었다. 이런 맥락에서 중앙에서 일 방향적으로 관리 지원하는 중앙 중심적 접근이 아니라 7개 권역-서울, 경기, 영남, 호남, 충청, 강원, 제주-별로 시민사회단체 기초통계 구축을 위한 중간허브 센터를 지정하여 아래로부터 풀뿌리 지역 시민사회단체에 대한 자료를 지속적으로 업데이트하는 동시에 정기적으로 전국 단위의 시민사회단체 자료 구축을 위한 공동조사를 수행하는데 참여하는 것이 중요하다. 이러한 자료를 구축하는데 관심을 갖고 있는 정부, 학계(연구기관) 그리고 시민사회단체 간의 신뢰하는 협력적 삼자관계를 이루는 것이 무엇보다도 중요하다. 한쪽에서는 시민사회단체를 관리하는 목적으로, 다른 한쪽은 정부의 지원을 얻기 위한 목적으로만 접근한다면 한국적 맥락에서 축적되어 온 정부와 시민사회단체간의 불신의 장벽은 쉽게 넘을 수 없는 것이다. 요컨대, 시민사회단체 기초통계 구축사업은 관리가 아니라 서비스적 관점에서 접근해야 하며 그러기 위해서는 수평적이며 상호 신뢰하는 협력적 관계를 이루지 않으면 변화무쌍한 시민사회단체의 지형변화 더 나아가 시민사회의 요구를 제대로 읽어낼 수 없을 것이다.

3) 한국 시민사회단체 통계 조사 과정의 장애물30

지난 2014-15년 2년 동안 수행한 시민사회단체 기초조사 과정에서 마주한 다양한 장애물을 소개하고자 한다. 먼저 2014년 시민사회단체 센서스를 위한 타당성 검토를 위한 예비조사 과정에서 드러난 문제를 소개하고자 한다. 사실 2014 표본조사 연구는 전국의 조사원 30여 명을 직접 교육하고 지역 조사 책임자를 통하여 조사과정 전체를 관리하고 중간 조사상의 어려움이 발생할 경우 자문을 해주면서 조사를 진행하였다. 이 조사과정에서 드러난 문제를 조사원과 조사책임자들로부터 간략한 리포트를 받았다. 그 내용을 중심으로 향후 시민사회단체 센서스를 수행하기 위해 고려해야 할 부분을 조사전략 및 조사 장애물을 중심으로 살펴보고자 한다.

첫째, 조사 전략을 세우는데서 마주한 장애물이다. 본래 1차 표본으로 선정한 조사 대상 단체에게 이메일을 일괄적으로 발송한 후에 2단계로 지역 조사원이 전화로 조사의 취지를 설명하고 조사협조를 요청하는 것으로 정했다. 그리고 마지막 3단계에서는 조사에 응하지 않는 단체가 발생할 경우에는 이 단체들만을 대상으로 공문을 발송하여 단체차원에서 설문조사에 응해 줄 것을 공시적으로 요청하기로 하였다. 그리고 마

---

30   2014년 국무총리실 지원 [한국 시민사회단체 예비조사 결과보고서] 내용일부 재인용.

지막으로 지역의 조사책임자가 조사에 응하지 않고 있는 단체들을 대상으로 직접 전화를 걸어 협조를 구하는 전략을 세웠다. 그러나 위의 3단계 전략에 따른 조사 진행은 몇 가지 점에서 효율적이지 못했다. 예를 들어 모든 단체에게 공문을 발송한 후 섭외를 진행했다면, 단체들이 조사에 대한 신뢰를 가질 수 있었다는 점이다. 또한 초기의 단체 섭외는 지역 시민사회에 대한 전문 지식이 있는 지역 책임자가 맡는 것이 좋다는 점이다. 그리고 온라인 조사를 원칙으로 하되 방문 및 이메일 조사를 겸하면 더 많은 단체가 조사에 응할 수 있다는 점이다. 사실 방문 조사보다 이메일 조사를 더 선호하는 단체인 경우, 방문 조사 원칙을 고수하기 보다는 메일조사와 방문 조사를 병행하는 것이 더 효과적일 수 있다는 것이다. 특히 시민사회단체 조사에서 고려해야 할 것은 조사 시기이다. 조사 준비 시간을 고려한다고 하더라도 10월과 11월에 조사가 이루어진 것은 치명적인 장애물로 나타났다. 이 기간은 상당수의 시민 단체들이 행사와 보고서 제출 등으로 매우 바쁜 시기이기에, 조사 섭외가 훨씬 더 어려운 것으로 나타났다.

조사원 방문 조사 원칙에 관해서도 유의할 것이 있다. 조사원 교육 자료를 통해 전달한 조사원 조사수칙은 조사원과 응답자의 미팅은 사무실이 아닌 독립된 공간(카페 등)에서 이루어져야 한다고 하였다. 그러나 회원 수/단체 예산/자원봉사자 수 등의 단체 관련 정보를 정확히 알기 위해서는 사무실에서 조사를 하는 것이 더 효과적인 경우가 많았다. 또한 조사원 기입방식을 원칙으로 했기에 조사원이 직접 대답을 기입할 경우, 조사 소요 시간이 훨씬 증가하여 응답자에게 오히려 많은 부담을 주기도 하였다.

조사전략에서 가장 중요한 이슈는 조사원의 전문성과 조사역량을 갖추고 조사원이 참여하는가의 문제이다. 본 조사는 각 지역마다 설문 조사에 대한 경험이 있고, 한국 시민사회에 대한 기본적인 배경 지식을 가진 사회과학 전공 대학생/대학원이 조사원으로 참여하였다. 하지만 서울·경기 지역 조사원은 상당수가 대학생이었기 기존 배경지식은 물론 경험도 부족하였다. 조사원 교육을 받았음에도 불구하고 이들이 진행한 조사 과정에서 단체 섭외는 물론 조사 응답율이 저조하게 나타났다. 즉 사전 조사원 교육에도 불구하고 실제 조사 단체를 섭외하거나 설문을 진행할 때에 조사의 목적과 설문내용에 대해 설명하는 데는 부족했다는 평가가 지배적이었다.

둘째, 조사 장애물에 대한 면밀한 검토가 필요하다. 시민사회단체 기초통계 조사는 한국 시민사회의 지형 변화를 분석하는 포괄적인 조사로 기획하였다. 그런데 실제 조사과정에서 조사내용과 설문은 조직 구성원에서 단체 활동 및 예산 집행에 이르기까지

과도하게 많다는 반응이 지배적이었다. 실제 조사는 단체 당 평균 1시간~1시간 30분 정도 소요되었다. 그러나 상당수의 응답자들이 설문의 내용이 방대하고, 질문이 어렵다는 반응을 보였다. 특별히 설문 중에 조직 구성원들의 나이와 학력 등 민감한 개인 정보를 묻는 질문이 있어 대답하기에 곤란하다는 응답자의 반응도 있었다. 또한 설문조사에 대한 감사품으로 준비한 USB와 문화상품권에 대해서도 조사 참여시간에 비해 약소하다는 의견도 있었다.

그럼 설문조사에 대해 몇 가지 주목할 만한 조사 장애물을 좀 더 구체적으로 살펴보자. 불명확한 단체 정보가 많았다. 조사 표본은 [2012 한국민간단체총람]의 데이터를 기반으로 하지만, 조사 진행에 있어 단체의 주소, 전화번호, 이메일 주소와 같은 필수 정보는 매우 중요하지만, 상당수의 데이터가 잘못되거나 최신 내용을 반영하지 못한 것이었다. 따라서 표본으로 선정된 단체의 정보를 일일이 확인하고 지역에 배분하지 못했기 때문에, 서울·경기를 비롯해 모든 지역의 조사원들이 표본 조사 단체의 정보가 부정확한 것을 확인하였다. 또한 서울 지역의 큰 시민단체 조사의 경우 사무국장 이상의 실무 책임자를 섭외하는 것이 힘들었다. 이 경우에는 공문을 발송하더라도, 단체의 내부 회의를 통해 조사 참여에 결정하기까지 오랜 시간이 걸려 조사 섭외에서 많은 어려움이 있었다. 사실 시민사회단체 조사의 가장 큰 장애물은 시민사회단체들의 비협조적인 태도이다. 정부 지원사업이지만 책임 있는 연구기관이 조사를 진행한다고 하더라고 그 취지에 쉽게 동의하기 보다는 오히려 조사 이면에 또 다른 목적이 있지 않는지를 질문하였다. 이처럼 시민단체들이 조사에 대해 불신과 부정적인 태도를 견지하면서 단체 정보를 선뜻 공개하려하지 않았다. 그 이유는 아마도 시민사회 단체에 대한 수많은 조사가 진행되었음에도 불구하고 조사 결과를 제대로 공유하는 가시적인 성과를 내지 못했기 때문이라고 판단된다.

요컨대, 2014-15 시민사회기초통계 구축사업은 궁극적으로 한국 시민사회단체 센서스를 위한 예비 타당성 조사로 진행되었고 많은 한계와 장애물을 확인하는 소중한 시간이었다. 연구진은 표본조사와 전수조사를 분리 접근하는 것이 필요하지만 이 두 조사가 제대로 이루어지기 위해서는 정기적으로 등록 혹은 비등록 시민사회단체에 대한 자료 업데이트가 반드시 이루어져야 한다는 것을 확인하였다. 이 업데이트 과정이 전제되지 않는다면 향후 시민사회단체 기초통계 구축 과정에서 동일한 한계와 장애물을 반복해서 마주할 수밖에 없을 것이다.

3. 한국 시민사회단체 기초통계 조사 개선방안 및 정책 제언

1) 조사여건 및 법 개정 개선 방향

한국 시민사회단체 기초통계 조사 여건을 개선하기 위해서는 크게 두 축으로 되어 있는 시민사회단체 데이터를 어떻게 하나로 통합할 것인가가 중요한 과제이다. 행자부에 등록된 [비영리민간단체] 정보는 제대로 관리 및 업데이트가 이루어지고 있지 않기 때문에 많은 오류를 포함하고 있어 이를 기초로 한 전수 및 표본조사는 근본적으로 한계가 있다. 또한 행자부에 등록되지 않는 단체를 포함하는 민간단체총람 작업도 2011년 조사를 마지막으로 더 이상 진행되지 않고 있기 때문에 최근 새롭게 주목받고 있는 영역-사회적경제, 사회적약자 및 소수자 지원, 국제협력 등-에서 새롭게 형성되고 있는 단체에 대한 자료 축적 및 업데이트가 절실히 필요하다.

이런 견지에서 시민사회단체 기본정보를 체계적으로 구축하고 공유할 수 있는 관련 법 개정 및 개선이 필요하다. 이를 위해 우선 비영리민간단체지원법 개정 혹은 시행령 추가가 필요하다. 현행법은 민간단체지원을 위해 등록만을 관리하는 것으로 되었다. 단체정보 업데이트 및 기초통계 구축사업 등을 포함한 정보관리 업무에 대해 구체적으로 명시하지 않고 있어 일 방향적인 관리업무만 이루어지고 있다.

둘째, 단계적으로 법 개정을 목표로 한다면 우선 등록에 관한 시행령을 추가하여 초기 등록단체의 기초정보를 충분히 확보하는 것이 현실적인 대안일 수 있다. 특별히 현재 지자체별로 비영리민간단체의 등록정보가 다르게 되어 있다. 등록 당시에 비영리민간단체는 최소 필요한 정보를 확보할 수 있는 등록에 필요한 신청양식을 새롭게 할 필요가 있다. 예를 들어 단체고유번호, 활동목적, 주요활동 영역, 주소, 단체 홈페이지, 단체 연락처 및 이메일 주소, 전화번호 등을 필수 기입사항으로 명시하는 것이 필요하다.

셋째, 등록단체 업데이트 임무를 시행령에 포함시키는 것이 중요하다. 등록단체는 최소 2년마다 등록정보에 대한 업데이트를 이행하지 않을 경우 정부나 지자체 지원사업에 공모하는데 제한을 두는 강력한 권고사항을 추가할 필요가 있다.

이외에도 비영리민간단체 지원과 관련하여 시민사회의 지원법 개정에 대한 요청사항은 다양하고도 커지고 있다. 대표적인 내용으로는 정부의 민간단체 지원공모 사업을 공정하고 투명하게 운영하는 것, 지방재정법 개정이후 민간단체에 대한 위탁지원이 갑과 을의 관계로 변하고 있는 문제, 안정적인 거버넌스 구축을 위한 다양한 현장의 목소리를 반영하는 노력의 부재, 그리고 시민사회단체의 지속가능성을 담보할 수 있는 시민사회발전기금을 조성하는 것 등을 들 수 있다.[31]

2) 정책 제언

위에서 강조한 시민사회단체 기초통계 구축 여건 및 법 개정 개선을 위한 정책 과제제를 제시하고자 한다.

첫째, NGO Database 서비스 체계를 어떻게 구축하는가가 향후 최대 정책 과제이다. 중앙정부는 기초통계 시스템(기술적 부문)을 제공하는데 초점을 맞추고, 기초단체장은 기초지역 조사에 지원 및 협력하며, 더 나아가 기초통계 자료를 수집, 관리 및 서비스하는 것은 전국차원의 협력 네트워크를 구성하는 것으로 나누어 접근할 필요가 있다. 이를 위해 가칭 '한국 NGO Database 전국네트워크'를 구성함으로써 수평적 차원에서 아래로부터 자발적인 참여를 끌어내기 위한 쌍방향적 참여 및 협력관계를 구축한다. 이 네트워크가 성공하기 위해서는 데이터 서비스 체계에 대한 비영리민간단체의 신뢰를 얻는 것이 무엇보다 중요하다. 이를 위해 먼저 신뢰할 만한 자료를 지역의 단체들과 지속적으로 공유하며 단체들이 자발적으로 참여할 수 있는 인센티브를 제공해야 한다.

둘째, 한국 NGO Database 전국네트워크는 권역별 조사를 담당하는 중간허브를 연결하고 지원하는데 초점을 두어야 한다. 이를 위해 서울/경기/강원/충청/호남/영남/제

---

31 보다 자세한 내용은 한국NGO학회/ 한일장신대SSK연구단 공동을 개최한 [국회정책포럼: 시민
    사회단체 지원법 개선방향] (2016. 6. 10) 참조.

주를 포함한 7개 권역별 중간허브센터를 구축하는 것이 필요하다. 이 중간허브는 쌍방향접근 전략 위에서 지역단위 자료 업데이트를 진행한다. 그리고 중앙 혹은 지방정부의 지원을 통해 정기적으로 기초통계 구축사업을 수행함으로써 기존에 구축된 데이터베이스를 자발적으로 업데이트 하는 협력관계를 만든다. 이러한 안정적인 중간허브 연결고리가 존재해야만 시민사회단체 자료에 대한 신뢰성을 확보할 수 있는 것이다. 특별히 중간허브가 제대로 작동하기 위해서는 데이터베이스 관리 및 서비스를 위한 정부, 학계(연구기관), 시민사회 간 삼자협력관계trilateral collaboration가 이루어져야 하며 그 사무국은 지역 중간지원센터(NGO, NPO 센터 등)가 맡는 것이 바람직하다.

셋째, 한국 NGO Database 전국 네트워크 운영 원칙을 마련해야 한다. 예시로 몇 가지 원칙을 생각해 볼 수 있다. 권역별 네트워크 구성은 권역별 연구기관, 지자체 및 중간지원단체 컨소시엄 형식으로 10인 이내의 위원회가 바람직하다. 이 위원회는 초기 3년 동안 권역별 컨소시엄 구성 및 기초통계구축사업 지원을 책임진다. 그리고 위원회는 시민사회단체 기초통계를 위한 공통 조사항목 모듈을 개발하고 필요에 따라서는 지자체의 특수성을 고려한 지자체 단위의 별도 항목을 추가한다. 중앙등록단체와 지역등록단체의 데이터베이스 업데이트 업무는 권역별 중간허브에서 관리하는 것으로 한다. 중앙(행정자치부 민간협력과)은 한국 NGO DB 전국네트워크와의 협력관계를 유지하며 공통의 시민단체 기초통계 시스템을 개발하는데 초점을 맞춘다. 권역별 중간허브는 공통의 시스템을 활용하여 비영리민간단체 기초정보를 지속적으로 업데이트 하여 다양한 정보 서비스를 제공하는 역할을 담당한다. 중간허브는 1년 단위로 권역별 단체정보 업데이트를 진행하며, 필요에 따라 시스템 혹은 정보포털 회원제를 도입하여 시민단체 스스로 정보유용성을 확인하고 스스로 자신의 정보를 업데이트하는 것을 유인하는 것이 중요하다. 예를 들어 단체 정보 업데이트를 추동하기 위한 유인기제로는 사업정보 공유 및 정부지원 사업 신청 자격 부여 등을 고려할 수 있다.

기초지역단위 조사는 지자체의 필요에 따라 이 정보를 통해 정기적으로 기초자료를 축적하여 전국적으로 공유하는 것이 바람직하다. 시민사회단체가 이러한 방식으로 기초통계를 구축해 가면 관련 유사 기관들과의 자료연계 및 공유가 이어질 것으로 기대된다. 즉 국민운동단체, 사회복지단체, 국제협력단체 등의 정보를 공유함으로써 지역 내 유사사업에 대한 단체 간 협력 제고를 유도할 수 있을 것이다.

요컨대, 장기적인 시민사회단체 기초통계 구축사업을 위해서는 정부차원에서는 비영리민간단체지원법 및 관련 시행령을 개선하는데 초점을 두며, 동시에 지자체는 등록단체들의 지속적인 정보 업데이트를 유인하고 업데이트를 보다 쉽게 할 수 있는 기초조사 지원시스템을 개발 및 공유하는 데 초점을 두는 것이 중요하다. 동시에 한국 NGO 데이터베이스 전국네트워크는 정부, 학계, 시민사회 삼자협력을 통해 한국 시민사회의 역동적인 변화를 지속적으로 모니터하는 것이 중요하다. 이를 통해 끊임없이 변화하는 시민사회단체 지형도를 다양한 각도(영역, 목표, 활동유형, 연대활동, 거버넌스, 온라인 활동, 국제협력 등)로 공유하는 것이 필요하다. 그림 67은 이러한 삼자협력관계를 하나의 모델로 예시한 것이다.

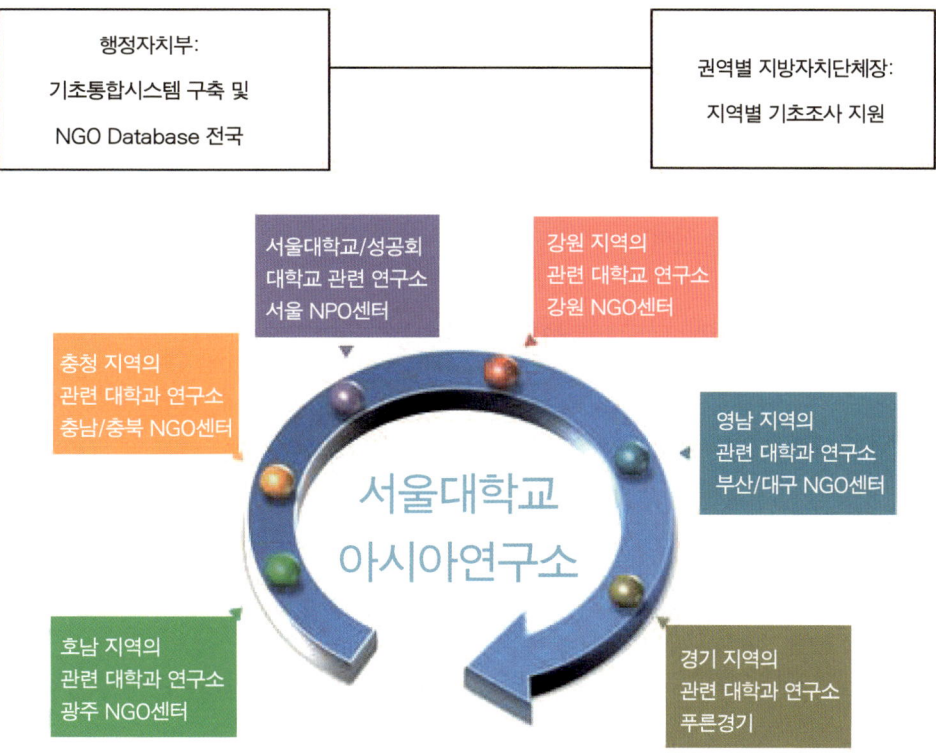

그림 67   NGO Database 전국 네트워크 구축 모델(안)

참고문헌

공석기, 2007. "지구민주주의와 초국적 사회운동: 세계사회포럼(World Social Forum) 사례를 중심으로." 『한국사회과학』 통권 29호.

공석기. 2011. "운동의 수렴: 국제연대 및 국제협력의 새로운 길 찾기." 시민운동정보센터 편. 『한국시민사회연감 2012』 449-466. 서울: 시민운동정보센터

공석기. 2015. "한국 시민행동지표 개발에 대한 탐색적 연구," 한국연구재단 SSK 네트워킹심포지움 (2015. 4. 17)

공석기. 2016. "서울 시민사회단체 역량 톺아보기-둥지형 정치기회구조와 시민행동지수를 중심으로-." 『신학과 사회』 30(2): 135-176.

공석기·임현진. 2003. "지구시민사회는 가능한가?-초국적 사회운동을 중심으로." 『한국비영리연구』 2(2): 3-46.

공석기·임현진. 2010. "세계사회포럼과 한국사회운동." 『국제정치논총』 50(1): 341-372.

김남국. 2005. "다문화 시대의 시민: 한국사회에 대한 시론." 『국제정치논총』 45(4): 97-121.

김의영 외. 2015. 『동네 안의 시민정치』 서울: 푸른길.

김종덕 2009. 『먹을거리 위기와 로컬푸드』. 이후.

김현대 외 2012. 『협동조합, 참 좋다』. 푸른지식.

담비사 모요. 2009. 『죽은 원조』. 김진경 역, 알마.

던컨 그린. 2010. 『빈곤에서 권력으로, 국가와 시민은 어떻게 빈곤과 불평등을 해결할 수 있을까』. 이매진.

데이비드 하비. 2009. 『포스트 모더니티의 조건』. 한울.

레스터 브라운. 2009. 『우리는 미래를 훔쳐쓰고 있다』. 이종욱 역, 도요새.

류은숙. 2009. 『인권을 외치다』 푸른숲.

민주화운동기념사업회 연구소. 2006. 한국민주화운동사 연표. 서울: 선인.

박경태. 2010. 『인권과 소수자 이야기』. 책세상.

박상필. 2013. 서울시 풀뿌리NGO 조사 제1권. 한국NGO학회.

부산민주화운동편찬위원회. 1998. 부산민주운동사.

서울대 아시아연구소 시민사회프로그램. 2015.『2015 비영리민간단체 DB 구축 사업 결과보고』행정자치부 지원과제 결과보고서.

스테파노 자마니 외. 2009『협동조합으로 기업하라』. 송성호 역, 북돋음.

시민운동정보센터. 2010. 시민사회단체목록: 한국민간단체총람.

시민운동정보센터. 2010. 한국시민사회연감 2010. 서울: 시민의신문.

시민운동정보센터. 2012. 2012 한국민간단체총람(상). 서울: 재외동포신문사.

시민운동정보센터. 2012. 2012 한국민간단체총람(중). 서울: 재외동포신문사.

시민운동정보센터. 2012. 2012 한국민간단체총람(하). 서울: 재외동포신문사.

시민운동정보센터. 2012. 한국시민사회연감 2012. 서울: 재외동포신문사.

시민운동정보센터·서울대 아시아연구소 시민사회프로그램. 2014.『2014 시민사회단체 기초통계 기반구축사업 결과보고』국무총리실 지원과제 결과보고서.

아네트 데스마레이즈 2011.『비아 캄페시나』. 박신규 외 (공역), 한티재.

앤서니 기든스·울리히 벡·스콧 래쉬. 2010.『성찰적 근대화』. 한울.

오경석 외 2007.『한국에서의 다문화주의: 현실과 쟁점』. 한울 아카데미.

울리히 벡. 1999.『위험사회 – 새로운 근대(성)을 향하여』. 새물결.

윤수종 외 2007.『우리시대의 소수자 운동』이학사.

임현진. 2005.『전환기 한국의 정치와 사회: 지식, 권력, 운동』. 파주: 집문당.

임현진. 2012.『지구시민사회의 구조와 역학: 이론과 실제』. 파주: 나남.

임현진·공석기. 2004. "지구시민사회와 초국적사회운동: 한국의 국제연대와 관련하여",『대동철학』제24집, pp. 391–410.

임현진·공석기. 2006. "지구시민사회의 작동원리와 한국 사회운동의 초국적 동원전략."『한국사회학』40(2): 1–36.

임현진·공석기. 2011.『글로벌 NGOs: 세계정치의 '와일드 카드'』. 파주: 나남.

정진성·공석기·구정우. 2010.『인권으로 읽는 동아시아』. 서울: 서울대 출판문화원.

제윤경·이헌욱 2012『약탈적 금융사회』. 부키.

제임스 하워드 쿤슬러 2005.『장기비상시대』. 이한중 역, 갈라파고스.

조효제. 2007.『인권의 문법』. 후마니타스.

한국시민사회연감 편찬위원회·시민운동정보센터. 2004. 한국시민사회운동 15년사 1987-2002. 서울: 시민의신문.

한일장신대 SSK-NGO연구단. 2015. 『한국시민사회지형도: 시민행동지수 읽기』 전주: 학예사.

환경운동연합 20주년 추진위원회. 2013. 환경운동연합 20년 백서. 환경운동연합.

Ayres, J. 2004. "Framing Collective Action Against Neoliberalism: The Case of the 'Anti-Globalization Movement'." *Journal of World-Systems Research* 10(1).

Benford, R. D. and D. A. Snow. 2000. "Framing Processes and Social Movements: An Overview and Assessment." *Annual Review of Sociology* 26: 611-639.

Boli J. and G. M. Thomas. 1999. "INGOs and the Organization of World Culture." in J. Boli and G. Thomas eds. *Constructing World Culture: International Nongovernmental Organizations since 1875.* Stanford, CA: Stanford University Press.

Guidry, J, Kennedy, M. D. and M. N. Zald (eds.). 2000. *Globalizations and Social Movements: Culture, Power, and the Transnational Public Sphere.* MI: University of Michigan Press.

Juris, J. S. 2008. *Networking Futures: The Movements against Corporate Globalization.Durham*, NC: Duke Univ Press.

Keck, M. and K. Sikkink. 1998. *Activists Beyond Borders. Ithaca*, NY: Cornell University Press.

Keohane, P. and J. Nye. 1972 (eds.) *Transnational Relations and World Politics.* Cambridge, MA: Harvard University Press.

Khagram, S. 2004. *Dams and Development: Transnational Struggles for Water and Power.* Itaca/NY: Cornell University Press.

Klandermans, B. 1997. *The Social Psychology of Protest.* Blackwell Oxford.

McAdam, D. 1982. *Political Process and the Development of Black Insurgency. Chicago*, IL: University of Chicago Press.

McAdam, D. 2004. "Revisiting the Us Civil Rights Movement: Toward a More Synthetic Understanding of the Origins of Contention." in Goodwin, J. and J. M. Jasper, eds. *Rethinking Social Movements*. Lanham, MD: Rowman and Littlefield Publishers.

McCaughey, M. and M. Ayers. 2003. *Cyberactivism: Onine Activism in Theory and Practice*, New York: Routledge.

Meyer, D. 2003. "Political Opportunity and Nested Institutions," *Social Movements Studies* 2(1): 17-35.

Meyer, D. and S. Tarrow (eds.). 1998. *The Social Movement Society: Contentious Politics for a New Century*. MD: Rowman and Littlefield.

Meyer, J. W., Boli, J., Thomas, G. M., and F. O. Ramirez. 1997. "World Society and the Nation State." *American Journal of Sociology*. 103(1).

Moghadam, V. 2008. *Globalization and Social Movements: Islamism, Feminism, and the Global Justice Movement*. Lanham, MD: Rowman and Littlefield Publishers.

Risse, T. and K. Sikkink. 1999. "The Socialization of International Human Rights Norms into Domestic Practices: Introduction." in T. Risse et al.(eds.). *The Power of Human Rights-International Norms and Domestic Change*. New York: Cambridge University Press.

Scholte. J. A. 2005(second edition). *Globalization: A Critical Introduction*. New York: Palgrave.

Sklair, L. 2001. *The Transnational Capitalist Class*. Wiley: Blackwell.

Skocpol, T. 1977. "Wallerstein's World Capitalist System: A Theoretical and Historical Critique." *American Journal of Sociology* 82(5).

Smith, J. 2008. *Social Movements for Global Democracy. Baltimore*, MD: Johns Hopkins University Press.

Smith, J. 1998. "Global Civil Society? Transnational Social Movement Organizations and Social Capital." *American Behavioral Scientist* 42(1):93-107.

Smith, J. Chatfield, C. and R. Pagnucco. 1997. "Social Movements and World Politics: A Theoretical Framework." in J. Smith, C. Chatfield, and R. Pagnucco (eds.) *Transnational Social Movements and Global Politics: Solidarity Beyond the State*. New York: Syracuse University Press.

Stiglitz, J. 2000. *Globalization and Its Discontents*. New York: Norton Press.

Stiles, K. (ed.) 2000. *Global Institutions and Local Empowerment*. New York: St. Martin's Press.

Tarrow, S. 1998. *Power in Movement. Social Movements and Contentious Politics*. New York and Cambridge: Cambridge University Press.

Tarrow, S. 2005. *The New Transnational Activism. New York*, NY: Cambridge University Press.

Wallerstein, I. 1974. *The Modern World-System*. New York: Academic Press.

Wallerstein, I. 1991. "Culture as the Ideological Battleground of the Modern World-System." in Featherstone(ed.). *Global Culture: Nationalism. Globalization and Modernity. London*: Sage Publications Ltd.

(작성자명: 직책:)

①활동분야	1.환경(①감시/정책제안, ②환경보호, ③교육/연구/계몽) 2.인권(①인권일반, ②추모사업) 3.평화/통일(①평화, ②통일/민족) 4.여성 5.권력감시(①권력감시일반, ②행정부/국회/사법, ③기업, 언론) 6.정치/경제(①정치/행정, ②경제, ③과학기술, ④지역자치, ⑤의식계몽) 7.교육/포럼(①교육/교육, ②포럼) 8.문화/체육(①예술, ②문화, ③체육, ④기타문화) 9.복지(①복지일반, ②의료/보건, ③장애인, ④노인, ⑤기타복지) 10.청년/아동(①청년, ②청소년, ③아동) 11.소비자권리 12.도시/가정(①도시일반, ②교통, ③주택, ④가정) 13.노동/빈민(①노동, ②농어민, ③빈민) 14.외국인/재외동포(①외국인복지, ②노동자, ③다문화) 15.모금 16.자원봉사 17.국제협력/연대(①국제원조, ②국제협력, ③재외동포) 18.대안사회(①공동체, ②생협, ③교육/연구/계몽) 19.온라인활동 20.기타		1 <예> 3-1	2 <예> 11
②단체명	한글명	한글약칭		
	영문표기	영문약칭		
③주소	대표전화	FAX		
	E-mail			
	인터넷 홈페이지			
	주소			
④설립	설립일	법인형태	1. 사단 2. 재단 3. 사회복지 4. 특수 5. 기타(임의단체)	
⑤ 설립목적 및 사업	설립 목적			
	단체 소개 (150자 내외)			
	주요사업	자체주요사업		
		정부 및 자치단체와의 협력사업		
		기업과의 협력사업		
		해외지원 및 협력사업		

⑥연혁						
⑦회원수, 년예산	회원수				년예산	
⑧후원계좌	은행명:		계좌번호:		예금주:	
⑨조직구조						
⑩대표자 및 임원	대표자명	한글		생년월일		직위	
		한자					
		영문				임기	
		e-mail					
	대표자 주요 학력						
	대표자 주요 경력						
	공동대표명						
	임원명(소속)						
⑪실무자	실무 책임자명	한글		생년월일		직위	
		한자					
		영문				임기	
		e-mail					
	실무책임자 주요 학력						
	실무책임자 주요 경력						
	실무자수						
	실무자명						
	자원봉사자 및 인턴						
⑫ 정기간행물 및 주요출판물	정기간행물명		창간년월		발행주기	
	주요출판물명 (서명, 저자, 발행년도)					
⑬지부, 부설기관, 회원단체, 참가단체 등		구분, 단체명, 대표자, 주소, 전화, FAX				
⑭국내외주요네트워크 및 연대단체						
⑮국제조직 가입현황						

〈조사원 조사수칙〉

- 차림새와 태도
  - 적당한 의복에 깨끗함과 단정함을 갖추어야 함(면접 대상자들이 입고 있는 옷과 유사한 것이 좋음)
  - 태도는 명랑해야 하고, 응답자에게 관심을 보여야 하고, 여유 있고 친절한 태도.
  - 응답자가 편안하게 느낄 수 있는 태도를 보일 때 면접이 성공적으로 이루어짐

- 설문지에 익숙해지기
  - 조사원이 설문지에 익숙하지 못한다면 조사는 어려움을 겪게 됨, 면접에서 필요이상의 시간이 걸릴 수도 있음
  - 면접원은 실수 없이 단어와 문장을 더듬지 않고 설문지 문항을 읽을 수 있어야 함, 일상적인 대화를 구성하는 것처럼 읽어야 함
  - 제공된 설명서에 익숙해져야 함, 응답자의 질문에 대해 설명서의 적절한 안내를 활용,
  - 설명서의 구성과 내용을 충분히 숙지하여 효율적으로 적용할 줄 알아야 함(응답자의 질문에 대해 즉각적으로 대답을 할 수 있어야 함)

- 질문 문항을 정확히 따라가기
  - 조사원은 질문의 내용이나 형식을 임의대로 변화시키지 않고 주어진 문항을 그대로 따라가야 함

- 응답을 정확히 기록하기
  - 설문지에 응답자 자신의 답을 요청하는 개방형 질문이 있을 때 조사원은 대답을 주어진 대로 정확히 기록, 요약하거나 의역하거나 틀린 문법이나 문장을 고치려는 시도를 해서는 안됨

- 조사원은 응답이 어떻게 코딩될 것인지에 대해 알지 못하기 때문에 이러한 정확성은 특별히 중요

- 응답을 얻으려고 캐묻기
  - 때때로 응답자는 부적절하거나 불충분하게 답을 할 수 있는데, 이럴 경우 캐묻기probe, 즉 정교화를 위해 추가적인 응답요청을 할 수 있음
  - 예를 들어, 태도나 의견에 대해 응답자에게 '매우 찬성', '약간 찬성', '약간 반대', '매우 반대' 하느냐고 물어볼 수 있음. 그러나 응답자는 "그것이 사실이라고 생각한다"라고 대답할 수 있음, 조사원은 이러한 응답에 대해 "귀하는 매우 찬성 또는 약간 찬성한다고 이야기하는 것입니까? 라고 되물어야 함
  - 조사원은 다양한 캐묻기를 통해 불명료한 응답을 정교화 할 수 있음, 가장 좋은 캐묻기 수단은 침묵이 될 수 있는데 면접원이 조용히 있으면 응답자는 추가설명을 통해 그 공백을 채울 수 있음(신문기자들이 효과적으로 사용하는 방법)
  - 가장 일반적인 캐묻기 표현은 '그것은 어떻습니까? "어떤 방법입니까?" "다른 것은 없습니까? 등
  - 캐묻기는 중립적으로 이루어져야 하며, 다음 응답에 영향을 주어서는 안 됨

〈조사원 전화 안내문 시나리오〉

이메일을 확보하기 위해 준비한 전화 안내문은 아래와 같다.

안녕하세요~ ○○○○○○ 단체 맞습니까? (확인 후 진행)
여기는 서울대학교 아시아연구소 시민사회프로그램입니다.
저희가 올해 행정자치부(민간협력과)의 지원으로 비영리민간단체 기초통계 DB 구축 사업을 진행하고 있습니다. 본 조사는 중앙부처 및 지방자치단체에 등록된 비영리민간단체의 현황을 파악해 향후 관련 정책 결정 및 단체지원과 서비스를 위한 기초자료로 활용할 목적으로 이루어집니다.

조사는 이메일로 진행되는데 단체의 사무총장님이나 실무책임자 분의 이메일 주소를 알려주시면 조사관련 세부 내용을 메일로 보내드리려고 합니다. 메일 받으실 분의 직책과 성함, 이메일 주소 좀 알려주실 수 있을까요? (만약 단체가 부정적인 반응이면 조사에 응할 때의 혜택을 말합니다.)

설문에 응하신 단체 관계자분들에게는 다음과 같은 혜택을 제공할 예정입니다. ① 중앙부처 및 지방자치단체의 각종 보조사업 관련 정보 제공 (이메일로 관련 사이트 안내) ② 단체 역량강화 교육기회 제공 : 행자부에서 매년 진행하는 비영리민간단체 공익활동 지원사업(중앙부처 등록단체 대상)에 선정된 단체에 한함. ③ 설문에 참여한 단체 중 추첨하여 소정의 경품 (5만원 상당의 외식상품권. 10개 단체) 제공

이메일 받으시면 간단한 설문이니 조금만 시간내 주셔서 (약 5~10분 소요) 응해주시기 바랍니다. 감사합니다.

아래는 연구진이 준비한 웹서베이 참여 독촉 전화 내용(시나리오)이다.

안녕하세요?

저희는 서울대학교 아시아연구소 시민사회 프로그램입니다.

저희 연구소에서는 행정자치부와 함께 비영리민간 단체 기초통계 조사를 진행하고 있습니다. 저희가 이메일로 웹서베이 설문조사 안내문을 보내드렸는데, 잘 받으셨는지요?

1) 받지 못했다고 응답할 경우

설문조사 안내문을 보내드리려고 하는데, 지금 받으실 수 있는 이메일 주소를 알려주시기 부탁드립니다.

이 조사는 비영리민간 단체의 현황 파악 및 관리·지원체계 개선, 각종 지원·서비스 정책 수립의 기초 자료로 활용될 예정입니다.

응답내용은 관련 법률에 따라 철저히 비밀이 보장되니, 이메일을 받으시고 조사에 응해주시면 감사하겠습니다.

2) 받았다고 응답한 경우

조사에 응하지 않은 특별한 이유가 있으신지요? -> 아래의 내용 중 비응답 이유에 적합한 답변을 조합하여 적절하게 설명할 것

[조사목적]

이 조사는 비영리민간 단체의 현황 파악 및 관리·지원체계 개선, 각종 지원·서비스 정책 수립의 기초 자료로 활용될 예정입니다.

[비밀보장]

응답내용은 관련 법률에 따라 철저히 비밀이 보장되니, 이메일로 안내드린 웹서베이 설문조사에 응해주시면 감사하겠습니다. 그리고 단체의 대표자나 실무책임자께서 응답해 주시기 부탁드립니다.

[조사 의의: 정책결정 참여]

이번 조사를 통하여 정책결정에 시민사회단체들의 자발적인 참여가 이루어질 수 있습니다.

[혜택제공]

잠시만 시간을 내어주시면 설문에 응해주시면, 단체 관계자 분들께 여러 혜택이 제공될 예정입니다.

3) 혜택이 무엇인지 문의하는 경우:

〈혜택내용〉

① 중앙부처 및 지방자치단체의 각종 보조사업 관련 정보 제공 (이메일 관련 사이트 안내)

② 단체 역량강화 교육기회 제공 : 행자부에서 매년 진행하는 비영리민간단체 공익활동 지원사업(중앙부처 등록단체 대상)에 선정된 단체에 한함.

③ 설문에 참여한 단체 중 추첨하여 경품(5만원 상당의 외식상품권. 10개 단체) 제공"

2014 표본조사 설문지	2015 표본조사 설문지
I. 시민사회 일반 및 단체정보 I-가. 시민사회 일반	I. 시민사회 일반 및 단체정보 I-가. 시민사회 일반
1. 귀하는 전반적으로 볼 때, 지난 5년 동안 시민사회단체가 정부정책에 미친 영향이 어느 정도 증가 혹은 감소했다고 생각하십니까?	문1.귀하는전반적으로볼때,지난5년동안시민사회단체가정부정책에미친영향이어느정도증가혹은감소했다고 생각하십니까?
2. 귀하는 전반적으로 볼 때, 지난 5년 동안 시민들의 시민의식 (예. 시민적 권리 주장, 배려와 나눔과 같은 시민적 덕목, 시민적 의무와 책임 등) 이 어느 정도 증가 혹은 감소했다고 생각하십니까	문2.귀하는전반적으로볼때,지난5년동안시민들의시민의식(예.시민적권리주장,배려와나눔과같은시민적덕목,시민적 의무와 책임 등) 이 어느 정도 증가 혹은 감소했다고 생각하십니까?
3.귀하는전반적으로볼때,지난5년동안시민사회단체에 대한사회적신뢰도가어느정도증가혹은감소했다고생각하십니까?	문3.귀하는전반적으로볼때,지난5년동안시민사회단체에대한사회적신뢰도가어느정도증가혹은감소했다고 생각하십니까?
I-나. 단체 기본 정보	I-나. 단체 기본 정보
단체명 (한글명/영문명)	단체명(한글명)
주소	주소
전화/팩스	고유번호증 번호
홈페이지	
이메일	
문2.귀단체의설립년도는언제입니까?	문2.귀 단체의 설립년도는 언제입니까?
문3.귀단체의회원수는총몇명입니까? (회비를납부하는회원/회비를납부하지않는회원)	문3.귀단체의회원수는총몇명입니까? (회비를납부하는회원/회비를납부하지않는회원)
문4.귀단체는아래중어느유형에해당됩니까? (사단법인/재단법인/비영리민간단체등록단체(중앙부처)/비영리민간단체등록단체(지자체)/미등록임의단체/기타) 귀단체는아래중어느조직형태에해당됩니까? (전국단위중앙조직/전국단위지부조직/전국단위독립조직/지역단위조직(광역시/도)/지역단위조직(기초시/군/구)/국제단위중앙조직/국제단위지부조직/기타)	문4.귀 단체는 중앙행정기관 및 지자체(시, 도)기관에 비영리민간단체로 등록이 되어 있습니까?

2014 표본조사 설문지	2015 표본조사 설문지
II. 단체 목표 및 활동	II. 단체 목표 및 활동
문1. 귀 단체의 설립목적은 무엇입니까?	
문2. 귀 단체가 주력하고 있는 활동영역은 무엇입니까? 우선순위대로 세 가지만 골라주십시오.	문1.귀 단체가 주력하고 있는 활동영역은 무엇입니까? 우선순위대로 세 가지만 골라주십시오.
문3. 귀 단체의 주요 활동의 성격을 가장 잘 나타내는 것은 무엇인가요?	문2.귀단체의주요활동의성격을가장잘나타내는것은무엇입니까?
문4. 귀 단체의 주요 활동을 보다 자세하게 우선순위대로 5가지만 적어주십시오.	
문5. 지난 3년 동안 귀 단체가 중앙 혹은 지역사회의 변화에 의미 있는 기여를 한 것을 최대 3가지만 적어주십시오.	
III. 단체 조직 및 구성원	III. 단체 조직 및 구성원
문1. 귀 단체의 대표 유형은 무엇입니까?	
문1-1.문1에서 "공동대표"를 선택하셨다면, 귀단체의공동대표는총몇명입니까?	
문1-2.귀단체의대표자에대한정보를아래에기입해주십시오. (학력,연령,성별,출생지,상근여부)	문1.귀단체의대표자에대한정보를아래에기입해주십시오. (연령,성별,출신지,상근여부)
문1-3. 귀 단체의 대표자가 현재 단체 대표직 외에 다른 직업을 겸하고 있다면 무엇입니까?	문1-1. 귀 단체의 대표자가 현재 단체 대표직 외에 다른 직업을 겸하고 있다면 무엇입니까? 아래 보기 중에 골라주십시오
문1-4.귀단체의대표자가현재대표직을맡기직전에종사하였던직업이있다면무엇입니까?(현재직업이있는경우 혹은없는경우모두응답해주시기바랍니다.)	문1-2. 귀 단체의 대표자가 현재 대표직을 맡기 직전에 종사하였던 직업이 있다면 무엇입니까? 아래 보기 중에 골라주십시오
문2. 귀 단체는 이사회가 구성되어 있습니까?	
문2-1. 문4에서 "예"라고 응답하셨다면, 귀 단체의 이사는 총 몇 명입니까?	
문3.귀단체의임원수는총몇명입니까?	
문3-1. 귀 단체는 임원들의 역량강화를 위한 교육 프로그램을 진행하고 계십니까?	
문3-2. 문5-1에서 "예"라고 응답하셨다면, 임원들은 교육 프로그램에 얼마나 참여합니까?	

2014 표본조사 설문지	2015 표본조사 설문지
문-4.귀단체의실무책임자(사무총장,국장,처장)에대한정보를아래에기입해주십시오. (학력,연령,성별,출생지,상근여부)	문2.귀단체의실무책임자(사무총장,국장,처장)에대한정보를아래에기입해주십시오. (연령,성별,출신지,상근여부)
문4-1.귀단체의실무책임자가현재다른직업을겸하고있다면무엇입니까?	문2-1. 귀 단체의 실무 책임자가 현재 다른 직업을 겸하고 있다면 무엇입니까? 아래 보기 중에 골라주십시오.
문4-2.귀단체의실무책임자가현재직무를맡기직전에종사하였던직업이있다면무엇입니까?	문2-2. 귀 단체의 실무 책임자가 현재 직무를 맡기 직전에 종사하였던 직업이 있다면 무엇입니까? 아래 보기 중에 골라주십시오
문4-3. 귀 단체는 실무 책임자들의 역량강화를 위한 교육(신입실무자 교육, 중간관리자 교육 등) 프로그램을 보유하고 있습니까? 문4-4. 문4-3에서 "예"라고 응답하셨다면, 실무책임자들은 교육 프로그램에 얼마나 참여합니까?	
문5.귀단체의상근자수는총몇명입니까?	문3. 귀 단체의 상근자수는 총 몇 명입니까?
문5-1.귀단체의 성별, 연령별, 학력별, 그리고 근무기간별로 상근자 수를 말씀해 주십시오	문3-1. 귀 단체의 상근자 수를 성별 및 근무기간별로 말씀해 주십시오
문5-2.귀단체의상근직원은주로어떤방식으로충원되고있습니까?	문3-2. 귀 단체의 상근자는 주로 어떤 방식으로 충원되고 있습니까? 우선순위대로 두 가지만 골라주십시오.
문5-3. 귀 단체의 상근자 모집은 공개적으로 이뤄지고 있습니까?	문3-3. 귀 단체의 상근자는 공채 절차를 거쳐 충원되고 있습니까?
문5-4. 귀 단체는 상근직원의 업무를 명문화한 매뉴얼을 갖고 있습니까?	문3-4. 귀 단체는 상근자의 업무를 명문화한 매뉴얼을 갖고 있습니까?
문5-5. 귀 단체는 상근직원에 대한 자체 교육 프로그램을 보유하고 있습니까?	문3-5. 귀 단체는 상근자들의 역량강화를 위한 교육(신입실무자 교육, 중간관리자 교육 등) 프로그램을 보유하고 있습니까?
문5-6. 귀 단체의 상근직원의 연간 총 임금(수당 및 보너스 포함)은 얼마입니까?	문3-6. 문3-5에서 '예'라고 응답하셨다면, 상근자들은 교육 프로그램에 얼마나 참여합니까?
문5-7. 귀 단체의 상근직원들은 4대 보험에 가입되어 있습니까?	문3-7. 귀단체의 상근직원들은 4대 보험에 가입되어 있습니까?
문5-8.귀단체는성과에근거한직원보상시스템이있습니까?	문3-8. 귀 단체는 성과에 근거한 보상시스템이 있습니까?

2014 표본조사 설문지	2015 표본조사 설문지
문6. 귀 단체에 지난 1년 동안 자원봉사자가 있었습니까?	
문6-1. 귀 단체에 자원봉사자가 있다면, 2013년 한 해 활동한 자원봉사자 수는 총 몇 명입니까?	문4. 귀 단체에 자원봉사자가 있다면, 지난 한 해 활동한 자원봉사자 수는 총 몇 명입니까? (근사치도 무방함)
문6-2. 귀 단체의 자원봉사자 성별, 그리고 연령별로 자원봉사자 수를 대략적으로 말씀해 주십시오.	문4-1. 귀 단체의 자원봉사자의 비율을 성별, 그리고 연령별로 대략적으로 말씀해 주십시오.
문6-3. 귀 단체는 어떤 방식으로 자원봉사자를 모집하십니까?	
문6-4. 귀 단체는 어떤 목적으로 자원봉사자를 모집하고 있습니까?	
문6-5. 귀 단체의 자원봉사자들은 다음과 같은 활동에 얼마나 자주 참여합니까?	문4-2. 귀 단체의 자원봉사자들이 가장 활발하게 참여하는 활동을 우선순위대로 세 가지만 골라주십시오.
문6-6. 귀 단체 자원봉사자의 유형별 참여비중은 어떠합니까? (일회적 참여 자원봉사자/ 정기적 참여 자원봉사자)	
문6-7. 귀 단체는 자원봉사자의 업무를 명문화한 매뉴얼을 갖고 있습니까?	문4-4. 귀 단체는 자원봉사자의 역량강화를 위한 체계적인 교육프로그램을 보유하고 있습니까?
문6-8. 귀 단체에는 자원봉사자를 담당하는 상근자가 있습니까?	문4-5. 귀 단체에는 자원봉사자를 담당하는 상근자가 있습니까?
문6-9. 귀 단체의 자원봉사자 모집은 공개적으로 이뤄지고 있습니까?	
문6-10. 귀 단체는 자원봉사자를 위한 자체 교육 프로그램을 보유하고 있습니까?	
문6-11. 귀 단체에는 자원봉사자를 위한 인정과 보상 시스템이 있습니까?	
IV. 네트워크와 거버넌스	IV. 네트워크와 거버넌스
문1. 귀 단체의 조직 구성의 지위는 어떤 형태입니까?	문1. 귀 단체의 조직 구성의 지위는 어떤 형태입니까?
문2. 귀 단체가 가장 빈번하게 연대활동을 하고 있는 시민사회단체의 이름을 우선순위대로 세 단체만 적어주십시오.	문2. 귀 단체가 가장 빈번하게 연대활동을 하고 있는 시민사회단체의 이름을 우선순위대로 세 단체만 적어주십시오.
문3. 귀 단체가 주로 연대활동을 하는 단체의 영역은 어떤 것입니까?	문3. 귀 단체가 주로 연대활동을 하는 단체의 영역은 어떤 것입니까? 우선순위대로 세 가지만 골라주십시오.

2014 표본조사 설문지	2015 표본조사 설문지
문4. 귀 단체는 주로 어떠한 방식으로 연대활동을 하십니까?	문4. 귀 단체는 주로 어떠한 방식으로 연대활동을 하십니까? 우선순위대로 두 가지만 골라주십시오.
문4-1. 귀 단체는 아래 유형의 연대활동에 어느 정도 참여하십니까?	
문5. 위의 연대활동을 통해 시민사회 내의 상호 소통이 원활하게 이뤄지고 있다고 생각하십니까?	문5. 귀 단체의 연대활동은 주로 어느 지역에 초점을 맞추고 있습니까? 우선순위대로 두 가지만 골라주십시오.
문6. 귀 단체의 연대활동은 주로 어느 지역에 초점을 맞추고 있습니까? 우선순위대로 두 가지만 골라주십시오.	문6. 위의 연대활동을 통해 시민사회 내의 상호 소통이 원활하게 이뤄지고 있다고 생각하십니까?
문6-1. 귀 단체는 아래 지역의 단체들과 얼마나 연대활동을 하고 있습니까?	
문7. 귀 단체가 긴밀하게 협력하는 외부 기관(시민단체 제외)의 이름을 우선순위대로 세 가지만 적어주십시오.	문7. 귀 단체가 시민단체 이외의 기관과 협력할 경우, 긴밀하게 협력하는 기관을 우선순위대로 세 가지만 적어주십시오.
문8. 귀 단체가 시민단체 이외의 기관과 협력할 경우, 긴밀하게 협력하는 기관을 우선순위대로 세 가지만 적어주십시오.	문8. 귀 단체가 긴밀하게 협력하는 외부 기관(시민단체 제외)의 이름을 우선순위대로 세 가지만 적어주십시오.
문8-1. 귀 단체는 시민단체 이외의 아래의 기관과의 협력활동을 어느 정도 긴밀하게 진행하고 있습니까?	
문9. 귀 단체에서는 다음의 구성원이나 기관들 간의 정기적인 만남 혹은 회의를 얼마나 자주 갖고 있습니까?	문9. 귀 단체에서는 시민단체 이외의 기관들과의 정기적인 만남을 갖고 있습니까?
문10. 문9의 응답에서 나온 모임 혹은 회의의 의견들은 귀 단체의 정책에 얼마나 반영되고 있습니까?	문10. 귀 단체의 정책에 의견이 가장 많이 반영되는 구성원이나 기관들은 무엇입니까?
문11. 귀 단체의 의사결정 구조는 민주적이라고 생각하십니까?	문11. 귀 단체의 의사결정구조는 민주적이라고 생각하십니까?
문12. 귀 단체에서는 다음의 구성원들 간 소통이 얼마나 원활하게 이뤄지고 있습니까?	
문13. 귀 단체는 임직원들이 지켜야 하는 윤리규정을 가지고 있습니까? (자체규정이나 외부규정 모두 포함)	
문14. 귀 단체는 임직원들이 윤리규정을 준수하는지를 모니터링 하고 계십니까?	
문15. 귀 단체는 다음 정보를 공개하고 있습니까?	문12. 귀 단체는 다음 정보를 공개하고 있습니까?
문16. 귀 단체가 단체 홍보나 정보를 공개할 때 사용하는 방법은 주로 어떤 것입니까?	문13. 귀 단체가 정보를 공개할 때 사용하는 방법은 주로 무엇입니까? 우선순위대로 두 가지만 골라주십시오.

2014 표본조사 설문지	2015 표본조사 설문지
문17. 귀 단체는 외부에 정보를 공개하기 위한 수단으로 아래 채널들을 얼마나 자주 활용하고 있습니까?	
V. 온라인 활동	V. 온라인 활동
문6. 귀 단체는 온라인 또는 오프라인 상으로 정기간행물, 소식지, 뉴스레터 등을 발행합니까	
문6-1. 문6에서 "발행한다"라고 응답하셨다면, 해당 발행물의 유형을 골라주십시오.	
문7. 귀 단체는 인터넷 홈페이지, 카페, 블로그 등을 운영하고 있습니까?	
문8. 귀단체는주로어떤온라인매체를활용하십니까?	문2. 귀단체는주로어떤온라인매체를활용하십니까?
문9. 귀단체는아래온라인매체를얼마나자주활용하십니까?	
문10. 전반적으로 볼 때, 귀 단체는 온라인 매체(홈페이지, 이메일, SNS 등)를 아래 제시된 목적을 위해 어느 정도로 활용하고 있습니까?	
문10-1.귀단체는홈페이지를주로어떠한목적과용도를위해사용하십니까?	
문10-2.귀단체는메일링리스트(이메일)를주로어떠한목적과용도를위해사용하십니까?	
문10-3.귀단체는SNS를주로어떠한목적과용도를위해사용하십니까?	
문11. 귀 단체는 아래 유형의 SNS를 얼마나 자주 활용하십니까?	
문12.귀단체의온라인·오프라인매체활용비중은어느정도입니까?	문1. 귀 단체의 활용 매체 중 온라인 매체 활용 비중은 어느 정도입니까?
문13. 귀 단체는 온라인 매체 활용이 단체 활동에 어느 정도 도움이 된다고 생각하십니까?	문3. 귀 단체는 온라인 매체 활용이 단체 활동에 어느 정도 도움이 된다고 생각하십니까?
VI. 재정과 집행	VI. 재정과 집행
문1.귀단체의재정수입원은무엇입니까?	문3.귀단체의재정수입원은무엇입니까?
문1-1. 상기의 주요 재정수입원들이 전체 수입에서 차지하는 비중을 %로 기입해주십시오.	문3-1. 상기의 주요 재정수입원들이 전체 수입에서 차지하는 비중을 %로 기입해주십시오.
문2. 귀 단체는 단체 명의로 된 후원 계좌가 있습니까?	
문2-1. 문2에서 "아니오"라고 응답하셨다면, 귀 단체는 현재 어떠한 방법으로 후원금을 받고 계십니까?	

2014 표본조사 설문지	2015 표본조사 설문지
문3. 귀 단체의 연간 총 예산은 얼마입니까?	
문3-1. 귀 단체의 연간 총 예산은 아래 중 어느 범위에 가장 근접합니까?	문4. 귀 단체의 연간 총 예산은 아래 중 어느 범위에 가장 근접합니까?
문4.귀단체의주된예산사용의용도는무엇입니까?	문5. 귀 단체의 주된 예산 사용의 용도는 무엇입니까?
문5.귀단체의재정동원및모금수단에는어떤것이있습니까?	문1.귀단체의모금수단에는어떤것이있습니까?
문5-1. 귀 단체는 아래의 재정 동원 수단을 얼마나 자주 활용하십니까?	
문6. 귀 단체가 현재 활용하고 있는 재정 동원 수단은 얼마나 효과적이라고 생각하십니까?	문2. 귀 단체가 현재 활용하고 있는 재정 동원 수단은 얼마나 효과적이라고 생각하십니까?
문6-1. 만약 문6에 그렇지 않다고 답을 하신 경우, 더 효과적인 재정동원 방법은 무엇이라고 생각하십니까?	
문7. 귀 단체의 예산 배분 및 집행 방식은 어떠한 절차에 따라 결정됩니까?	문6.귀단체의예산배분및집행방식은어떠한절차에따라 결정됩니까?
문8. 귀 단체의 예산 의결 및 집행 결정 절차가 얼마나 민주적이라고 생각하십니까?	
문8-1. 귀 단체의 예산 의결 및 집행 결정 절차가 얼마나 투명하다고 생각하십니까?	
문9.귀단체는회계에관한전문지식을가진회계전담자가 있습니까?	문7. 귀 단체는 회계에 관한 전문지식을 가진 회계 전담자가 있습니까?
문10.귀단체는회계관리에관한규정또는매뉴얼이있습니까?	
문11.귀단체는내부감사가정기적으로행해지고있습니까?	문8. 귀 단체는 정기적인 감사가 행해지고 있습니까?
문12. 귀 단체는 외부감사가 정기적으로 행해지고 있습니까?	
문13. 귀 단체는 후원자를 관리하는 담당자가 별도로 있습니까?	

SNUAC 한국 시민사회단체 지형도 구축 설문조사	ID

안녕하십니까?

　저희 현대리서치연구소에서 행정자치부, 서울대 아시아연구소 시민사회센터와 함께 비영리민간 단체 기초통계 조사를 진행하고자 합니다.

　본 조사는 한국 비영리민간단체의 현황 파악 및 관리·지원체계 개선, 각종 지원·서비스 정책 수립의 기초 자료로 활용될 예정입니다. 또한 급변하고 있는 세계화 맥락 속에서 한국 시민사회가 어떻게 변화하고 있는가를 살펴보고 그 변화 양상을 지형도로 구축하는 것을 목표로 하여 학술적인 용도로 활용될 것이며 응답내용은 관련 법률에 따라 철저히 비밀이 보장됩니다.

　설문에 응하신 단체 관계자분들에게는 다음과 같은 혜택을 제공할 예정입니다.
　① 중앙부처 및 지방자치단체의 각종 보조사업 관련 정보 제공 (이메일로 관련 사이트 안내)
　② 단체 역량강화 교육기회 제공 : 행자부에서 매년 진행하는 비영리민간단체 공익활동 지원사업(중앙부처 등록단체 대상)에 선정된 단체에 한함.
　③ 설문에 참여한 단체는 감사의 표시로 문화상품권(1만원) 제공함

　건강한 시민사회 발전을 위해 열심히 활동하시는 비영리민간단체 관계자 분들의 노고에 감사드리며, 본 설문조사를 통한 행동하는 시민사회단체의 자발적인 정책결정 참여를 기대합니다.
　감사합니다.

조사 수행기관
서울대학교 아시아연구소 시민사회센터

「통계응답자의 의무 및 보호에 관한 법률」
제33조 (비밀의 보호)
① 통계의 작성과정에서 알려진 사항으로서 개인이나 법인 또는 단체 등의 비밀에 속하는 사항은 보호되어야 한다.
② 통계의 작성을 위하여 수립된 개인이나 법인 또는 단체 등의 비밀에 속하는 자료는 통계작성 외의 목적으로 사용되어서는 아니된다.

※작성 요령
1. 문항을 잘 읽고 해당하는 응답의 보기번호 앞 ┆ ┆ 안에 ∨를 체크해 주십시오. 예) ∨

2. 또는, 문항을 잘 읽고 해당하는 숫자를 응답칸 ┆ ┆ 안에 직접 써넣어 주십시오. 예) 5

I. 시민사회 일반 및 단체 정보

※ 다음은 시민사회 일반에 대한 귀하의 생각을 여쭤보겠습니다.

I-가: 시민사회 일반

문1. 귀하는 전반적으로 볼 때, 지난 5년 동안 시민사회단체가 정부정책에 미친 영향이 어느 정도 증가 혹은 감소했다고 생각하십니까?

많이 감소함	다소 감소함	별 차이 없음	다소 증가함	많이 증가함	잘 모름
1	2	3	4	5	9
☐	☐	☐	☐	☐	☐

문2. 귀하는 전반적으로 볼 때, 지난 5년 동안 시민들의 시민의식 (예. 시민적 권리 주장, 배려와 나눔과 같은 시민적 덕목, 시민적 의무와 책임 등) 이 어느 정도 증가 혹은 감소했다고 생각하십니까?

많이 감소함	다소 감소함	별 차이 없음	다소 증가함	많이 증가함	잘 모름
1	2	3	4	5	9
☐	☐	☐	☐	☐	☐

문3. 귀하는 전반적으로 볼 때, 지난 5년 동안 시민사회단체에 대한 사회적 신뢰도가 어느 정도 증가 혹은 감소했다고 생각하십니까?

많이 감소함	다소 감소함	별 차이 없음	다소 증가함	많이 증가함	잘 모름
1	2	3	4	5	9
☐	☐	☐	☐	☐	☐

※ 다음은 귀 단체의 기본정보에 대해 여쭤보겠습니다.

I-나. 단체 기본정보

문1. 귀 단체의 기본 정보에 대한 질문입니다. 해당란에 정보를 기입해주십시오.

단체명	한글명:	약칭:
	영문명:	약칭:
현주소		(우편번호)
	※현재 단체가 위치한 주소를 기입해 주십시오.	
전화		팩스
홈페이지 (단체 대표 SNS, 카페 또는 블로그 포함)		이메일

문2. 귀 단체의 설립년도는 언제입니까?

(_____년)

(분명하지 않을 경우 근사치 입력)

문3. 귀 단체의 회원 수는 총 몇 명입니까?

회비를 납부하는 회원: (_____명)

회비를 납부하지 않는 회원: (_____명)

문4. 귀 단체는 중앙행정기관 및 지자체(시, 도)기관에 비영리민간단체로 등록이 되어 있습니까?
※「비영리민간단체지원법」제2조의 요건을 갖추고 법 제4조에 근거하여 등록된 민간단체

□ ① 예   □ ② 아니오

Ⅱ. 단체 목표 및 활동

※ 다음은 귀 단체의 목표 및 활동에 대해 여쭤보겠습니다.

문1. 귀 단체가 주력하고 있는 활동영역은 무엇입니까? 우선순위대로 세 가지만 골라주십시오.

1순위: ☐   2순위: ☐   3순위: ☐   (각각 숫자로 기록해주십시오)

① 교육/포럼	⑪ 소비자권리
② 국제협력, 국제연대	⑫ 여성
③ 권력 감시(정부(지자체), 기업, 의회 등)	⑬ 다문화, 외국인/재외동포
④ 노동/빈민(도시빈민운동)	⑭ 인권
⑤ 농어민	⑮ 자원봉사
⑥ 대안사회(풀뿌리 운동, 마을 만들기, 지역공동체 구축)	⑯ 정치/경제
⑦ 도시/가정	⑰ 청년/아동
⑧ 모금 및 배분	⑱ 평화/통일
⑨ 문화/체육	⑲ 환경
⑩ 복지(서비스 제공)	⑳ 사회적 경제

문2. 귀 단체의 주요 활동의 성격을 가장 잘 나타내는 것은 무엇입니까? 아래 대분류 중에 우선순위 대로 <u>세 가지</u>만 골라주십시오.

1순위: ⬚   2순위: ⬚   3순위: ⬚   (각각 해당번호를 기록해주십시오)

① 활동가, 자원봉사자 및 전문가 양성 교육	㉑ 미디어 동원 활동(예: 기자회견, 기자간담회 개최)
② 학술 행사(워크샵, 포럼개최 등 포함)	㉒ 문화 사업(예: 공연, 공모전, 전시회)
③ 캠페인 활동	㉓ 문화/스포츠 관련 활동(예: 문화 행사, 체육 프로그램
④ 친환경 활동(예: 환경 정화, 생태계 질서 보존 운동)	운영)
⑤ 직업 훈련 및 취업 지원	㉔ 기금모금
⑥ 출판/간행물 발간 · 홍보	㉕ 다문화 프로그램 지원활동(예: 다문화 축제)
⑦ 직접 행동(예: 시위, 집회, 서명운동, 궐기대회)	㉖ 농업 및 어업 지원활동/귀농 정착 지원
⑧ 지역 공동체 활동 및 구축	㉗ 공유/연대 및 결속/생활 실천 사업
⑨ 종교 단체 혹은 재단과의 협력	㉘ 기업사회공헌 협력활동
⑩ 정책 감시 · 건의(법 제 · 개정 건의, 모니터링)	㉙ ODA/개발협력/국제적 협력
⑪ 정부 혹은 지자체와의 협력(정부부처 위탁사업)	㉚ 구조/대피 지원활동(예: 인명구조, 재난재해복구 지원)
⑫ 데이터 수집/번역/공유	㉛ 교육/훈련
⑬ 인권 보호 · 회복 활동	㉜ 공부/놀이/방과 후 교실 지원
⑭ 이주민 지원활동	㉝ 대안문화 관련활동
⑮ 연구/정책 개발 · 기술 개발	㉞ 재정 지원활동(예: 소액 대출, 장학 사업)
⑯ 시민사회 연대활동(네트워크 구축, 조직사업)	㉟ 가족(아동/여성)지원/재가서비스
⑰ 상담 · 소송(예: 콜센터 운영, 법률 지원 · 보호)	㊱ UN & 국제 조직과의 협력 활동
⑱ 사회적 소수자 지원활동 (복지서비스 제공)	㊲ 기타(무엇:＿＿＿＿＿＿＿)
⑲ 사회적 경제관련 활동(사회적 기업 운영, 협동조합 운동)	
⑳ 민족 공동체 활동(예: 민족정신 계승 · 계몽)	

문3. 귀 단체가 추진하는 주요 사업명을 우선순위대로 <u>5가지</u>만 적어주십시오.

1 순위:
2 순위:
3 순위:
4 순위:
5 순위:

Ⅲ. 단체 조직 및 구성원

※ 다음은 귀 단체의 조직 및 구성원에 대해 여쭤보겠습니다.

가. 대표자

문1. 귀 단체의 대표자에 대한 정보를 아래에 기입해주십시오.
　※ 공동대표인 경우는 상임대표의 정보를 기입해주십시오.

대표자	
연령	만 (　　　　) 세
성별	남 / 여
출신지	서울 / 경기 / 강원 / 충청 / 호남 / 영남 / 제주 / 기타
상근여부	예 / 아니오

문1-1. 귀 단체의 대표자가 현재 단체 대표직 외에 다른 직업을 겸하고 있다면 무엇입니까? 아래 보기 중에 골라주십시오.	
문1-2. 귀 단체의 대표자가 현재 대표직을 맡기 직전에 종사하였던 직업이 있다면 무엇입니까? 아래 보기 중에 골라주십시오. (현재 직업이 있는 경우 혹은 없는 경우 모두 응답해 주시기 바랍니다.)	

① 공공 및 기업 고위직 (기업 대표)	⑨ 경영 및 회계 관련 사무직
② 공학 전문가 및 기술직	⑩ 금융 및 보험 사무직
③ 의료진료 전문가 (의사, 간호사)	⑪ 법률 및 감사 사무직
④ 비영리민간단체 활동	⑫ 사회적 기업 운영
⑤ 종교관련 종사자	⑬ 자영업
⑥ 교육 전문가 및 관련직 (대학 교수, 학교 교사)	⑭ 직업 없음
⑦ 법률 및 행정 전문직	⑮ 기타
⑧ 문화·예술·스포츠 전문가 및 관련직	

나. 실무책임자

문2. 귀 단체의 실무책임자(사무총장, 국장, 처장)에 대한 정보를 아래에 기입해주십시오.

실무책임자	
연령	만 ( ) 세
성별	남 / 여
출신지	서울 / 경기 / 강원 / 충청 / 호남 / 영남 / 제주 / 기타
상근여부	예 / 아니오

문2-1. 귀 단체의 실무 책임자가 현재 다른 직업을 겸하고 있다면 무엇입니까?
아래 보기 중에 골라주십시오.

문2-2. 귀 단체의 실무 책임자가 현재 직무를 맡기 직전에 종사하였던 직업이 있다면
무엇입니까? 아래 보기 중에 골라주십시오.
(현재 직업이 있는 경우 혹은 없는 경우 모두 응답해 주시기 바랍니다.)

① 공공 및 기업 고위직 (기업 대표)	⑨ 경영 및 회계 관련 사무직
② 공학 전문가 및 기술직	⑩ 금융 및 보험 사무직
③ 의료진료 전문가 (의사, 간호사)	⑪ 법률 및 감사 사무직
④ 비영리민간단체 활동	⑫ 사회적 기업 운영
⑤ 종교관련 종사자	⑬ 자영업
⑥ 교육 전문가 및 관련직 (대학 교수, 학교 교사)	⑭ 직업 없음
⑦ 법률 및 행정 전문직	⑮ 기타
⑧ 문화 · 예술 · 스포츠 전문가 및 관련직	

다. 상근자

문3. 귀 단체의 상근자 수를 아래 항목별로 기입해 주십시오. (근사치도 무방함, 없으면 '0'으로 기입해 주세요)

근무 유형	상근자	(_____명)
	반상근자	(_____명)
성별	남자	(_____명)
	여자	(_____명)
근무기간	5년 미만	(_____명)
	5년 이상	(_____명)

문3-2. 귀 단체의 상근자는 주로 어떤 방식으로 충원되고 있습니까? 우선순위대로 두 가지만 골라주십시오.

1순위: [ ] 2순위: [ ] (각각 해당번호를 기록해주십시오)

① 전문가 소개(초청 및 초빙)	④ 타 NGO 유경험자로부터 충원
② 자원(자발적 참여)	⑤ 회원소개나 권유
③ 공개채용	⑥ 자원봉사자가 실무자로 전환
	⑦ 기타

문3-3. 귀 단체의 상근자는 공채 절차를 거쳐 충원되고 있습니까?

전혀 그렇지 않다	별로 그렇지 않다	보통	다소 그렇다	매우 그렇다	잘 모름
1	2	3	4	5	9
☐	☐	☐	☐	☐	☐

문3-4. 귀 단체는 상근자의 업무를 명문화한 매뉴얼을 갖고 있습니까?

☐ ① 있다　　　　　　　　　　　　　☐ ② 없다

문3-5. 귀 단체는 상근자들의 역량강화를 위한 교육(신입실무자 교육, 중간관리자 교육 등) 프로그램을 보유하고 있습니까?

☐ ① 예 (문 3-6으로)　　　　　　　　　☐ ② 아니오

문3-6. 문3-5에서 "예"라고 응답하셨다면, 상근자들은 교육 프로그램에 얼마나 참여합니까?

전혀 참여하지 않음	별로 참여하지 않음	보통	다소 자주 참여함	매우 자주 참여함	잘 모름
1	2	3	4	5	9
☐	☐	☐	☐	☐	☐

문3-7. 귀 단체의 상근직원들은 4대 보험에 가입되어 있습니까?

☐ ① 모두 가입　　　　　☐ ② 일부 가입　　　　　☐ ③ 가입 안됨

문3-8. 귀 단체는 성과에 근거한 보상시스템이 있습니까?

전혀 그렇지 않다	별로 그렇지 않다	보통	다소 그렇다	매우 그렇다	잘 모름
1	2	3	4	5	9
☐	☐	☐	☐	☐	☐

라. 자원봉사자

문4. 귀 단체에 자원봉사자가 있다면, 지난 한 해 활동한 자원봉사자 수는 총 몇 명입니까?
(근사치도 무방함, 없다면 '0'기입)

(_____명)

문4-1. 귀 단체의 자원봉사자의 비율을 아래 항목별로 대략적으로 기입해 주십시오.
(없으면 '0'으로 기입해 주세요.)

유형별	일회적 참여 자원봉사자	(_____%)
	정기적 참여 자원봉사자	(_____%)
성 별	남	(_____%)
	여	(_____%)
연 령	유년 및 청소년 (19세 이하)	(_____%)
	청장년 (20세 이상-64세 이하)	(_____%)
	노년층 (65세 이상)	(_____%)

문4-2. 귀 단체의 자원봉사자들이 가장 활발하게 참여하는 활동을 우선순위대로 세 가지만 골라주십시오.

1순위: [   ] 2순위: [   ] 3순위: [   ] (각각 숫자로 기록해주십시오)

① 행사(캠페인) 보조	② 단체 주요 활동 참여 (예. 상담, 모니터링)
③ 행정업무	④ 단체홍보
⑤ 자료수집	⑥ 배부 자료/정보집 등 작성 및 편집
⑦ 상근자 충원을 위한 사전 교육 (인턴)	⑧ 기타

문4-3. 귀 단체에는 자원봉사자를 담당하는 상근자가 있습니까?

☐ ① 있다   ☐ ② 없다

문4-4. 귀 단체는 자원봉사자의 역량 강화를 위한 체계적인 교육 프로그램을 보유하고 있습니까?

전혀 그렇지 않다	별로 그렇지 않다	보통	다소 그렇다	매우 그렇다	잘 모름
1	2	3	4	5	9
☐	☐	☐	☐	☐	☐

Ⅳ. 네트워크와 거버넌스

※ 다음은 귀 단체의 네트워크 및 연대활동에 대해 여쭤보겠습니다.

문1. 귀 단체의 조직 구성의 지위는 어떤 형태입니까?

□ ① 국제연합체 본부   □ ② 국제연합체 한국지부

□ ③ 국내연합체 본부   □ ④ 국내연합체 지부

□ ⑤ 광역단위 연합체   □ ⑥ 광역단위 연합체 시/군/구 지부

□ ⑦ 전국단위 독립조직   □ ⑧ 지역단위 독립조직

문2. 귀 단체가 가장 빈번하게 연대활동을 하고 있는 시민사회단체의 이름을 우선순위대로 세 단체만 적어주십시오.

□ 없음 (타 단체와 연대활동 하지 않음)

1 순위:	
2 순위:	
3 순위:	

문3. 귀 단체가 주로 연대활동을 하는 단체의 영역은 어떤 것입니까? 우선순위대로 <u>세 가지</u>만 골라주십시오.

1순위: [　]　2순위: [　]　3순위: [　]　(각각 숫자로 기록해주십시오)

① 교육/포럼	⑪ 소비자권리
② 국제협력, 국제연대	⑫ 여성
③ 권력 감시(정부(지자체), 기업, 의회 등)	⑬ 다문화, 외국인/재외동포
④ 노동/빈민(도시빈민운동)	⑭ 인권
⑤ 농어민	⑮ 자원봉사
⑥ 대안사회(풀뿌리 운동, 마을 만들기, 지역공동체 구축)	⑯ 정치/경제
	⑰ 청년/아동
⑦ 도시/가정	⑱ 평화/통일
⑧ 모금 및 배분	⑲ 환경
⑨ 문화/체육	⑳ 사회적 경제운동
⑩ 복지	㉑ 기타

문4. 귀 단체는 주로 어떠한 방식으로 연대활동을 하십니까? 우선순위대로 두 가지만 골라주십시오.

1순위: [　]　2순위: [　]　(각각 숫자로 기록해주십시오)

① 정기모임 (협의체 참여)	② 서명 운동 (이메일/전화)
③ 공동사업 (프로젝트)	④ 오프라인/온라인 캠페인 (SNS: 페이스북, 트위터 등)
⑤ 직접행동 (집회, 시위 등)	⑥ 기타

문5. 귀 단체의 연대활동은 주로 어느 지역에 초점을 맞추고 있습니까? 우선순위대로 <u>두 가지</u>만 골라주십시오.

1순위: [　]　2순위: [　]　(각각 숫자로 기록해주십시오)

① 기초(시/군/구)단위	② 광역시(도)단위	③ 전국 단위	④ 국제 단위

문6. 위의 연대활동을 통해 시민사회 내의 상호 소통이 원활하게 이뤄지고 있다고 생각하십니까?

전혀 그렇지 않다	별로 그렇지 않다	보통	다소 그렇다	매우 그렇다	잘 모름
1	2	3	4	5	9
☐	☐	☐	☐	☐	☐

문7. 귀 단체가 시민단체 이외의 기관과 협력할 경우, 긴밀하게 협력하는 기관을 우선순위대로 <u>세 가지</u>만 적어주십시오.
　　☐ 타 단체와 연대활동 하지 않음

　　1순위: ☐　2순위: ☐　3순위: ☐　(각각 숫자로 기록해주십시오)

① 공공기관	② 기업(은행포함)
③ 법률기관	④ 복지서비스 기관
⑤ 언론기관	⑥ 의료기관
⑦ 재단	⑧ 정부기관
⑨ 종교기관	⑩ 학술기관(대학 내·외 포함)
⑪ 기타	

문8. 귀 단체가 긴밀하게 협력하는 외부 기관(시민사회단체 제외)의 이름을 우선순위대로 세 가지만 적어주십시오.

　　1 순위:
　　2 순위:
　　3 순위:

문9. 귀 단체에서는 시민단체 이외의 기관들과의 정기적인 만남을 갖고 있습니까?

전혀 그렇지 않다	별로 그렇지 않다	보통	다소 그렇다	매우 그렇다	잘 모름
1	2	3	4	5	9
☐	☐	☐	☐	☐	☐

※ 다음은 귀 단체의 거버넌스에 대해 여쭤보겠습니다.

문10. 귀 단체의 정책에 의견이 가장 많이 반영되는 구성원이나 기관들은 무엇입니까?
우선순위대로 <u>두 가지</u>만 골라주십시오.

1순위: 2순위: (각각 숫자로 기록해주십시오)

① 임원	② 직원
③ 자원봉사자	④ 후원자
⑤ 협력기관	⑥ 수혜자 (해당기관만)
⑦ 해외지부 (해당기관만)	⑧ 기타

문11. 귀 단체의 의사결정 구조는 민주적이라고 생각하십니까?

전혀 민주적이지 않음	별로 민주적이지 않음	보통	다소 민주적임	매우 민주적임	잘 모름
1	2	3	4	5	9
□	□	□	□	□	□

문12. 귀 단체는 다음 정보를 공개하고 있습니까? (해당 칸에 표시)

① 임원정보   □ ① 예   □ ② 아니오   □ ⑨ 모름

② 예/결산   □ ① 예   □ ② 아니오   □ ⑨ 모름

③ 모금현황   □ ① 예   □ ② 아니오   □ ⑨ 모름

④ 정보공개 담당자 연락처   □ ① 예   □ ② 아니오   □ ⑨ 모름

문13. 귀 단체가 정보를 공개할 때 사용하는 방법은 주로 무엇입니까? 우선순위대로 <u>두 가지</u>만 골라주십시오.

1순위: 2순위: (각각 숫자로 기록해주십시오)

① 온라인 채널 (홈페이지, 인터넷 카페, 블로그 등)	② 연차보고서
③ 웹 뉴스레터	④ 정기간행물
⑤ 언론매체	⑥ 정기 총회 등 회의 자료
⑦ 기타	

V. 온라인 활동

※ 다음은 귀 단체의 온라인 활동에 대해 여쭤보겠습니다.

문1. 귀 단체의 활용 매체 중 온라인 매체 활용 비중은 어느 정도입니까?

	0%	25%	50%	75%	100%	잘 모름
	1	2	3	4	5	9
전체 매체 대비 온라인 매체 활용도 (예. 홈페이지, 카페, 이메일, SNS 등)	☐	☐	☐	☐	☐	☐

문2. 귀 단체는 주로 어떤 온라인 매체를 활용하십니까? 우선순위대로 2가지만 골라주십시오.

1순위: ☐   2순위: ☐   (각각 숫자로 기록해주십시오)

① 홈페이지, 카페, 블로그 ③ SNS(페이스북, 트위터 등) ⑤ 기타	② 뉴스레터(웹진) ④ 팟캐스트, 인터넷 방송

문3. 귀 단체는 온라인 매체 활용이 단체 활동에 어느 정도 도움이 된다고 생각하십니까?

전혀 도움되지 않음	별로 도움되지 않음	보통	다소 도움이 됨	매우 도움이 됨	잘 모름
1	2	3	4	5	9
☐	☐	☐	☐	☐	☐

Ⅵ. 재정과 집행

※ 다음은 귀 단체의 재정과 집행에 대해 여쭤보겠습니다.

문1. 귀 단체의 모금 수단에는 어떤 것이 있습니까? 우선순위대로 <u>3가지</u>만 골라주십시오.
　　□ 없음 (모금활동하지 않음)

　　1순위: [　] 　2순위: [　] 　3순위: [　] 　(각각 숫자로 기록해주십시오)

　　① 온라인 모금　　　　　　　　② 거리캠페인
　　③ 전화모금　　　　　　　　　　④ ARS 모금
　　⑤ 언론매체　　　　　　　　　　⑥ SNS (페이스북, 트위터 등)
　　⑦ 특별행사 (후원의 밤)　　　　⑧ 개인 네트워크
　　⑨ 기타 (무엇:＿＿＿＿＿)

문2. 귀 단체가 현재 활용하고 있는 재정 동원 수단은 얼마나 효과적이라고 생각하십니까?

전혀 효과적이 지 않음	별로 효과적이 지 않음	보통	다소 효과적임	매우 효과적임	잘 모름
1	2	3	4	5	9
□	□	□	□	□	□

문3. 귀 단체의 재정수입원은 무엇입니까? 해당 항목들이 전체 수입에서 차지하는 비중을 %로 기입해 주십시오. (없으면 '0'으로 기입)

　　① 정부 지원 사업 (위탁 프로젝트, 연구 사업을 통한 지원금)　　　　　%

　　② 외부 후원금 (개인, 재단) (기업제외)　　　　　　　　　　　　　　　%

　　③ 수익 자체 사업 (출판물, 물품 판매, 가게 운영, 교육사업 등)　　　　%

　　④ 회원 회비　　　　　　　　　　　　　　　　　　　　　　　　　　　%

⑤ 기업 후원　　　　　　　　　　　　　　　　　　　　　　　　　%

⑥ 기타 (무엇:＿＿＿＿＿＿＿＿)　　　　　　　　　　　　　%

문4. 귀 단체의 연간 총 예산은 아래 중 어느 범위에 가장 근접합니까?

1천만원 미만	1천만원이상~ 3천만원 미만	3천만원이상~ 5천만원 미만	5천만원이상~ 7천만원 미만	7천만원이상~ 1억원 미만	1억 이상~ 3억 미만	3억 이상~ 5억 미만	5억이상~ 10억 미만	10억 이상
1	2	3	4	5	6	7	8	9
☐	☐	☐	☐	☐	☐	☐	☐	☐

문4-1. 귀 단체의 연간 총 예산은 얼마입니까?　　　　　　　(＿＿＿＿＿＿＿＿원)
　※ 1년 예산액 (100만원 단위로 입력, 근사치라도 무방함)

문5. 귀 단체의 주된 예산 사용의 용도는 무엇입니까? 보기 중에 큰 순서대로 <u>세 가지</u>만 골라주십시오.

　1순위: ☐　　2순위: ☐　　3순위: ☐　　(각각 숫자로 기록해주십시오)

① 인건비	② 광고/홍보비
③ 사업비(행사, 출판, 교육 등)	④ 회원 교육비
⑤ 연대활동비	⑥ 지원금 및 서비스 제공비
⑦ 공간비(전월세, 대여료)	⑧ 경상비(유지보수비, 시설, 장비 등)
⑨ 기타	

문6. 귀 단체의 예산 배분 및 집행 방식은 어떠한 절차에 따라 결정됩니까?
　　우선순위대로 <u>3가지</u>만 골라주십시오.

　1순위: ☐　　2순위: ☐　　3순위: ☐　　(각각 숫자로 기록해주십시오)

① 대표자 결정　　　　　　　　　② 실무책임자 결정

③ 대표자-실무책임자간 회의　　　④ 전체회의(회원총회) 결정

⑤ 이사회 결정　　　　　　　　　⑥ 운영위원회 결정

⑦ 기타

문7. 귀 단체는 회계에 관한 전문지식을 가진 회계 전담자가 있습니까?

□ ① 예　　　　　　　□ ② 아니오　　　　　　　□ ③ 잘 모름

문8. 귀 단체는 정기적인 감사가 행해지고 있습니까?

□ ① 예　　　　　　　□ ② 아니오　　　　　　　□ ③ 잘 모름

♣ 장시간 동안 끝까지 설문에 응답해 주심을 깊이 감사드립니다. ♣

※ 작성자에 대한 기본정보를 아래 기입해주시기 바랍니다.

성별	남 / 여
연령대	20대 / 30대 / 40대 / 50대 이상
직위	대표 / 임원 / 실무책임자 / 직원(활동가) / 기타